CLASSI...
Collection fond...

LÉON LEJEALLE (1949 à...

J.-J. ROUSSEAU

LA NOUVELLE HÉLOÏSE

extraits

II

avec une Notice historique et littéraire, des Notes explicatives,
une Documentation thématique, des Jugements,
un Questionnaire, des Documents et des Sujets de devoirs,

par

DENISE SCHINAZI
*Ancienne élève de l'École Normale Supérieure
Agrégée de l'Université*

LIBRAIRIE LAROUSSE

17, rue du Montparnasse, 75298 PARIS

SOMMAIRES

QUATRIÈME PARTIE

[Les sommaires abrégés des lettres ont été rédigés par Rousseau, pour l'édition Duchesne. Les caractères gras signalent les lettres ou leurs extraits cités ci-après; dans les parenthèses, des passages non retenus de ces lettres.]

[Pour la lettre II, le sommaire ne faisant aucune allusion à la partie du texte cité ci-dessous, on a ajouté une précision qui annonce l'extrait de la lettre.]

Lettre première, de Mme de Wolmar à Mme d'Orbe : Elle presse le retour de sa cousine.

Lettre II, réponse de Mme d'Orbe à Mme de Wolmar : (Projet de Mme d'Orbe, devenue veuve, d'unir un jour sa fille au fils aîné de Mme de Wolmar); son admiration pour Julie.

Lettre III, de l'amant de Julie à Mme d'Orbe : Il lui annonce son retour.

Lettre IV, de M. de Wolmar à l'amant de Julie : Il lui apprend que sa femme vient de lui ouvrir son cœur sur ses égarements passés, et il lui offre sa maison.

Lettre V, de Mme d'Orbe à l'amant de Julie. Dans cette lettre était incluse la précédente : Mme d'Orbe joint son invitation à celle de M. et Mme de Wolmar.

Lettre VI, de Saint-Preux à milord Edouard : Réception que M. et Mme de Wolmar font à Saint-Preux.

Lettre VII, de Mme de Wolmar à Mme d'Orbe : Elle l'instruit de l'état de son cœur, de la conduite de Saint-Preux (de la bonne opinion de M. de Wolmar pour son nouvel hôte, et de sa sécurité sur la vertu de sa femme).

Lettre VIII, réponse de Mme d'Orbe à Mme de Wolmar : Elle lui représente le danger qu'il pourrait y avoir à prendre son mari pour confident.

Lettre IX, de Mme d'Orbe à Mme de Wolmar : Elle lui renvoie Saint-Preux, dont elle loue les façons.

Lettre X, de Saint-Preux à milord Edouard : Il lui détaille la sage économie qui règne dans la maison de M. de Wolmar.

Lettre XI, de Saint-Preux à milord Edouard : Description d'une agréable solitude.

Lettre XII, de Mme de Wolmar à Mme d'Orbe : Caractère de M. de Wolmar, instruit même avant son mariage de tout ce qui s'est passé entre sa femme et Saint-Preux.

Lettre XIII, réponse de Mme d'Orbe à Mme de Wolmar : Elle dissipe les alarmes de sa cousine au sujet de Saint-Preux.

Lettre XIV, de M. de Wolmar à Mme d'Orbe : (Il lui annonce son départ, et l'instruit du projet qu'il a de confier l'éducation de ses enfants à Saint-Preux) après l'avoir guéri.

Lettre XV, de Saint-Preux à milord Edouard : Affliction de Mme de Wolmar. Secret fatal qu'elle révèle à Saint-Preux.

Lettre XVI, de Mme de Wolmar à son mari : Elle lui reproche de jouir durement de la vertu de sa femme.

Lettre XVII, de Saint-Preux à milord Edouard : Danger que courent Mme de Wolmar et Saint-Preux sur le lac de Genève. Ils parviennent à prendre terre. Ils se rembarquent pour revenir à Clarens. Horrible tentation de Saint-Preux.

CINQUIÈME PARTIE

Lettre première, de milord Edouard à Saint-Preux : Conseils et reproches. Eloge d'Abauzit, citoyen de Genève. Retour prochain de milord Edouard.

Lettre II, de Saint-Preux à milord Edouard : Il assure à son ami qu'il a recouvré la paix de l'âme ; lui fait un détail de la vie privée de M. et Mme de Wolmar.

Lettre III, de Saint-Preux à milord Edouard : Douceurs du recueillement dans une assemblée d'amis.

Lettre IV, de milord Edouard à Saint-Preux ; Il lui demande l'explication des chagrins secrets de Mme de Wolmar, desquels Saint-Preux lui avait parlé dans une lettre qui n'a pas été reçue.

Lettre V, de Saint-Preux à milord Edouard : Incrédulité de M. de Wolmar, cause des chagrins de Julie.

Lettre VI, de Saint-Preux à milord Edouard : Arrivée de Mme d'Orbe avec sa fille chez M. de Wolmar. Transports et fêtes à l'occasion de cette réunion.

Lettre VII, de Saint-Preux à milord Edouard : Ordre et gaieté qui règnent chez M. de Wolmar dans le temps des vendanges. (Le baron d'Etange et Saint-Preux sincèrement réconciliés.)

Lettre VIII, de Saint-Preux à M. de Wolmar : Saint-Preux part avec milord Edouard pour Rome. Il témoigne à M. de Wolmar la joie où il est d'avoir appris qu'il lui destine l'éducation de ses enfants.

Lettre IX, de Saint-Preux à Mme d'Orbe : Il lui rend compte de la première journée de son voyage. Nouvelles faiblesses de son cœur.

Songe funeste. Milord Edouard le ramène à Clarens pour le guérir de ses craintes chimériques. Sûr que Julie est en bonne santé, Saint-Preux repart sans la voir.

Lettre X, de M *me* ***d'Orbe à Saint-Preux*** : Elle lui reproche de ne s'être pas montré aux deux cousines. Impression que fait sur Claire le rêve de Saint-Preux.

Lettre XI, de M. de Wolmar à Saint-Preux : Il le plaisante sur son rêve, et lui fait quelques légers reproches sur le ressouvenir de ses anciennes amours.

Lettre XII, de Saint-Preux à M. de Wolmar : Anciennes amours de milord Edouard, motif de son voyage à Rome. Dans quel dessein il a emmené avec lui Saint-Preux. Celui-ci ne souffrira pas que son ami fasse un mariage indécent ; il demande à ce sujet conseil à M. de Wolmar, et lui recommande le secret.

Lettre XIII, de Mme *de Wolmar à M*^{me} *d'Orbe* : Elle a pénétré les secrets sentiments de sa cousine pour Saint-Preux ; lui représente le danger qu'elle peut courir avec lui, et lui conseille de l'épouser.

Lettre XIV, d'Henriette à sa mère : Elle lui témoigne l'ennui où son absence a mis tout le monde ; lui demande des présents pour son petit *mali*, et ne s'oublie pas elle-même.

SIXIÈME PARTIE

Lettre première, de Mme *d'Orbe à M*^{me} *de Wolmar* : Elle lui apprend son arrivée à Lausanne, où elle l'invite à venir pour la noce de son frère.

Lettre II, de Mme *d'Orbe à M*^{me} *de Wolmar* : Elle instruit sa cousine de ses sentiments pour Saint-Preux. Sa gaieté la mettra toujours à l'abri de tout danger. Ses raisons pour rester veuve.

Lettre III, de milord Edouard à M. de Wolmar : Il lui apprend l'heureux dénouement de ses aventures, effet de la sage conduite de Saint-Preux. Il accepte les offres que lui a faites M. de Wolmar, de venir passer à Clarens le reste de ses jours.

Lettre IV, de M. de Wolmar à milord Edouard : Il l'invite de nouveau à venir partager, lui et Saint-Preux, le bonheur de sa maison.

Lettre V, de Mme *d'Orbe à M*^{me} *de Wolmar* : Caractère, goûts et mœurs des habitants de Genève.

Lettre VI, de Mme *de Wolmar à Saint-Preux* : Elle lui fait part du dessein qu'elle a de le marier avec Mme d'Orbe ; lui donne des conseils relatifs à ce projet, et combat ses maximes sur la prière et sur la liberté.

Lettre VII, de Saint-Preux à Mme de Wolmar : Il se refuse au projet formé par Mme de Wolmar, de l'unir à Mme d'Orbe, et par quels motifs. Il défend son sentiment sur la prière et sur la liberté.

Lettre VIII, de Mme de Wolmar à Saint-Preux : Elle lui fait des reproches dictés par l'amitié, et à quelle occasion. Douceurs du désir, charme de l'illusion. Dévotion de Julie, et quelle... Ses alarmes par rapport à l'incrédulité de son mari, calmées, et par quelles raisons. (Elle informe Saint-Preux d'une partie qu'elle doit faire à Chillon avec sa famille. Funeste pressentiment.)

Lettre IX, de Fanchon Anet à Saint-Preux : Mme de Wolmar se précipite dans l'eau, où elle voit tomber un de ses enfants.

Lettre X, à Saint-Preux, commencée par Mme d'Orbe, et achevée par M. de Wolmar : Mort de Julie.

Lettre XI, de M. de Wolmar à Saint-Preux : Détail circonstancié de la maladie de Mme de Wolmar. Ses divers entretiens avec sa famille et avec un ministre, sur les objets les plus importants. (Retour de Claude Anet.) Tranquillité d'âme de Julie au sein de la mort. Elle expire entre les bras de sa cousine. On la croit faussement rendue à la vie, et à quelle occasion. Comment le rêve de Saint-Preux est en quelque sorte accompli. Consternation de toute la maison. Désespoir de Claire.

Lettre XII, de Julie à Saint-Preux : *cette lettre était incluse dans la précédente :* Julie regarde sa mort comme un bienfait du ciel, et par quel motif. Elle engage de nouveau Saint-Preux à épouser Mme d'Orbe, et le charge de l'éducation de ses enfants. Derniers adieux.

Lettre XIII, de Mme d'Orbe à Saint-Preux : Elle lui fait l'aveu de ses sentiments pour lui, et lui déclare en même temps qu'elle veut toujours rester libre. Elle lui représente l'importance des devoirs dont il est chargé ; lui annonce chez M. de Wolmar des dispositions prochaines à abjurer son incrédulité ; l'invite, lui et milord Edouard, à se réunir au plus tôt à la famille de Julie. Vive peinture de l'amitié la plus tendre, et de la plus amère douleur.

La confiance des belles âmes.
Gravure de Choffard, d'après Gravelot, pour l'édition Duchesne (1761).

JULIE
OU LA NOUVELLE HÉLOÏSE

QUATRIÈME PARTIE

LETTRE PREMIÈRE DE Mme DE WOLMAR À Mme D'ORBE[1]

[La solitude de Julie.]

[...] Ma douce amie, il faut achever; et ce qui reste importe assez pour me coûter le plus à dire. Tu ne m'es pas seulement nécessaire quand je suis avec mes enfants ou avec mon mari, mais surtout quand je suis seule avec ta pauvre Julie; et la solitude m'est dangereuse précisément parce qu'elle m'est douce, et que souvent je la cherche sans y songer. Ce n'est pas, tu le sais, que mon cœur se ressente encore de ses anciennes blessures; non, il est guéri, je le sens, j'en suis très sûre; j'ose me croire vertueuse. Ce n'est point le présent que je crains, c'est le passé qui me tourmente. Il est des souvenirs aussi redoutables que le sentiment actuel; on s'attendrit par réminiscence; on a honte de se sentir pleurer, et l'on n'en pleure que davantage. Ces larmes sont de pitié, de regret, de repentir; l'amour n'y a plus de part; il ne m'est plus rien : mais je pleure les maux qu'il a causés; je pleure le sort d'un homme estimable que des feux indiscrètement nourris ont privé du repos et peut-être de la vie. Hélas! sans doute il a péri dans ce long et périlleux voyage que le désespoir lui a fait entreprendre. S'il vivait, du bout du monde, il nous eût donné de ses nouvelles; près de quatre ans se sont écoulés depuis son départ. On dit que l'escadre sur laquelle il est a souffert mille désastres, qu'elle a perdu les trois quarts de ses équipages, que plusieurs vaisseaux sont submergés[2], qu'on ne sait ce qu'est devenu le

---

1. Monsieur d'Orbe est mort; 2. Saint-Preux participe au long périple entrepris par l'amiral Anson, de 1740 à 1744, dont le récit, fait par Walter, parut en 1748. Quatre des cinq vaisseaux de l'amiral avaient fait naufrage.

reste. Il n'est plus, il n'est plus; un secret pressentiment me l'annonce. L'infortuné n'aura pas été plus épargné que tant d'autres. La mer, les maladies, la tristesse, bien plus cruelle, auront abrégé ses jours. Ainsi s'éteint tout ce qui brille un moment sur la terre. Il manquait aux tourments de ma conscience d'avoir à me reprocher la mort d'un honnête homme. Ah! ma chère, quelle âme c'était que la sienne!... Comme il savait aimer!... Il méritait de vivre... Il aura présenté devant le souverain juge une âme faible, mais saine et aimant la vertu... Je m'efforce en vain de chasser ces tristes idées; à chaque instant elles reviennent malgré moi. Pour les bannir, ou pour les régler, ton amie a besoin de tes soins; et puisque je ne puis oublier cet infortuné, j'aime mieux en causer avec toi que d'y penser toute seule. [...] **(1)**

LETTRE II

RÉPONSE.

[Le charme de Julie.]

[...] Tu as dit bien des choses en faveur de notre ancienne amitié; mais je ne te pardonne pas d'oublier celle qui me fait le plus d'honneur; c'est de te chérir quoique tu m'éclipses. Ma Julie, tu es faite pour régner. Ton empire est le plus absolu que je connaisse : il s'étend jusque sur les volontés, et je l'éprouve plus que personne. Comment cela se fait-il, cousine? Nous aimons toutes deux la vertu; l'honnêteté nous est également chère; nos talents sont les mêmes; j'ai presque autant d'esprit que toi, et ne suis guère moins jolie. Je sais fort bien tout cela; et malgré tout cela tu m'en imposes, tu me subjugues, tu m'atterres, ton génie écrase le mien, et je ne suis rien devant toi. Lors même que tu vivais dans des liaisons que tu te reprochais, et que, n'ayant point imité ta faute, j'aurais dû prendre l'ascendant à mon tour, il ne te demeurait pas moins. Ta faiblesse, que je blâmais, me semblait presque une vertu; je ne pouvais m'empêcher d'admirer en

───────── **QUESTIONS** ─────────

1. Pourquoi Julie recherche-t-elle la solitude et pourquoi la craint-elle? Que peut-on penser de l'insistance avec laquelle elle se déclare guérie? Pourquoi évoque-t-elle avec tant de complaisance la mort de Saint-Preux? Montrez la fragilité du bonheur de Julie. Comment Rousseau a-t-il su la rendre émouvante?

toi ce que j'aurais repris dans une autre. Enfin, dans ce temps-là même, je ne t'abordais point sans un certain mouvement de respect involontaire; et il est sûr que toute ta douceur, toute la familiarité de ton commerce était nécessaire pour me rendre ton amie : naturellement je devais être ta servante. Explique, si tu peux, cette énigme; quant à moi, je n'y entends rien. **(1)**

Mais si fait pourtant, je l'entends un peu, et je crois même l'avoir autrefois expliquée; c'est que ton cœur vivifie tous ceux qui l'environnent, et leur donne pour ainsi dire un nouvel être dont ils sont forcés de lui faire hommage, puisqu'ils ne l'auraient point eu sans lui. Je t'ai rendu d'importants services, j'en conviens : tu m'en fais souvenir si souvent, qu'il n'y a pas moyen de l'oublier. Je ne le nie point, sans moi tu étais perdue. Mais qu'ai-je fait que te rendre ce que j'avais reçu de toi? Est-il possible de te voir longtemps, sans se sentir pénétrer l'âme des charmes de la vertu et des douceurs de l'amitié? Ne sais-tu pas que tout ce qui t'approche est par toi-même armé pour ta défense, et que je n'ai par-dessus les autres que l'avantage des gardes de Sésostris, d'être de ton âge et de ton sexe, et d'avoir été élevée avec toi? Quoi qu'il en soit, Claire se console de valoir moins que Julie, en ce que sans Julie elle vaudrait bien moins encore; et puis, à te dire la vérité, je crois que nous avions grand besoin l'une de l'autre, et que chacune des deux y perdrait beaucoup si le sort nous eût séparées. [...] **(2) (3)**

LETTRE VI À MILORD ÉDOUARD
[Retour de Saint-Preux.]

[...] Il ne faut pas vous dire que, durant toute la route, je n'étais occupé que de l'objet de mon voyage; mais une chose à remarquer, c'est que je commençai de voir sous un autre point de vue ce même objet qui n'était jamais sorti de mon cœur. Jusque-là je m'étais toujours rappelé Julie brillante comme autrefois des charmes de sa première jeunesse;

——— QUESTIONS ———

1. Relevez tous les termes qui expriment la supériorité de Julie.
2. Comment Claire précise-t-elle les rapports de Julie avec son entourage? Rapprochez ce passage de la lettre LV, première partie, question 3.
3. SUR L'ENSEMBLE DE LA LETTRE II. — Quel rôle Rousseau semble-t-il assigner dès maintenant au personnage de Julie?

j'avais toujours vu ses beaux yeux animés du feu qu'elle m'inspirait ; ses traits chéris n'offraient à mes regards que des garants de mon bonheur, son amour et le mien se mêlaient tellement avec sa figure, que je ne pouvais les en séparer. Maintenant j'allais voir Julie mariée, Julie mère, Julie indifférente. Je m'inquiétais des changements que huit ans d'intervalle avaient pu faire à sa beauté. Elle avait eu la petite vérole ; elle s'en trouvait changée : à quel point le pouvait-elle être ? Mon imagination me refusait opiniâtrement des taches sur ce charmant visage ; et sitôt que j'en voyais un marqué de petite vérole, ce n'était plus celui de Julie. Je pensais encore à l'entrevue que nous allions avoir, à la réception qu'elle m'allait faire. Ce premier abord se présentait à mon esprit sous mille tableaux différents, et ce moment qui devait passer si vite revenait pour moi mille fois le jour. **(1)**

Quand j'aperçus la cime des monts, le cœur me battit fortement, en me disant : elle est là. La même chose venait de m'arriver en mer à la vue des côtes d'Europe. La même chose m'était arrivée autrefois à Meillerie en découvrant la maison du baron d'Étange³. Le monde n'est jamais divisé pour moi qu'en deux régions : celle où elle est, et celle où elle n'est pas. La première s'étend quand je m'éloigne, et se resserre à mesure que j'approche, comme un lieu où je ne dois jamais arriver. Elle est à présent bornée aux murs de sa chambre. Hélas ! ce lieu seul est habité ; tout le reste de l'univers est vide.

Plus j'approchais de la Suisse, plus je me sentais ému. L'instant où des hauteurs du Jura je découvris le lac de Genève fut un instant d'extase et de ravissement. La vue de mon pays, de ce pays si chéri, où des torrents de plaisirs avaient inondé mon cœur ; l'air des Alpes si salutaire et si pur ; le doux air de la patrie, plus suave que les parfums de l'Orient ; cette terre riche et fertile, ce paysage unique, le plus beau dont l'œil humain fut jamais frappé⁴ ; ce séjour charmant auquel je n'avais rien trouvé d'égal dans le tour du monde ; l'aspect d'un peuple heureux et libre ; la douceur de la saison, la sérénité du climat ; mille souvenirs délicieux qui réveillaient

---

3. Voir première partie, lettre XXVI, question 3 ; 4. On sait que ce paysage fut effectivement l'un de ceux que Rousseau préféra.

QUESTIONS

1. Dégagez l'intérêt de la phrase *maintenant j'allais voir... indifférente*. Étudiez le rôle de l'imagination chez Saint-Preux ; sa lutte avec le souvenir ; ses limites.

« [...] j'aimais à lui faire admirer les riches et charmantes rives du pays de Vaud. »

Phot. Office national suisse du tourisme.

tous les sentiments que j'avais goûtés ; tout cela me jetait dans des transports que je ne puis décrire, et semblait me rendre à la fois la jouissance de ma vie entière.

En descendant vers la côte je sentis une impression nouvelle dont je n'avais aucune idée ; c'était un certain mouvement d'effroi qui me resserrait le cœur et me troublait malgré moi. Cet effroi, dont je ne pouvais démêler la cause, croissait à mesure que j'approchais de la ville : il ralentissait mon empressement d'arriver, et fit enfin de tels progrès, que je m'inquiétais autant de ma diligence que j'avais fait jusque-là de ma lenteur. En entrant à Vevai, la sensation que j'éprouvai ne fut rien moins qu'agréable : je fus saisi d'une violente palpitation qui m'empêchait de respirer ; je parlais d'une voix altérée et tremblante. J'eus peine à me faire entendre en demandant M. de Wolmar ; car je n'osai jamais nommer sa femme. On me dit qu'il demeurait à Clarens. Cette nouvelle m'ôta de dessus la poitrine un poids de cinq cents livres ; et, prenant les deux lieues qui me restaient à faire pour un répit, je me réjouis de ce qui m'eût désolé dans un autre temps ; mais j'appris avec un vrai chagrin que Mme d'Orbe était à Lausanne. J'entrai dans une auberge pour reprendre les forces qui me manquaient : il me fut impossible d'avaler un seul morceau ; je suffoquais en buvant, et ne pouvais vider un verre qu'à plusieurs reprises. Ma terreur redoubla quand je vis mettre les chevaux pour repartir. Je crois que j'aurais donné tout au monde pour voir briser une roue en chemin. Je ne voyais plus Julie ; mon imagination troublée ne me présentait que des objets confus ; mon âme était dans un tumulte universel. Je connaissais la douleur et le désespoir ; je les aurais préférés à cet horrible état. Enfin je puis dire n'avoir de ma vie éprouvé d'agitation plus cruelle que celle où je me trouvai durant ce court trajet, et je suis convaincu que je ne l'aurais pu supporter une journée entière.

En arrivant, je fis arrêter à la grille ; et, me sentant hors d'état de faire un pas, j'envoyai le postillon dire qu'un étranger demandait à parler à M. de Wolmar. Il était à la promenade avec sa femme. On les avertit, et ils vinrent par un autre côté, tandis que, les yeux fichés sur l'avenue, j'attendais dans des transes mortelles d'y voir paraître quelqu'un. **(2)**

A peine Julie m'eut-elle aperçu qu'elle me reconnut. A l'instant, me voir, s'écrier, courir, s'élancer dans mes bras, ne

---
QUESTIONS

Question 2, v. p. 13.

fut pour elle qu'une même chose. A ce son de voix je me sens tressaillir; je me retourne, je la vois, je la sens. O milord! ô mon ami... je ne puis parler... Adieu crainte; adieu terreur, effroi, respect humain. Son regard, son cri, son geste, me rendent en un moment la confiance, le courage, et les forces. Je puise dans ses bras la chaleur et la vie; je pétille de joie en la serrant dans les miens. Un transport sacré nous tient dans un long silence étroitement embrassés, et ce n'est qu'après un si doux saisissement que nos voix commencent à se confondre et nos yeux à mêler leurs pleurs. M. de Wolmar était là; je le savais, je le voyais, mais qu'aurais-je pu voir? Non, quand l'univers entier se fût réuni contre moi, quand l'appareil des tourments m'eût environné, je n'aurais pas dérobé mon cœur à la moindre de ces caresses, tendres prémices d'une amitié pure et sainte que nous emporterons dans le ciel! **(3)**

Cette première impétuosité suspendue, Mme de Wolmar me prit par la main, et, se retournant vers son mari, lui dit avec une certaine grâce d'innocence et de candeur dont je me sentis pénétré : « Quoiqu'il soit mon ancien ami, je ne vous le présente pas, je le reçois de vous, et ce n'est qu'honoré de votre amitié qu'il aura désormais la mienne. — Si les nouveaux amis ont moins d'ardeur que les anciens, me dit-il en m'embrassant, ils seront anciens à leur tour, et ne céderont point aux autres. » Je reçus ses embrassements, mais mon cœur venait de s'épuiser, et je ne fis que les recevoir. **(4)**

─────── **QUESTIONS** ───────

2. Comment Rousseau a-t-il fait sentir l'évolution de Saint-Preux à chaque nouvelle étape du voyage? — *1er paragraphe* : quel est l'intérêt de rapprocher ce moment de l'époque de Meillerie? Dégagez le romantisme de Saint-Preux dans ce passage; le lyrisme de l'expression; étudiez la chute du paragraphe. — *2e paragraphe* : par quels termes Rousseau évoque-t-il l'état de Saint-Preux? Comment peut-on le caractériser? Quelles sont les diverses causes auxquelles Saint-Preux l'attribue? Laquelle paraît la plus profonde, et, psychologiquement, la plus juste? — *3e et 4e paragraphe* : étudiez les manifestations physiques de l'*effroi* de Saint-Preux. Montrez la justesse de l'analyse psychologique, en particulier la recherche du « répit ». Comment faut-il comprendre que Saint-Preux n'ose pas nommer Mme de Wolmar? qu'il regrette tant l'absence de Claire? Montrez que, ici encore, Saint-Preux est victime de son imagination.

3. Étudiez le rythme du début du paragraphe; l'emploi des modes et des temps; des phrases nominales. Quelle conception de l'amour évoque la dernière phrase?

4. Dégagez le contraste entre le ton de ce paragraphe et celui du paragraphe précédent. Que révèle-t-il?

Après cette courte scène, j'observai du coin de l'œil qu'on avait détaché ma malle et remisé ma chaise. Julie me prit sous le bras, et je m'avançai avec eux vers la maison, presque oppressé d'aise de voir qu'on y prenait possession de moi[5]. (5)

Ce fut alors qu'en contemplant plus paisiblement ce visage adoré, que j'avais cru trouver enlaidi, je vis avec une surprise amère et douce qu'elle était réellement plus belle et plus brillante que jamais. Ses traits charmants se sont mieux formés encore; elle a pris un peu plus d'embonpoint qui ne fait qu'ajouter à son éblouissante blancheur. La petite vérole n'a laissé sur ses joues que quelques légères traces presque imperceptibles. Au lieu de cette pudeur souffrante qui lui faisait autrefois sans cesse baisser les yeux, on voit la sécurité de la vertu s'allier dans son chaste regard à la douceur et à la sensibilité; sa contenance, non moins modeste, est moins timide; un air plus libre et des grâces plus franches ont succédé à ces manières contraintes, mêlées de tendresse et de honte; et si le sentiment de sa faute la rendait alors plus touchante, celui de sa pureté la rend aujourd'hui plus céleste. (6)

A peine étions-nous dans le salon qu'elle disparut, et rentra le moment d'après. Elle n'était pas seule. Qui pensez-vous qu'elle amenait avec elle? Milord, c'étaient ses enfants! ses deux enfants plus beaux que le jour, et portant déjà sur leur physionomie enfantine le charme et l'attrait de leur mère! Que devins-je à cet aspect? Cela ne peut ni se dire ni se comprendre; il faut le sentir. Mille mouvements contraires m'assaillirent à la fois; mille cruels et délicieux souvenirs vinrent partager mon cœur. O spectacle! ô regrets! Je me sentais déchirer de douleur et transporter de joie. Je voyais, pour ainsi dire, multiplier celle qui me fut si chère. Hélas! je voyais

---

5. Rapprochez de *Confessions*, livre III, (Pléiade, tome Ier, p. 104) : « Quand j'entendis que je coucherais dans la maison j'eus peine à me contenir, et je vis porter mon petit paquet dans la chambre qui m'était destinée, à peu près comme Saint-Preux vit remiser sa chaise chez Mme de Wolmar. » Il s'agit du retour de Rousseau chez Mme de Warens en 1729; remarquez les liens profonds entre la réalité des *Confessions* (*op. cit.*, pp. 102 à 104) et le roman.

QUESTIONS

5. Quel aspect du caractère de Saint-Preux et de Rousseau apparaît quand il dit : *presque oppressé d'aise de voir qu'on y prenait possession de moi?*

6. Expliquez : *surprise amère et douce*. Quel est le trait moral sur lequel Saint-Preux insiste particulièrement dans son portrait de Julie?

au même instant la trop vive preuve qu'elle ne m'était plus rien, et mes pertes semblaient se multiplier avec elle.

Elle me les amena par la main. « Tenez, me dit-elle d'un ton qui me perça l'âme, voilà les enfants de votre amie : ils seront vos amis un jour; soyez le leur dès aujourd'hui. » Aussitôt ces deux petites créatures s'empressèrent autour de moi, me prirent les mains, et m'accablant de leurs innocentes caresses, tournèrent vers l'attendrissement toute mon émotion. Je les pris dans mes bras l'un et l'autre; et les pressant contre ce cœur agité : « Chers et aimables enfants, dis-je avec un soupir, vous avez à remplir une grande tâche. Puissiez-vous ressembler à ceux de qui vous tenez la vie; puissiez-vous imiter leurs vertus, et faire un jour par les vôtres la consolation de leurs amis infortunés! » Mme de Wolmar enchantée me sauta au cou une seconde fois, et semblait me vouloir payer par ses caresses de celles que je faisais à ses deux fils. Mais quelle différence du premier embrassement à celui-là! Je l'éprouvai avec surprise. C'était une mère de famille que j'embrassais; je la voyais environnée de son époux et de ses enfants; ce cortège m'en imposait. Je trouvais sur son visage un air de dignité qui ne m'avait pas frappé d'abord; je me sentais forcé de lui porter une nouvelle sorte de respect; sa familiarité m'était presque à charge; quelque belle qu'elle me parût, j'aurais baisé le bord de sa robe de meilleur cœur que sa joue : dès cet instant, en un mot, je connus qu'elle ou moi n'étions plus les mêmes, et je commençai tout de bon à bien augurer de moi. (7)

M. de Wolmar, me prenant par la main, me conduisit ensuite au logement qui m'était destiné. « Voilà, me dit-il en y entrant, votre appartement : il n'est point celui d'un étranger; il ne sera plus celui d'un autre; et désormais il restera vide ou occupé par vous. » Jugez si ce compliment me fut agréable; mais je ne le méritais pas encore assez pour l'écouter sans confusion. M. de Wolmar me sauva l'embarras d'une réponse. Il m'invita à faire un tour de jardin. Là, il fit si bien que je me trouvai plus à mon aise; et, prenant le ton d'un homme instruit de mes anciennes erreurs, mais plein

──────── QUESTIONS ────────

7. Précisez les sentiments divers et contradictoires de Saint-Preux à la vue des enfants de Julie. Dégagez le caractère « attendrissant » de la scène. Montrez la subtilité et l'importance de l'analyse du second embrassement.

de confiance dans ma droiture, il me parla comme un père à son enfant, et me mit à force d'estime dans l'impossibilité de la démentir. Non, milord, il ne s'est pas trompé; je n'oublierai point que j'ai la sienne et la vôtre à justifier. Mais pourquoi faut-il que mon cœur se resserre à ses bienfaits? Pourquoi faut-il qu'un homme que je dois aimer soit le mari de Julie? **(8)**

Cette journée semblait destinée à tous les genres d'épreuves que je pouvais subir. Revenus auprès de Mme de Wolmar, son mari fut appelé pour quelque ordre à donner; et je restai seul avec elle.

Je me trouvai alors dans un nouvel embarras, le plus pénible et le moins prévu de tous. Que lui dire? comment débuter? Oserais-je rappeler nos anciennes liaisons et des temps si présents à ma mémoire? Laisserais-je penser que je les eusse oubliés ou que je ne m'en souciasse plus? Quel supplice de traiter en étrangère celle qu'on porte au fond de son cœur! Quelle infamie d'abuser de l'hospitalité pour lui tenir des discours qu'elle ne doit plus entendre! Dans ces perplexités je perdais toute contenance; le feu me montait au visage; je n'osais ni parler, ni lever les yeux, ni faire le moindre geste; et je crois que je serais resté dans cet état violent jusqu'au retour de son mari, si elle ne m'en eût tiré. Pour elle, il ne parut pas que ce tête-à-tête l'eût gênée en rien. Elle conserva le même maintien et les mêmes manières qu'elle avait auparavant, elle continua de me parler sur le même ton; seulement je crus voir qu'elle essayait d'y mettre encore plus de gaieté et de liberté, jointe à un regard, non timide et tendre, mais doux et affectueux, comme pour m'encourager à me rassurer et à sortir d'une contrainte qu'elle ne pouvait manquer d'apercevoir. [...] **(9)**

« J'ai, continua-t-il, deux partis à vous proposer : choisissez librement celui qui vous conviendra le mieux, mais choisissez l'un ou l'autre. » Alors, prenant la main de sa femme et la mienne, il me dit en la serrant : « Notre amitié commence; en voici le cher lien; qu'elle soit indissoluble. Embrassez votre

---

QUESTIONS

8. Montrez la complexité des premiers rapports entre Saint-Preux et Wolmar. Quelle est la relation qui domine?

9. Comment Rousseau a-t-il rendu réaliste ce premier tête-à-tête? Comment peut-on interpréter la différence d'attitude entre Saint-Preux et Julie?

Les monuments des anciennes amours.
Gravure de Choffard, d'après Gravelot, pour l'édition Duchesne (1761).

sœur et votre amie ; traitez-la toujours comme telle ; plus vous serez familier avec elle, mieux je penserai de vous. Mais vivez dans le tête-à-tête comme si j'étais présent, ou devant moi comme si je n'y étais pas : voilà tout ce que je vous demande. Si vous préférez le dernier parti, vous le pouvez sans inquiétude ; car, comme je me réserve le droit de vous avertir de tout ce qui me déplaira, tant que je ne dirai rien vous serez sûr de ne m'avoir point déplu. »

Il y avait deux heures que ce discours m'aurait fort embarrassé ; mais M. de Wolmar commençait à prendre une si grande autorité sur moi, que j'y étais déjà presque accoutumé. [...] **(10)**

Mon corps, épuisé de fatigue, avait grand besoin de nourriture, et mon esprit de repos ; je trouvai l'un et l'autre à table. Après tant d'années d'absence et de douleurs, après de si longues courses, je me disais dans une sorte de ravissement : « Je suis avec Julie, je la vois, je lui parle ; je suis à table avec elle, elle me voit sans inquiétude, elle me reçoit sans crainte, rien ne trouble le plaisir que nous avons d'être ensemble. Douce et précieuse innocence, je n'avais point goûté tes charmes, et ce n'est que d'aujourd'hui que je commence d'exister sans souffrir ! »

Le soir, en me retirant, je passai devant la chambre des maîtres de la maison ; je les y vis entrer ensemble : je gagnai tristement la mienne, et ce moment ne fut pas pour moi le plus agréable de la journée.

Voilà, milord, comment s'est passée cette première entrevue, désirée si passionnément et si cruellement redoutée. J'ai tâché de me recueillir depuis que je suis seul, je me suis efforcé de sonder mon cœur ; mais l'agitation de la journée précédente s'y prolonge encore, et il m'est impossible de juger si tôt de mon véritable état. Tout ce que je sais très certainement, c'est que si mes sentiments pour elle n'ont pas changé d'espèce, ils ont au moins bien changé de forme ; que j'aspire toujours à voir un tiers entre nous, et que je crains autant le tête-à-tête que je le désirais autrefois. [...] **(11) (12)**

QUESTIONS

10. Montrez le naturel de la conversation qui s'établit. Le rôle de Wolmar : quelle intention cache-t-il sous l'exigence morale de franchise ? Dans quel sens se précisent ses rapports avec Saint-Preux ?

11. Dégagez le sens des impressions contradictoires de Saint-Preux. Question 12, v. p. 19.

LETTRE VII DE Mme DE WOLMAR À Mme D'ORBE

[Impressions de Julie.]

[...] En vérité, ma cousine, je ne sais quelles vaines terreurs m'avaient fasciné l'esprit sur ce voyage, et j'ai honte de m'y être opposée avec tant d'obstination. Plus je craignais de le revoir, plus je serais fâchée aujourd'hui de ne l'avoir pas vu; car sa présence a détruit des craintes qui m'inquiétaient encore, et qui pouvaient devenir légitimes à force de m'occuper de lui. Loin que l'attachement que je sens pour lui m'effraye, je crois que s'il m'était moins cher je me défierais plus de moi; mais je l'aime aussi tendrement que jamais, sans l'aimer de la même manière. C'est de la comparaison de ce que j'éprouve à sa vue, et de ce que j'éprouvais jadis que je tire la sécurité de mon état présent; et dans des sentiments si divers la différence se fait sentir à proportion de leur vivacité. **(1)**

Quant à lui, quoique je l'aie reconnu du premier instant, je l'ai trouvé fort changé; et, ce qu'autrefois je n'aurais guère imaginé possible, à bien des égards il me paraît changé en mieux. Le premier jour il donna quelques signes d'embarras, et j'eus moi-même bien de la peine à lui cacher le mien; mais il ne tarda pas à prendre le ton ferme et l'air ouvert qui convient à son caractère. Je l'avais toujours vu timide et craintif; la frayeur de me déplaire, et peut-être la secrète honte d'un rôle peu digne d'un honnête homme, lui donnaient devant moi je ne sais quelle contenance servile et basse dont tu t'es plus d'une fois moquée avec raison. Au lieu de la soumission d'un esclave, il a maintenant le respect d'un ami qui sait honorer ce qu'il estime; il tient avec assurance des propos honnêtes; il n'a pas peur que ses maximes de vertu contrarient ses intérêts; il ne craint ni de se faire tort, ni de me faire affront, en louant les choses louables; et l'on sent dans tout ce qu'il dit la confiance d'un homme droit et sûr de lui-même, qui tire

---
■——— **QUESTIONS** ———

12. SUR L'ENSEMBLE DE LA LETTRE VI. — Étudiez la composition générale de la lettre. Quelle scène Rousseau a-t-il mise au centre? Pourquoi? Comment a-t-il varié « tous les genres d'épreuves » auxquelles il soumet Saint-Preux?
— Dégagez les éléments qui rendent ces retrouvailles particulièrement originales. Étudiez la délicatesse des sentiments des deux protagonistes.

1. Quel est le ton de Julie? Quelle est l'idée essentielle, le mot clé du passage?

de son propre cœur l'approbation qu'il ne cherchait autrefois que dans mes regards. Je trouve aussi que l'usage du monde et l'expérience lui ont ôté ce ton dogmatique et tranchant qu'on prend dans le cabinet; qu'il est moins prompt à juger les hommes depuis qu'il en a beaucoup observé, moins pressé d'établir des propositions universelles depuis qu'il a tant vu d'exceptions, et qu'en général l'amour de la vérité l'a guéri de l'esprit de système; de sorte qu'il est devenu moins brillant et plus raisonnable, et qu'on s'instruit beaucoup mieux avec lui depuis qu'il n'est plus si savant.

Sa figure est changée aussi, et n'est pas moins bien; sa démarche est plus assurée; sa contenance est plus libre, son port est plus fier : il a rapporté de ses campagnes un certain air martial qui lui sied d'autant mieux, que son geste, vif et prompt quand il s'anime, est d'ailleurs plus grave et plus posé qu'autrefois. C'est un marin dont l'attitude est flegmatique et froide, et le parler bouillant et impétueux. A trente ans passés son visage est celui de l'homme dans sa perfection, et joint au feu de la jeunesse la majesté de l'âge mûr. Son teint n'est pas reconnaissable; il est noir comme un More, et de plus fort marqué de la petite vérole. Ma chère, il te faut tout dire : ces marques me font quelque peine à regarder, et je me surprends souvent à les regarder malgré moi. (2)

Je crois m'apercevoir que, si je l'examine, il n'est pas moins attentif à m'examiner. Après une si longue absence, il est naturel de se considérer mutuellement avec une sorte de curiosité; mais si cette curiosité semble tenir de l'ancien empressement, quelle différence dans la manière aussi bien que dans le motif! Si nos regards se rencontrent moins souvent, nous nous regardons avec plus de liberté. Il semble que nous ayons une convention tacite pour nous considérer alternativement. Chacun sent, pour ainsi dire, quand c'est le tour de l'autre, et détourne les yeux à son tour. Peut-on revoir sans plaisir, quoique l'émotion n'y soit plus, ce qu'on aima si tendrement autrefois, et qu'on aime si purement aujourd'hui? Qui sait si l'amour-propre ne cherche point à justifier les erreurs passées? Qui sait si chacun des deux, quand la passion cesse de

---

QUESTIONS

2. Étudiez le parallélisme entre le portrait moral de Saint-Preux par Julie et celui de Julie par Saint-Preux (lettre VI, question 9). Comment le portrait physique vient-il renforcer le portrait moral?

l'aveugler, n'aime point encore à se dire : « Je n'avais pas trop mal choisi ? » Quoi qu'il en soit, je te le répète sans honte, je conserve pour lui des sentiments très doux qui dureront autant que ma vie. Loin de me reprocher ces sentiments, je m'en applaudis; je rougirais de ne les avoir pas comme d'un vice de caractère et de la marque d'un mauvais cœur. Quant à lui, j'ose croire qu'après la vertu je suis ce qu'il aime le mieux au monde. Je sens qu'il s'honore de mon estime; je m'honore à mon tour de la sienne, et mériterai de la conserver. Ah! si tu voyais avec quelle tendresse il caresse mes enfants, si tu savais quel plaisir il prend à parler de toi, cousine, tu connaîtrais que je lui suis encore chère. [...] (3) (4)

LETTRE X À MILORD ÉDOUARD

[Economie domestique.]

[...] Depuis que les maîtres de cette maison y ont fixé leur demeure⁶, ils en ont mis à leur usage tout ce qui ne servait qu'à l'ornement; ce n'est plus une maison faite pour être vue, mais pour être habitée. Ils ont bouché de longues enfilades pour changer des portes mal situées; ils ont coupé de trop grandes pièces pour avoir des logements mieux distribués. A des meubles anciens et riches, ils en ont substitué de simples et de commodes. Tout y est agréable et riant, tout y respire l'abondance et la propreté, rien n'y sent la richesse et le luxe. Il n'y a pas une chambre où l'on ne se reconnaisse à la campagne, et où l'on ne retrouve toutes les commodités de la ville. Les mêmes changements se font remarquer au dehors. La basse-cour a été agrandie aux dépens des remises. A la place d'un vieux billard délabré l'on a fait un beau pressoir, et une laiterie où logeaient des paons criards dont on s'est

---

6. Il s'agit de la maison de Clarens, que Julie préfère au château d'Étange.

QUESTIONS

3. Comment la finesse de l'analyse rend-elle vivants les rapports de Saint-Preux et de Julie? Comparez et opposez l'état d'esprit de Julie à celui qu'elle révèle dans la première lettre de la troisième partie (question 1).

4. SUR L'ENSEMBLE DE LA LETTRE VII. — Comment cette lettre vient-elle éclairer et préciser la lettre précédente? Appréciez à ce sujet les ressources de la technique épistolaire.

défait. Le potager était trop petit pour la cuisine; on en a fait du parterre un second, mais si propre et si bien entendu, que ce parterre ainsi travesti plaît à l'œil plus qu'auparavant. Aux tristes ifs qui couvraient les murs ont été substitués de bons espaliers. Au lieu de l'inutile marronnier d'Inde, de jeunes mûriers noirs commencent à ombrager la cour; et l'on a planté deux rangs de noyers jusqu'au chemin, à la place des vieux tilleuls qui bordaient l'avenue. Partout on a substitué l'utile à l'agréable, et l'agréable y a presque toujours gagné. Quant à moi, du moins, je trouve que le bruit de la basse-cour, le chant des coqs, le mugissement du bétail, l'attelage des chariots, les repas des champs, le retour des ouvriers, et tout l'appareil de l'économie rustique, donnent à cette maison un air plus champêtre, plus vivant, plus animé, plus gai, je ne sais quoi qui sent la joie et le bien-être, qu'elle n'avait pas dans sa morne dignité. **(1)**

Leurs terres ne sont pas affermées, mais cultivées par leurs soins; et cette culture fait une grande partie de leurs occupations, de leurs biens et de leurs plaisirs. La baronnie d'Étange n'a que des prés, des champs, et du bois; mais le produit de Clarens est en vignes, qui font un objet considérable; et comme la différence de la culture y produit un effet plus sensible que dans les blés, c'est encore une raison d'économie pour avoir préféré ce dernier séjour. Cependant ils vont presque tous les ans faire les moissons à leur terre, et M. de Wolmar y va seul assez fréquemment. Ils ont pour maxime de tirer de la culture tout ce qu'elle peut donner, non pour faire un plus grand gain, mais pour nourrir plus d'hommes. M. de Wolmar prétend que la terre produit à proportion du nombre des bras qui la cultivent : mieux cultivée, elle rend davantage; cette surabondance de production donne de quoi la cultiver mieux encore; plus on y met d'hommes et de bétail, plus elle fournit d'excédent à leur entretien. On ne sait, dit-il, où peut s'arrêter cette augmentation continuelle et réciproque de produit et de cultivateurs. Au contraire, les terrains négligés perdent leur fertilité : moins un pays produit d'hommes, moins il produit de denrées; c'est le défaut d'habitants qui l'empêche de nour-

---

QUESTIONS

1. A quel souci répondent les transformations apportées à Clarens? Quel est l'intérêt d'en évoquer les détails? Quelle impression d'ensemble de la vie au domaine Saint-Preux donne-t-il dès le début?

rir le peu qu'il en a, et dans toute contrée qui se dépeuple on doit tôt ou tard mourir de faim[7]. **(2)**

Ayant donc beaucoup de terres et les cultivant toutes avec beaucoup de soin, il leur faut, outre les domestiques de la basse-cour, un grand nombre d'ouvriers à la journée : ce qui leur procure le plaisir de faire subsister beaucoup de gens sans s'incommoder. Dans le choix de ces journaliers, ils préfèrent toujours ceux du pays, et les voisins aux étrangers et aux inconnus. Si l'on perd quelque chose à ne pas prendre toujours les plus robustes, on le regagne bien par l'affection que cette préférence inspire à ceux qu'on choisit, par l'avantage de les avoir sans cesse autour de soi, et de pouvoir compter sur eux dans tous les temps, quoiqu'on ne les paye qu'une partie de l'année.

Avec tous ces ouvriers, on fait toujours deux prix. L'un est le prix de rigueur et de droit, le prix courant du pays, qu'on s'oblige à leur payer pour les avoir employés. L'autre, un peu plus fort, est un prix de bénéficence[8], qu'on ne leur paye qu'autant qu'on est content d'eux; et il arrive presque toujours que ce qu'ils font pour qu'on le soit vaut mieux que le surplus qu'on leur donne. Car M. de Wolmar est intègre et sévère, et ne laisse jamais dégénérer en coutume et en abus les institutions de faveur et de grâces. Ces ouvriers ont des surveillants qui les animent et les observent. Ces surveillants sont les gens de la basse-cour, qui travaillent eux-mêmes, et sont intéressés au travail des autres par un petit denier[9] qu'on leur accorde, outre leurs gages, sur tout ce qu'on recueille par leurs soins. De plus M. de Wolmar les visite lui-même presque tous les jours, souvent plusieurs fois le jour, et sa femme aime à être de ces promenades. Enfin, dans le temps des grands travaux,

---

7. Les affirmations relatives au rapport entre la densité des cultivateurs et la production sont contredites par des théories plus modernes, notamment par la loi « des rendements décroissants » (voir P. A. Samuelson, *l'Économique*, tome I, ch. II, pp. 38-40, A. Colin); **8.** *Bénéficence* : archaïsme genevois pour bienfaisance; **9.** *Denier* : « intérêt d'une somme, d'un capital » (Littré). Il s'agit ici d'une prime proportionnelle aux bénéfices versée aux surveillants.

QUESTIONS

2. Pour le commentaire de ce passage et l'étude des rapports de la pensée de Rousseau avec la physiocratie, voir la Notice (utopie économique, pp. 17-18). Le fait que Wolmar ne recherche pas le gain rend-il pour autant son entreprise humanitaire?

Julie donne toutes les semaines vingt batz[10] de gratification à celui de tous les travailleurs, journaliers ou valets indifféremment, qui, durant ces huit jours, a été le plus diligent au jugement du maître. Tous ces moyens d'émulation qui paraissent dispendieux, employés avec prudence et justice, rendent insensiblement tout le monde laborieux, diligent, et rapportent enfin plus qu'ils ne coûtent : mais comme on n'en voit le profit qu'avec de la constance et du temps, peu de gens savent et veulent s'en servir. **(3)**

Cependant un moyen plus efficace encore, le seul auquel des vues économiques ne font point songer, et qui est plus propre à M*me* de Wolmar, c'est de gagner l'affection de ces bonnes gens en leur accordant la sienne. Elle ne croit point s'acquitter avec de l'argent des peines que l'on prend pour elle, et pense devoir des services à quiconque lui en a rendu. Ouvriers, domestiques, tous ceux qui l'ont servie, ne fût-ce que pour un seul jour, deviennent tous ses enfants; elle prend part à leurs plaisirs, à leurs chagrins, à leur sort; elle s'informe de leurs affaires; leurs intérêts sont les siens; elle se charge de mille soins pour eux; elle leur donne des conseils; elle accommode leurs différends, et ne leur marque pas l'affabilité de son caractère par des paroles emmiellées et sans effet, mais par des services véritables et par de continuels actes de bonté. Eux, de leur côté, quittent tout à son moindre signe; ils volent quand elle parle; son seul regard anime leur zèle; en sa présence ils sont contents; en son absence ils parlent d'elle et s'animent à la servir. Ses charmes et ses discours font beaucoup; sa douceur, ses vertus, font davantage. Ah! milord, l'adorable et puissant empire que celui de la beauté bienfaisante! **(4)**

Quant au service personnel des maîtres, ils ont dans la maison huit domestiques, trois femmes et cinq hommes, sans compter le valet de chambre du baron ni les gens de la basse-cour. Il n'arrive guère qu'on soit mal servi par peu de domestiques; mais on dirait, au zèle de ceux-ci, que chacun, outre

---

10. [*Note de l'auteur*] : petite monnaie du pays (le *batz* est la trentième partie du thaler bernois, qui valait environ 4,50 francs-or).

QUESTIONS
---

3. Montrez comment Wolmar utilise ses connaissances psychologiques à des fins économiques. Quels sont les équivalents modernes du *petit denier ?* Pourquoi est-ce Julie qui donne la gratification hebdomadaire?

4. Précisez les rapports entre la bonté et l'efficacité. Ce passage ne présente-t-il d'intérêt que du point de vue économique?

son service, se croit chargé de celui des sept autres, et, à leur accord, que tout se fait par un seul. [...]

On s'y prend de bonne heure pour les avoir tels qu'on les veut. On n'a point ici la maxime que j'ai vu régner à Paris et à Londres, de choisir des domestiques tout formés, c'est-à-dire des coquins déjà tout faits, de ces coureurs de conditions qui dans chaque maison qu'ils parcourent prennent à la fois les défauts des valets et des maîtres, et se font un métier de servir tout le monde, sans jamais s'attacher à personne. Il ne peut régner ni honnêteté, ni fidélité, ni zèle, au milieu de pareilles gens; et ce ramassis de canaille ruine le maître et corrompt les enfants dans toutes les maisons opulentes[11]. Ici c'est une affaire importante que le choix des domestiques. On ne les regarde point seulement comme des mercenaires dont on n'exige qu'un service exact, mais comme des membres de la famille, dont le mauvais choix est capable de la désoler. La première chose qu'on leur demande est d'être honnêtes gens; la seconde, d'aimer leur maître; la troisième, de le servir à son gré; mais pour peu qu'un maître soit raisonnable et un domestique intelligent, la troisième suit toujours les deux autres. On ne les tire donc point de la ville, mais de la campagne. C'est ici leur premier service, et ce sera sûrement le dernier pour tous ceux qui vaudront quelque chose. On les prend dans quelque famille nombreuse et surchargée d'enfants dont les père et mère viennent les offrir eux-mêmes. On les choisit jeunes, bien faits, de bonne santé, et d'une physionomie agréable. M. de Wolmar les interroge, les examine, puis les présente à sa femme. S'ils agréent à tous deux, ils sont reçus, d'abord à l'épreuve, ensuite au nombre des gens, c'est-à-dire des enfants de la maison, et l'on passe quelques jours à leur apprendre avec beaucoup de patience et de soin ce qu'ils ont à faire. Le service est si simple, si égal, si uniforme, les maîtres ont si peu de fantaisie et d'humeur, et leurs domestiques les affectionnent si promptement, que cela est bientôt appris. Leur condition est douce; ils sentent un bien-être qu'ils n'avaient pas chez eux; mais on ne les laisse point amollir par l'oisiveté, mère des vices. On ne souffre point qu'ils deviennent des messieurs et s'enorgueillissent de la servitude; ils continuent de travailler comme ils faisaient dans la maison paternelle : ils n'ont fait, pour ainsi dire, que changer de père et de mère, et

---

11. Rousseau, qui fut laquais lui-même, parle d'expérience.

en gagner de plus opulents. De cette sorte, ils ne prennent point en dédain leur ancienne vie rustique. Si jamais ils sortaient d'ici, il n'y en a pas un qui ne reprît plus volontiers son état de paysan que de supporter une autre condition. Enfin je n'ai jamais vu de maison où chacun fît mieux son service et s'imaginât moins de servir[12]. **(5)**

C'est ainsi qu'en formant et dressant ses propres domestiques, on n'a point à se faire cette objection, si commune et si peu sensée : « Je les aurai formés pour d'autres! » Formez-les comme il faut, pourrait-on répondre, et jamais ils ne serviront à d'autres. Si vous ne songez qu'à vous en les formant, en vous quittant ils n'en font fort bien de ne songer qu'à eux ; mais occupez-vous d'eux un peu davantage, et ils vous demeureront attachés. Il n'y a que l'intention qui oblige ; et celui qui profite d'un bien que je ne veux faire qu'à moi ne me doit aucune reconnaissance.

Pour prévenir doublement le même inconvénient, M. et Mme de Wolmar emploient encore un autre moyen qui me paraît fort bien entendu. En commençant leur établissement, ils ont cherché quel nombre de domestiques ils pouvaient entretenir dans une maison montée à peu près selon leur état, et ils ont trouvé que ce nombre allait à quinze ou seize ; pour être mieux servis, ils l'ont réduit à la moitié ; de sorte qu'avec moins d'appareil leur service est beaucoup plus exact. Pour être mieux servis encore, ils ont intéressé les mêmes gens à les servir longtemps. Un domestique en entrant chez eux reçoit le gage ordinaire ; mais ce gage augmente tous les ans d'un vingtième ; au bout de vingt ans il serait ainsi plus que doublé, et l'entretien des domestiques serait à peu près alors en raison du moyen des maîtres ; mais il ne faut pas être un grand algébriste pour voir que les frais de cette augmentation sont plus apparents que réels, qu'ils auront peu de doubles gages à payer, et que, quand ils les paieraient à tous, l'avantage d'avoir été bien servis durant vingt ans compenserait et au delà ce

---

12. Parler du « paternalisme » de Wolmar est en fait un anachronisme : le mot, emprunté à l'anglais, n'apparaît qu'à la fin du XIXe s., pour désigner une conception patriarcale du chef d'entreprise dans une société capitaliste industrialisée ; par extension, on désigne ainsi une propension à imposer une domination dissimulée sous une bienfaisance apparente.

─────── **QUESTIONS** ───────

5. Commentez *donc* (l. 22 de la p. 25) ; relevez les termes qui révèlent une conduite à tendance « paternaliste » avant la lettre (voir note 12).

surcroît de dépense. Vous sentez bien, milord, que c'est un expédient sûr pour augmenter incessamment le soin des domestiques et se les attacher à mesure qu'on s'attache à eux. Il n'y a pas seulement de la prudence. Il y a même de l'équité dans un pareil établissement. Est-il juste qu'un nouveau venu, sans affection, et qui n'est peut-être qu'un mauvais sujet, reçoive en entrant le même salaire qu'on donne à un ancien serviteur, dont le zèle et la fidélité sont éprouvés par de longs services, et qui d'ailleurs approche en vieillissant du temps où il sera hors d'état de gagner sa vie? Au reste, cette dernière raison n'est pas ici de mise, et vous pouvez bien croire que des maîtres aussi humains ne négligent pas des devoirs que remplissent par ostentation beaucoup de maîtres sans charité, et n'abandonnent pas ceux de leurs gens à qui les infirmités ou la vieillesse ôtent les moyens de servir. **(6)**

J'ai dans l'instant même un exemple assez frappant de cette attention. Le baron d'Étange, voulant récompenser les longs services de son valet de chambre par une retraite honorable, a eu le crédit d'obtenir pour lui de LL. EE.[13] un emploi lucratif et sans peine. Julie vient de recevoir là-dessus de ce vieux domestique une lettre à tirer des larmes, dans laquelle il la supplie de le faire dispenser d'accepter cet emploi. « Je suis âgé, lui dit-il, j'ai perdu toute ma famille; je n'ai plus d'autres parents que mes maîtres; tout mon espoir est de finir paisiblement mes jours dans la maison où je les ai passés... Madame, en vous tenant dans mes bras à votre naissance, je demandais à Dieu de tenir de même un jour vos enfants : il m'en a fait la grâce, ne me refusez pas celle de les voir croître et prospérer comme vous... Moi qui suis accoutumé à vivre dans une maison de paix, où en retrouverai-je une semblable pour y reposer ma vieillesse?... Ayez la charité d'écrire en ma faveur à M. le baron. S'il est mécontent de moi, qu'il me chasse et ne me donne point d'emploi; mais si je l'ai fidèlement servi durant quarante ans, qu'il me laisse achever mes jours à son service et au vôtre; il ne saurait mieux me récompenser. » Il ne faut pas demander si Julie a écrit. Je vois qu'elle serait

---

13. « Leurs Excellences », membres du Sénat de Berne, dont dépend le pays de Vaud.

QUESTIONS

6. Étudiez les « calculs » de Wolmar. Appréciez la justification morale apportée par Saint-Preux.

aussi fâchée de perdre ce bonhomme qu'il le serait de la quitter. Ai-je tort, milord, de comparer des maîtres si chéris à des pères, et leurs domestiques à leurs enfants? Vous voyez que c'est ainsi qu'ils se regardent eux-mêmes. [...] **(7)**

Quoique tous les domestiques n'aient qu'une même table, il y a d'ailleurs peu de communication entre les deux sexes; on regarde ici cet article comme très important. [...]

Pour prévenir entre les deux sexes une familiarité dangereuse, on ne les gêne point ici par des lois positives qu'ils seraient tentés d'enfreindre en secret; mais, sans paraître y songer, on établit des usages plus puissants que l'autorité même. On ne leur défend pas de se voir, mais on fait en sorte qu'ils n'en aient ni l'occasion ni la volonté. On y parvient en leur donnant des occupations, des habitudes, des goûts, des plaisirs, entièrement différents. Sur l'ordre admirable qui règne ici, ils sentent que dans une maison bien réglée les hommes et les femmes doivent avoir peu de commerce entre eux. Tel qui taxerait en cela de caprice les volontés d'un maître, se soumet sans répugnance à une manière de vivre qu'on ne lui prescrit pas formellement, mais qu'il juge lui-même être la meilleure et la plus naturelle. Julie prétend qu'elle l'est en effet; elle soutient que de l'amour ni de l'union conjugale ne résulte point le commerce continuel des deux sexes. Selon elle, la femme et le mari sont bien destinés à vivre ensemble, mais non pas de la même manière; ils doivent agir de concert sans faire les mêmes choses. La vie qui charmerait l'un serait, dit-elle, insupportable à l'autre; les inclinations que leur donne la nature sont aussi diverses que les fonctions qu'elle leur impose; leurs amusements ne diffèrent pas moins que leurs devoirs; en un mot, tous deux concourent au bonheur commun par des chemins différents; et ce partage de travaux et de soins est le plus fort lien de leur union[14]. [...] **(8)**

Tous les dimanches, après le prêche du soir, les femmes se rassemblent encore dans la chambre des enfants avec quelque

---

14. Voir deuxième partie, lettre XXI, question 1.

QUESTIONS

7. Dégagez les caractères de cette « illustration »; quelle impression fait-elle sur le lecteur moderne?

8. Analysez la « pédagogie » de Wolmar à l'égard de ses domestiques. Définissez les fondements religieux, moraux, intellectuels de la position de Julie.

parente ou amie qu'elles invitent tour à tour du consentement de madame. Là, en attendant un petit régal donné par elle, on cause, on chante, on joue au volant, aux onchets[15], ou à quelque autre jeu d'adresse propre à plaire aux yeux des enfants, jusqu'à ce qu'ils s'en puissent amuser eux-mêmes. La collation vient, composée de quelques laitages, de gaufres, d'échaudés, de merveilles[16], ou d'autres mets du goût des enfants et des femmes. Le vin en est toujours exclu; et les hommes qui dans tous les temps entrent peu dans ce petit gynécée[17], ne sont jamais de cette collation, où Julie manque aussi rarement. J'ai été jusqu'ici le seul privilégié. Dimanche dernier, j'obtins, à force d'importunités, de l'y accompagner. Elle eut grand soin de me faire valoir cette faveur. Elle me dit tout haut qu'elle me l'accordait pour cette seule fois, et qu'elle l'avait refusée à M. de Wolmar lui-même. Imaginez si la petite vanité féminine était flattée, et si un laquais eût été bien venu à vouloir être admis à l'exclusion du maître.

Je fis un goûter délicieux. Est-il quelques mets au monde comparables aux laitages de ce pays? Pensez ce que doivent être ceux d'une laiterie où Julie préside, et mangés à côté d'elle. La Fanchon me servit des grus, de la céracée[18], des gaufres, des écrelets. Tout disparaissait à l'instant. Julie riait de mon appétit. « Je vois, dit-elle en me donnant encore une assiette de crème, que votre estomac se fait honneur partout, et que vous ne vous tirez pas moins bien de l'écot[19] des femmes que de celui des Valaisans[20]. — Pas plus impunément, repris-je; on s'enivre quelquefois à l'un comme à l'autre, et la raison peut s'égarer dans un chalet tout aussi bien que dans un cellier. » Elle baissa les yeux sans répondre, rougit, et se mit à caresser ses enfants. C'en fut assez pour éveiller mes remords. Milord, ce fut là ma première indiscrétion, et j'espère que ce sera la dernière.

---

15. *Onchets*, ou « jonchets » : sortes de fiches longues et fines qu'on utilise dans un jeu d'adresse; 16. *[Note de l'auteur]* : sorte de gâteaux du pays; 17. *[Note de l'auteur]* : appartement des femmes; 18. *[Note de l'auteur] :* laitages excellents qui se font sur la montagne de Salève. Je doute qu'ils soient connus sous ce nom au Jura, surtout vers l'autre extrémité du lac. (Voir A. François, *Annales de J.-J. Rousseau*, tome III, pp. 36-43; il définit ainsi ces gâteaux et laitages : *gru*, lait caillé mêlé de crème; *céracée*, lait caillé sans crème; *écrelet* [de l'allemand *Leckerei*], sorte de pain d'épice. Rousseau a corrigé sa note en 1763, pour admettre que la *céracée* se fait « au Jura », ce qui est exact); 19. *Ecot :* « la compagnie des personnes qui mangent ensemble dans un cabaret » (*Dictionnaire de l'Académie*, 1762); 20. Rappel de la lettre XXIII de la première partie, où Saint-Preux avait raconté que, ne pouvant payer son écot de sa bourse chez les Valaisans, il le payait de sa raison.

Il régnait dans cette petite assemblée un certain air d'antique simplicité qui me touchait le cœur ; je voyais sur tous les visages la même gaieté, et plus de franchise peut-être que s'il s'y fût trouvé des hommes. Fondée sur la confiance et l'attachement, la familiarité qui régnait entre les servantes et la maîtresse ne faisait qu'affermir le respect et l'autorité ; et les services rendus et reçus ne semblaient être que des témoignages d'amitié réciproque **(9)**. Il n'y avait pas jusqu'au choix du régal qui ne contribuât à le rendre intéressant. Le laitage et le sucre sont un des goûts naturels du sexe, et comme le symbole de l'innocence et de la douceur qui font son plus aimable ornement. Les hommes, au contraire, recherchent en général les saveurs fortes et les liqueurs spiritueuses, aliments plus convenables à la vie active et laborieuse que la nature leur demande ; et quand ces divers goûts viennent à s'altérer et se confondre, c'est une marque presque infaillible du mélange désordonné des sexes. En effet, j'ai remarqué qu'en France, où les femmes vivent sans cesse avec les hommes, elles ont tout à fait perdu le goût du laitage, les hommes beaucoup celui du vin ; et qu'en Angleterre, où les deux sexes sont moins confondus, leur goût propre s'est mieux conservé. En général, je pense qu'on pourrait souvent trouver quelque indice du caractère des gens dans le choix des aliments qu'ils préfèrent. Les Italiens, qui vivent beaucoup d'herbages, sont efféminés et mous. Vous autres Anglais, grands mangeurs de viande, avez dans vos inflexibles vertus quelque chose de dur et qui tient de la barbarie. Le Suisse, naturellement froid, paisible et simple, mais violent et emporté dans la colère, aime à la fois l'un et l'autre aliment, et boit du laitage et du vin. Le Français, souple et changeant, vit de tous les mets et se plie à tous les caractères. Julie elle-même pourrait me servir d'exemple ; car quoique sensuelle et gourmande dans ses repas, elle n'aime ni la viande, ni les ragoûts, ni le sel, et n'a jamais goûté de vin pur : d'excellents légumes, les œufs, la crème, les fruits, voilà sa nourriture ordinaire ; et, sans le poisson qu'elle aime aussi beaucoup, elle serait une véritable pythagoricienne[21]. **(10)**

---

21. Pythagore interdisait la consommation de toute chair et du vin.

QUESTIONS

9. Quelle est la nature des distractions féminines ? Dégagez les divers éléments qui rendent le goûter particulièrement délicieux pour Saint-Preux. Par quels procédés Rousseau a-t-il évoqué le charme de la collation ?

Question 10, v. p. 31.

Ce n'est rien de contenir les femmes si l'on ne contient aussi les hommes; et cette partie de la règle, non moins importante que l'autre, est plus difficile encore; car l'attaque est en général plus vive que la défense : c'est l'intention du conservateur de la nature. Dans la république on retient les citoyens par des mœurs, des principes, de la vertu; mais comment contenir des domestiques, des mercenaires, autrement que par la contrainte et la gêne? Tout l'art du maître est de cacher cette gêne sous le voile du plaisir ou de l'intérêt, en sorte qu'ils pensent vouloir tout ce qu'on les oblige de faire. L'oisiveté du dimanche, le droit qu'on ne peut guère leur ôter d'aller où bon leur semble quand leurs fonctions ne les retiennent point au logis, détruisent souvent en un seul jour l'exemple et les leçons des six autres. L'habitude du cabaret, le commerce et les maximes de leurs camarades, la fréquentation des femmes débauchées, les perdant bientôt pour leurs maîtres et pour eux-mêmes, les rendent par mille défauts incapables du service et indignes de la liberté.

On remédie à cet inconvénient en les retenant par les mêmes motifs qui les portaient à sortir. Qu'allaient-ils faire ailleurs? Boire et jouer au cabaret. Ils boivent et jouent au logis. Toute la différence est que le vin ne leur coûte rien, qu'ils ne s'enivrent pas, et qu'il y a des gagnants au jeu sans que jamais personne perde. Voici comment on s'y prend pour cela. **(11)**

Derrière la maison est une allée couverte dans laquelle on a établi la lice des jeux. C'est là que les gens de livrée et ceux de la basse-cour se rassemblent en été, le dimanche, après le prêche, pour y jouer, en plusieurs parties liées[22], non de l'argent, on ne le souffre pas, ni du vin, on leur en donne, mais une mise fournie par la libéralité des maîtres. Cette mise est toujours quelque petit meuble ou quelque nippe[23] à leur usage. Le nombre des jeux est proportionné à la valeur de la mise; en sorte que, quand cette mise est un peu considérable, comme des boucles d'argent, un porte-col[24], des bas de soie,

---

22. Chaque partie comprend plusieurs « manches »; 23. *Meuble* : objet; *nippe* : vêtement, sans nuance péjorative; 24. *Porte-col* : une sorte d'agrafe, qui retient le col.

QUESTIONS

10. Que peut-on penser de cette sociologie du goût? De quelle autre théorie du temps peut-on rapprocher celle-ci?

11. Relevez les termes qui révèlent l'hypocrisie du système de Wolmar.

un chapeau fin, ou autre chose semblable, on emploie ordinairement plusieurs séances à la disputer. On ne s'en tient point à une seule espèce de jeu; on les varie, afin que le plus habile dans un n'emporte pas toutes les mises, et pour les rendre tous plus adroits et plus forts par des exercices multipliés. Tantôt c'est à qui enlèvera à la course un but placé à l'autre bout de l'avenue; tantôt à qui lancera le plus loin la même pierre; tantôt à qui portera le plus longtemps le même fardeau; tantôt on dispute un prix en tirant au blanc[25]. On joint à la plupart de ces jeux un petit appareil[26] qui les prolonge et les rend amusants. Le maître et la maîtresse les honorent souvent de leur présence; on y amène quelquefois les enfants; les étrangers même y viennent, attirés par la curiosité, et plusieurs ne demanderaient pas mieux que d'y concourir; mais nul n'est jamais admis qu'avec l'agrément des maîtres et du consentement des joueurs, qui ne trouveraient pas leur compte à l'accorder aisément. Insensiblement il s'est fait de cet usage une espèce de spectacle, où les acteurs, animés par les regards du public, préfèrent la gloire des applaudissements à l'intérêt du prix. Devenus plus vigoureux et plus agiles, ils s'en estiment davantage; et, s'accoutumant à tirer leur valeur d'eux-mêmes plutôt que de ce qu'ils possèdent, tout valets qu'ils sont, l'honneur leur devient plus cher que l'argent. **(12)**

Il serait long de vous détailler tous les biens qu'on retire ici d'un soin si puéril en apparence, et toujours dédaigné des esprits vulgaires, tandis que c'est le propre du vrai génie de produire de grands effets par de petits moyens. M. de Wolmar m'a dit qu'il lui en coûtait à peine cinquante écus par an pour ces petits établissements que sa femme a la première imaginés. « Mais, dit-il, combien de fois croyez-vous que je regagne cette somme dans mon ménage et dans mes affaires par la vigilance et l'attention que donnent à leur service des domestiques attachés qui tiennent tous leurs plaisirs de leurs maîtres, par l'intérêt qu'ils prennent à celui d'une maison qu'ils regardent comme la leur, par l'avantage de profiter dans leurs travaux de la vigueur qu'ils acquièrent dans leurs jeux, par celui de

---

25. *Tirer au blanc* : à la cible; 26. *Un petit appareil* : un petit supplément.

QUESTIONS

12. Montrez ce qui distingue et ce qui rapproche les distractions des hommes de celles des femmes. Expliquez la dernière phrase; faut-il interpréter le *tout valets qu'ils sont* comme une marque de mépris?

les conserver toujours sains en les garantissant des excès ordinaires à leurs pareils et des maladies qui sont la suite ordinaire de ces excès, par celui de prévenir en eux les friponneries que le désordre amène infailliblement et de les conserver toujours honnêtes gens, enfin par le plaisir d'avoir chez nous à peu de frais des récréations agréables pour nous-mêmes? Que s'il se trouve parmi nos gens quelqu'un, soit homme, soit femme, qui ne s'accommode pas de nos règles et leur préfère la liberté d'aller sous divers prétextes courir où bon lui semble, on ne lui en refuse jamais la permission; mais nous regardons ce goût de licence comme un indice très suspect, et nous ne tardons pas à nous défaire de ceux qui l'ont. Ainsi ces mêmes amusements qui nous conservent de bons sujets nous servent encore d'épreuve pour les choisir. » Milord, j'avoue que je n'ai jamais vu qu'ici des maîtres former à la fois dans les mêmes hommes de bons domestiques pour le service de leurs personnes, de bons paysans pour cultiver leurs terres, de bons soldats pour la défense de la patrie, et des gens de bien pour tous les états où la fortune peut les appeler. **(13)**

L'hiver, les plaisirs changent d'espèce ainsi que les travaux. Les dimanches, tous les gens de la maison, et même les voisins, hommes et femmes indifféremment, se rassemblent après le service dans une salle basse, où ils trouvent du feu, du vin, des fruits, des gâteaux, et un violon qui les fait danser. Mme de Wolmar ne manque jamais de s'y rendre, au moins pour quelques instants, afin d'y maintenir par sa présence l'ordre et la modestie, et il n'est pas rare qu'elle y danse elle-même, fût-ce avec ses propres gens[27]. [...] **(14)**

Pour moi je pense que le signe le plus assuré du vrai contentement d'esprit est la vie retirée et domestique, et que ceux qui vont sans cesse chercher leur bonheur chez autrui ne l'ont point chez eux-mêmes. Un père de famille qui se plaît dans

---

[27]. Saint-Preux s'étonne de ce qui lui apparaît comme « moins conforme à la sévérité des mœurs protestantes »; la danse était interdite par la loi de Genève. Julie se justifie en considérant la danse comme une « inspiration de la nature ».

───── **QUESTIONS** ─────

13. Précisez en quoi consiste le « génie » de Wolmar; montrez la liaison intime des préoccupations morales et des astuces de l'intérêt. Quelle impression le lecteur garde-t-il finalement?

14. Montrez que ce passage évoque parfaitement le rôle de Julie dans sa maison.

sa maison a pour prix des soins continuels qu'il s'y donne la continuelle jouissance des plus doux sentiments de la nature. Seul entre tous les mortels, il est maître de sa propre félicité, parce qu'il est heureux comme Dieu même, sans rien désirer de plus que ce dont il jouit[28]. Comme cet être immense, il ne songe pas à amplifier ses possessions, mais à les rendre véritablement siennes par les relations les plus parfaites et la direction la mieux entendue : s'il ne s'enrichit pas par de nouvelles acquisitions, il s'enrichit en possédant mieux ce qu'il a. Il ne jouissait que du revenu de ses terres; il jouit encore de ses terres mêmes en présidant à leur culture et les parcourant sans cesse. Son domestique lui était étranger; il en fait son bien, son enfant, il se l'approprie. Il n'avait droit que sur les actions; il s'en donne encore sur les volontés. Il n'était maître qu'à prix d'argent; il le devient par l'empire sacré de l'estime et des bienfaits. Que la fortune le dépouille de ses richesses, elle ne saurait lui ôter les cœurs qu'il s'est attachés; elle n'ôtera point des enfants à leur père : toute la différence est qu'il les nourrissait hier, et qu'il sera demain nourri par eux. C'est ainsi qu'on apprend à jouir véritablement de ses biens, de sa famille et de soi-même; c'est ainsi que les détails d'une maison deviennent délicieux pour l'honnête homme qui sait en connaître le prix; c'est ainsi que, loin de regarder ses devoirs comme une charge, il en fait son bonheur, et qu'il tire de ses touchantes et nobles fonctions la gloire et le plaisir d'être homme. [...] **(15) (16)**

---

28. Comparez avec *Rêveries*, 5ᵉ Promenade (Pléiade, tome I, p. 428) : « De quoi jouit-on dans une pareille situation? De rien d'extérieur à soi, de rien sinon de soi-même et de sa propre existence; tant que cet état dure, on se suffit à soi-même comme Dieu. »

QUESTIONS
---

15. Étudiez la justification spirituelle de la *vie retirée et domestique;* montrez qu'il s'agit d'un véritable « art de jouir » (voir la Notice, p. 16).

16. Sur l'ensemble de la lettre X. — Comment peut-on justifier, du point de vue esthétique et psychologique, cette digression d'économie domestique?
— Dégagez-en les principes généraux. D'où vient l'impression de malaise que le lecteur moderne peut ressentir? Voir la Notice pour le commentaire de toute cette lettre.
— Montrez que l'individualisation des personnages n'est pas sacrifiée à la théorie générale.

LETTRE XI À MILORD ÉDOUARD[29]

[L'Elysée de Julie.]

[...] Après avoir admiré l'effet de la vigilance et des soins de la plus respectable mère de famille dans l'ordre de sa maison, j'ai vu celui de ses récréations dans un lieu retiré dont elle fait sa promenade favorite, et qu'elle appelle son Élysée[30].

Il y avait plusieurs jours que j'entendais parler de cet Élysée dont on me faisait une espèce de mystère. Enfin, hier après dîner, l'extrême chaleur rendant le dehors et le dedans de la maison presque également insupportables, M. de Wolmar proposa à sa femme de se donner congé, cet après-midi, et, au lieu de se retirer comme à l'ordinaire dans la chambre de ses enfants jusque vers le soir, de venir avec nous respirer dans le verger; elle y consentit, et nous nous y rendîmes ensemble.

Ce lieu, quoique tout proche de la maison, est tellement caché par l'allée couverte qui l'en sépare, qu'on ne l'aperçoit de nulle part. L'épais feuillage qui l'environne ne permet point à l'œil d'y pénétrer, et il est toujours soigneusement fermé à la clef. A peine fus-je au dedans, que, la porte étant masquée par des aunes et des coudriers qui ne laissent que deux étroits passages sur les côtés, je ne vis plus en me retournant par où j'étais entré, et, n'apercevant point de porte, je me trouvai là comme tombé des nues.

En entrant dans ce prétendu verger, je fus frappé d'une agréable sensation de fraîcheur que d'obscurs ombrages, une verdure animée et vive, des fleurs éparses de tous côtés, un gazouillement d'eau courante, et le chant de mille oiseaux, portèrent à mon imagination du moins autant qu'à mes sens; mais en même temps je crus voir le lieu le plus sauvage, le plus solitaire de la nature, et il me semblait d'être le premier mortel qui jamais eût pénétré dans ce désert. Surpris, saisi, transporté d'un spectacle si peu prévu, je restai un moment immobile, et m'écriai dans un enthousiasme involontaire : « O Tinian! ô Juan-Fernandez[31]! Julie, le bout du monde est à votre porte! — Beaucoup de gens le trouvent ici comme

---

29. Voir la Documentation thématique; 30. *Élysées* : terme de la religion gréco-latine. Dans les Enfers, le séjour où ne sont admis après leur mort que les héros ou les hommes vertueux; au figuré : un lieu, un séjour délicieux; 31. *[Note de l'auteur]* : îles désertes de la mer du Sud, célèbres dans les voyages de l'amiral Anson (voir quatrième partie, lettre I, note 2).

vous, dit-elle avec un sourire ; mais vingt pas de plus les ramènent bien vite à Clarens : voyons si le charme tiendra plus longtemps chez vous **(1)**. C'est ici le même verger où vous vous êtes promené autrefois et où vous vous battiez avec ma cousine à coups de pêches. Vous savez que l'herbe y était assez aride, les arbres assez clairsemés, donnant assez peu d'ombre, et qu'il n'y avait point d'eau. Le voilà maintenant frais, vert, habillé, paré, fleuri, arrosé. Que pensez-vous qu'il m'en a coûté pour le mettre dans l'état où il est ? Car il est bon de vous dire que j'en suis la surintendante, et que mon mari m'en laisse l'entière disposition. — Ma foi, lui dis-je, il ne vous en a coûté que de la négligence. Ce lieu est charmant, il est vrai, mais agreste et abandonné ; je n'y vois point de travail humain. Vous avez fermé la porte ; l'eau est venue je ne sais comment ; la nature seule a fait tout le reste ; et vous-même n'eussiez jamais su faire aussi bien qu'elle. — Il est vrai, dit-elle, que la nature a tout fait, mais sous ma direction, et il n'y a rien là que je n'aie ordonné. Encore un coup, devinez. — Premièrement, repris-je, je ne comprends point comment avec de la peine et de l'argent on a pu suppléer au temps. Les arbres... — Quant à cela, dit M. de Wolmar, vous remarquerez qu'il n'y en a pas beaucoup de fort grands, et ceux-là y étaient déjà. De plus, Julie a commencé ceci longtemps avant son mariage et presque d'abord après[32] la mort de sa mère, qu'elle vint avec son père chercher ici la solitude. — Eh bien ! dis-je, puisque vous voulez que tous ces massifs, ces grands berceaux, ces touffes pendantes, ces bosquets si bien ombragés, soient venus en sept ou huit ans, et que l'art s'en soit mêlé, j'estime que, si dans une enceinte aussi vaste vous avez fait tout cela pour deux mille écus, vous avez bien économisé. — Vous ne surfaites que de deux mille écus, dit-elle ; il ne m'en a rien coûté. — Comment, rien ? — Non, rien ; à moins que vous ne comptiez une douzaine de journées par an de mon jardinier, autant de deux ou trois de mes gens, et quelques-unes de M. de Wolmar lui-même, qui n'a pas dédaigné d'être quelquefois mon garçon jardinier. » Je ne comprenais rien à cette énigme ;

---

32. *D'abord après* : aussitôt après ; provincialisme suisse.

QUESTIONS

1. Quelle est la première impression de Saint-Preux en pénétrant dans l'Élysée ? Étudiez son « robinsonisme ».

mais Julie, qui jusque-là m'avait retenu, me dit en me laissant aller : « Avancez, et vous comprendrez. Adieu Tinian, adieu Juan-Fernandez, adieu tout l'enchantement! Dans un moment vous allez être de retour du bout du monde. » **(2)**

Je me mis à parcourir avec extase ce verger ainsi métamorphosé; et si je ne trouvai point de plantes exotiques et de productions des Indes, je trouvai celles du pays disposées et réunies de manière à produire un effet plus riant et plus agréable. Le gazon verdoyant, mais court et serré, était mêlé de serpolet, de baume, de thym, de marjolaine, et d'autres herbes odorantes. On y voyait briller mille fleurs des champs, parmi lesquelles l'œil en démêlait avec surprise quelques-unes de jardin, qui semblaient croître naturellement avec les autres. Je rencontrais de temps en temps des touffes obscures, impénétrables aux rayons du soleil, comme dans la plus épaisse forêt; ces touffes étaient formées des arbres du bois le plus flexible, dont on avait fait recourber les branches, pendre en terre, et prendre racine, par un art semblable à ce que font naturellement les mangles en Amérique. Dans les lieux plus découverts je voyais çà et là, sans ordre et sans symétrie, des broussailles de roses, de framboisiers, de groseilles, des fourrés de lilas, de noisetier, de sureau, de seringa, de genêt, de trifolium, qui paraient la terre en lui donnant l'air d'être en friche. Je suivis des allées tortueuses et irrégulières bordées de ces bocages fleuris, et couvertes de mille guirlandes de vigne de Judée, de vigne vierge, de houblon, de liseron, de couleuvrée, de clématite, et d'autres plantes de cette espèce, parmi lesquelles le chèvrefeuille et le jasmin daignaient se confondre. Ces guirlandes semblaient jetées négligemment d'un arbre à l'autre, comme j'en avais remarqué quelquefois dans les forêts, et formaient sur nous des espèces de draperies qui nous garantissaient du soleil, tandis que nous avions sous nos pieds un marcher doux, commode et sec, sur une mousse fine, sans sable, sans herbe, et sans rejetons raboteux. Alors seulement je découvris, non sans surprise, que ces ombrages verts et touffus, qui m'en avaient tant imposé de loin, n'étaient formés que de ces plantes rampantes et parasites, qui, guidées le long des arbres, environnaient leurs têtes du plus épais feuillage, et leurs pieds d'ombre et de fraîcheur. J'observai même qu'au

---

QUESTIONS

2. Quel est le principe qui a présidé à la création de l'Élysée? Pourquoi est-il important qu'il n'ait rien coûté à Julie?

moyen d'une industrie assez simple on avait fait prendre racine sur les troncs des arbres à plusieurs de ces plantes, de sorte qu'elles s'étendaient davantage en faisant moins de chemin. Vous concevez bien que les fruits ne s'en trouvent pas mieux de toutes ces additions; mais dans ce lieu seul on a sacrifié l'utile à l'agréable, et dans le reste des terres on a pris un tel soin des plants et des arbres, qu'avec ce verger de moins la récolte en fruits ne laisse pas d'être plus forte qu'auparavant. Si vous songez combien au fond d'un bois on est charmé quelquefois de voir un fruit sauvage et même de s'en rafraîchir, vous comprendrez le plaisir qu'on a de trouver dans ce désert artificiel des fruits excellents et mûrs, quoique clairsemés et de mauvaise mine; ce qui donne encore le plaisir de la recherche et du choix. (3)

Toutes ces petites routes étaient bordées et traversées d'une eau limpide et claire, tantôt circulant parmi l'herbe et les fleurs en filets presque imperceptibles, tantôt en plus grands ruisseaux courant sur un gravier pur et marqueté qui rendait l'eau plus brillante. On voyait des sources bouillonner et sortir de la terre, et quelquefois des canaux plus profonds dans lesquels l'eau calme et paisible réfléchissait à l'œil les objets. « Je comprends à présent tout le reste, dis-je à Julie; mais ces eaux que je vois de toutes parts... — Elles viennent de là, reprit-elle en me montrant le côté où était la terrasse de son jardin. C'est ce même ruisseau qui fournit à grands frais dans le parterre un jet d'eau dont personne ne se soucie. M. de Wolmar ne veut pas le détruire, par respect pour mon père qui l'a fait faire; mais avec quel plaisir nous venons tous les jours voir courir dans ce verger cette eau dont nous n'approchons guère au jardin! Le jet d'eau joue pour les étrangers, le ruisseau coule ici pour nous. Il est vrai que j'y ai réuni l'eau de la fontaine publique, qui se rendait dans le lac par le grand chemin, qu'elle dégradait au préjudice des passants et à pure perte pour tout le monde. Elle faisait un coude au pied du verger entre deux rangs de saules; je les ai renfermés dans mon enceinte, et j'y conduis la même eau par d'autres routes. »

───────── QUESTIONS ─────────

3. Montrez que cette description illustre le principe énoncé plus haut. Relevez les expressions qui révèlent une intrusion camouflée de l'art dans la nature.

Je vis alors qu'il n'avait été question que de faire serpenter ces eaux avec économie[33] en les divisant et réunissant à propos, en épargnant la pente le plus qu'il était possible, pour prolonger le circuit et se ménager le murmure de quelques petites chutes. Une couche de glaise couverte d'un pouce de gravier du lac et parsemée de coquillages formait le lit des ruisseaux. Ces mêmes ruisseaux, courant par intervalles sous quelques larges tuiles recouvertes de terre et de gazon au niveau du sol, formaient à leur issue autant de sources artificielles. Quelques filets s'en élevaient par des siphons sur des lieux raboteux et bouillonnaient en retombant. Enfin la terre ainsi rafraîchie et humectée donnait sans cesse de nouvelles fleurs et entretenait l'herbe toujours verdoyante et belle. [...] **(4)**

« Eh bien! que vous en semble? me dit-elle[34] en nous en retournant. Êtes-vous encore au bout du monde? — Non, dis-je, m'en voici tout à fait dehors, et vous m'avez en effet transporté dans l'Élysée. — Le nom pompeux qu'elle a donné à ce verger, dit M. de Wolmar, mérite bien cette raillerie. Louez modestement les jeux d'enfant, et songez qu'ils n'ont jamais rien pris sur les soins de la mère de famille. — Je le sais, repris-je, j'en suis très sûr; et les jeux d'enfant me plaisent plus en ce genre que les travaux des hommes.

« Il y a pourtant ici, continuai-je, une chose que je ne puis comprendre; c'est qu'un lieu si différent de ce qu'il était ne peut être devenu ce qu'il est qu'avec de la culture et du soin : cependant je ne vois nulle part la moindre trace de culture; tout est verdoyant, frais, vigoureux, et la main du jardinier ne se montre point; rien ne dément l'idée d'une île déserte qui m'est venue en entrant, et je n'aperçois aucun pas d'hommes. — Ah! dit M. de Wolmar, c'est qu'on a pris grand soin de les effacer. J'ai été souvent témoin, quelquefois complice de la friponnerie. On fait semer du foin sur tous les endroits labourés, et l'herbe cache bientôt les vestiges du travail; on fait couvrir l'hiver de quelques couches d'engrais les lieux maigres et arides; l'engrais mange la mousse, ranime l'herbe et les plantes; les arbres eux-mêmes ne s'en trouvent pas plus mal,

---

33. *Économie* : dans les deux sens du terme; il s'agit à la fois de dépenser l'eau sans excès et de la distribuer de façon ordonnée; **34.** *Elle* : Julie.

■ **QUESTIONS** ───────────

4. Précisez le rôle de l'eau dans le paysage. Comment les qualités de « surintendante » de Julie se manifestent-elles ici? Étudiez le caractère technique de cette partie de la description.

40 — *LA NOUVELLE HÉLOÏSE*

et l'été il n'y paraît plus. A l'égard de la mousse qui couvre quelques allées, c'est milord Édouard qui nous a envoyé d'Angleterre le secret pour la faire naître. Ces deux côtés, continua-t-il, étaient fermés par des murs; les murs ont été masqués, non par des espaliers, mais par d'épais arbrisseaux qui font prendre les bornes du lieu pour le commencement d'un bois. Des deux autres côtés règnent de fortes haies vives, bien garnies d'érable, d'aubépine, de houx, de troène, et d'autres arbrisseaux mélangés qui leur ôtent l'apparence de haies et leur donnent celle d'un taillis. Vous ne voyez rien d'aligné, rien de nivelé; jamais le cordeau n'entra dans ce lieu; la nature ne plante rien au cordeau; les sinuosités dans leur feinte irrégularité sont ménagées avec art pour prolonger la promenade, cacher les bords de l'île, et en agrandir l'étendue apparente sans faire des détours incommodes et trop fréquents[35]. » [...] **(5)**

[...] L'erreur des prétendus gens de goût est de vouloir de l'art partout, et de n'être jamais contents que l'art ne paraisse; au lieu que c'est à le cacher que consiste le véritable goût, surtout quand il est question des ouvrages de la nature. Que signifient ces allées si droites, si sablées, qu'on trouve sans cesse, et ces étoiles, par lesquelles, bien loin d'étendre aux yeux la grandeur d'un parc, comme on l'imagine, on ne fait qu'en montrer maladroitement les bornes? Voit-on dans les bois du sable de rivière, ou le pied se repose-t-il plus doucement sur ce sable que sur la mousse ou la pelouse? La nature emploie-t-elle sans cesse l'équerre et la règle? Ont-ils peur qu'on ne la reconnaisse en quelque chose malgré leurs soins pour la défigurer? Enfin, n'est-il pas plaisant que, comme s'ils étaient déjà las de la promenade en la commençant, ils affectent de la faire en ligne droite pour arriver plus vite au terme? Ne dirait-on pas que, prenant le plus court chemin, ils font un voyage plutôt qu'une promenade, et se hâtent de sortir aussitôt qu'ils sont entrés? **(6)**

---

[35]. *[Note de l'auteur]* : Ainsi ce ne sont pas de ces petits bosquets à la mode, si ridiculement contournés qu'on n'y marche qu'en zigzag, et qu'à chaque pas il faut faire une pirouette.

QUESTIONS

5. Quel est le but de l'intervention humaine dans l'Élysée? A quel style de jardin se rattache-t-il? Étudiez la précision de la description.

6. A quel impératif répondent en réalité les *prétendus gens de goût*? De quel style de jardin Wolmar fait-il ici la critique?

Que fera donc l'homme de goût qui vit pour vivre, qui sait jouir de lui-même, qui cherche les plaisirs vrais et simples, et qui veut se faire une promenade à la porte de sa maison ? Il la fera si commode et si agréable qu'il s'y puisse plaire à toutes les heures de la journée, et pourtant si simple et si naturelle qu'il semble n'avoir rien fait. Il rassemblera l'eau, la verdure, l'ombre et la fraîcheur ; car la nature aussi rassemble toutes ces choses. Il ne donnera à rien de la symétrie ; elle est ennemie de la nature et de la variété ; et toutes les allées d'un jardin ordinaire se ressemblent si fort qu'on croit être toujours dans la même : il élaguera le terrain pour s'y promener commodément, mais les deux côtés de ses allées ne seront point toujours exactement parallèles ; la direction n'en sera pas toujours en ligne droite, elle aura je ne sais quoi de vague comme la démarche d'un homme oisif qui erre en se promenant. Il ne s'inquiétera point de se percer au loin de belles perspectives : le goût des points de vue et des lointains vient du penchant qu'ont la plupart des hommes à ne se plaire qu'où ils ne sont pas ; ils sont toujours avides de ce qui est loin d'eux ; et l'artiste, qui ne sait pas les rendre assez contents de ce qui les entoure, se donne cette ressource pour les amuser. Mais l'homme dont je parle n'a pas cette inquiétude ; et, quand il est bien où il est, il ne se soucie point d'être ailleurs. Ici, par exemple, on n'a pas de vue hors du lieu, et l'on est très content de n'en pas avoir. On penserait volontiers que tous les charmes de la nature y sont renfermés, et je craindrais fort que la moindre échappée de vue au dehors n'ôtât beaucoup d'agrément à cette promenade[36]. Certainement tout homme qui n'aimera pas à passer les beaux jours dans un lieu si simple et si agréable n'a pas le goût pur ni l'âme saine. J'avoue qu'il n'y faut pas amener en pompe les étrangers ; mais en revanche on s'y

---

36. [Note de l'auteur] : Je ne sais si l'on a jamais essayé de donner aux longues allées d'une étoile une courbure légère, en sorte que l'œil ne pût suivre chaque allée tout à fait jusqu'au bout et que l'extrémité opposée en fût cachée au spectateur. On perdrait, il est vrai, l'agrément des points de vue ; mais on gagnerait l'avantage si cher aux propriétaires d'agrandir à l'imagination le lieu où l'on est ; et, dans le milieu d'une étoile assez bornée, on se croirait perdu dans un parc immense. Je suis persuadé que la promenade en serait moins ennuyeuse, quoique plus solitaire ; car tout ce qui donne prise à l'imagination excite les idées et nourrit l'esprit. Mais les faiseurs de jardins ne sont pas gens à sentir ces choses-là. Combien de fois, dans un lieu rustique, le crayon leur tomberait des mains, comme à Le Nostre dans le parc de Saint-James, s'ils connaissaient comme lui ce qui donne de la vie à la nature, et de l'intérêt à un spectacle ? (Muralt, dans ses *Lettres sur les Anglais et les Français*, raconte que, après avoir visité le parc de Saint-James, Le Nostre conseilla à Charles II de ne rien changer.)

peut plaire soi-même, sans le montrer à personne. [...] **(7)**

« Je n'ai qu'un seul reproche à faire à votre Élysée, ajoutai-je en regardant Julie, mais qui vous paraîtra grave; c'est d'être un amusement superflu. A quoi bon vous faire une nouvelle promenade, ayant de l'autre côté de la maison des bosquets si charmants et si négligés? — Il est vrai, dit-elle un peu embarrassée; mais j'aime mieux ceci. — Si vous aviez bien songé à votre question avant que de la faire, interrompit M. de Wolmar, elle serait plus qu'indiscrète. Jamais ma femme depuis son mariage n'a mis les pieds dans les bosquets dont vous parlez. J'en sais la raison quoiqu'elle me l'ait toujours tue. Vous qui ne l'ignorez pas, apprenez à respecter les lieux où vous êtes; ils sont plantés par les mains de la vertu. » [...] **(8)**

Ce matin je me suis levé de bonne heure et avec l'empressement d'un enfant je suis allé m'enfermer dans l'île déserte. Que d'agréables pensées j'espérais porter dans ce lieu solitaire, où le doux aspect de la seule nature devait chasser de mon souvenir tout cet ordre social et factice qui m'a rendu si malheureux! Tout ce qui va m'environner est l'ouvrage de celle qui me fut si chère. Je la contemplerai tout autour de moi; je ne verrai rien que sa main n'ait touché; je baiserai des fleurs que ses pieds auront foulées; je respirerai avec la rosée un air qu'elle a respiré; son goût dans ses amusements me rendra présents tous ses charmes, et je la trouverai partout comme elle est au fond de mon cœur. **(9)**

En entrant dans l'Élysée avec ces dispositions, je me suis subitement rappelé le dernier mot que me dit hier M. de Wolmar à peu près dans la même place. Le souvenir de ce seul mot a changé sur-le-champ tout l'état de mon âme. J'ai cru voir l'image de la vertu où je cherchais celle du plaisir; cette image s'est confondue dans mon esprit avec les traits de Mme de Wolmar; et, pour la première fois depuis mon retour, j'ai vu Julie en son absence, non telle qu'elle fut pour moi et que j'aime encore à me la représenter, mais telle qu'elle se montre à mes yeux tous les jours. Milord, j'ai cru voir cette femme

---
QUESTIONS

7. Montrez que le véritable homme de goût se définit suivant des critères moraux et philosophiques; lesquels? Dans quelle mesure l'art des jardins ici esquissé se rattache-t-il à l'esthétique classique? Dans quelle mesure s'en écarte-t-il?

8. En quoi ce passage révèle-t-il l'habileté technique du romancier?

9. Le rêve de Saint-Preux : dégagez-en le caractère passionné.

La matinée à l'anglaise.
Gravure de Flipart, d'après Gravelot.

si charmante, si chaste et si vertueuse, au milieu de ce même cortège qui l'entourait hier[37]. Je voyais autour d'elle ses trois aimables enfants, honorable et précieux gage de l'union conjugale et de la tendre amitié, lui faire et recevoir d'elle mille touchantes caresses. Je voyais à ses côtés le grave Wolmar, cet époux si chéri, si heureux, si digne de l'être. Je croyais voir son œil pénétrant et judicieux percer au fond de mon cœur et m'en faire rougir encore ; je croyais entendre sortir de sa bouche des reproches trop mérités et des leçons trop mal écoutées. Je voyais à sa suite cette même Fanchon Regard, vivante preuve du triomphe des vertus et de l'humanité sur le plus ardent amour. Ah ! quel sentiment coupable eût pénétré jusqu'à elle à travers cette inviolable escorte ? Avec quelle indignation j'eusse étouffé les vils transports d'une passion criminelle et mal éteinte, et que je me serais méprisé de souiller d'un seul soupir un aussi ravissant tableau d'innocence et d'honnêteté ! Je repassais dans ma mémoire les discours qu'elle m'avait tenus en sortant, puis, remontant avec elle dans un avenir qu'elle contemple avec tant de charmes, je voyais cette tendre mère essuyer la sueur du front de ses enfants, baiser leurs joues enflammées, et livrer ce cœur fait pour aimer au plus doux sentiment de la nature. Il n'y avait pas jusqu'à ce nom d'Élysée qui ne rectifiât en moi les écarts de l'imagination, et ne portât dans mon âme un calme préférable au trouble des passions les plus séduisantes. Il me peignait en quelque sorte l'intérieur de celle qui l'avait trouvé ; je pensais qu'avec une conscience agitée on n'aurait jamais choisi ce nom-là. Je me disais : « La paix règne au fond de son cœur comme dans l'asile qu'elle a nommé. »

Je m'étais promis une rêverie agréable ; j'ai rêvé plus agréablement que je ne m'y étais attendu. J'ai passé dans l'Élysée deux heures auxquelles je ne préfère aucun temps de ma vie. En voyant avec quel charme et quelle rapidité elles s'étaient écoulées, j'ai trouvé qu'il y a dans la méditation des pensées honnêtes une sorte de bien-être que les méchants n'ont jamais connu ; c'est celui de se plaire avec soi-même. Si l'on y songeait sans prévention, je ne sais quel autre plaisir on pourrait égaler à celui-là. [...] (10) (11)

---

37. Au cours de la promenade, Fanchon Regard avait amené les enfants.

QUESTIONS

Questions 10 et 11, v. p. 45.

LETTRE XII DE Mme DE WOLMAR À Mme D'ORBE

[Profanation du bosquet.]

[...] Depuis six ans que je vis avec M. de Wolmar dans la plus parfaite union qui puisse régner entre deux époux, tu sais qu'il ne m'a jamais parlé ni de sa famille ni de sa personne, et que, l'ayant reçu d'un père aussi jaloux du bonheur de sa fille que de l'honneur de sa maison, je n'ai point marqué d'empressement pour en savoir sur son compte plus qu'il ne jugeait à propos de m'en dire. Contente de lui devoir, avec la vie de celui qui me l'a donnée, mon honneur, mon repos, ma raison, mes enfants, et tout ce qui peut me rendre quelque prix à mes propres yeux, j'étais bien assurée que ce que j'ignorais de lui ne démentait point ce qui m'était connu; et je n'avais pas besoin d'en savoir davantage pour l'aimer, l'estimer, l'honorer autant qu'il était possible.

Ce matin, en déjeunant, il nous a proposé un tour de promenade avant la chaleur; puis, sous prétexte de ne pas courir, disait-il, la campagne en robe de chambre, il nous a menés dans les bosquets, et précisément, ma chère, dans ce même bosquet où commencèrent tous les malheurs de ma vie[38]. En approchant de ce lieu fatal, je me suis senti un affreux battement de cœur; et j'aurais refusé d'entrer si la honte ne m'eût retenue, et si le souvenir d'un mot qui fut dit l'autre jour dans l'Élysée ne m'eût fait craindre les interprétations. Je ne sais si le philosophe était plus tranquille; mais quelque temps après, ayant par hasard tourné les yeux sur lui, je l'ai

---

38. Voir première partie, lettre XIV.

QUESTIONS

10. Précisez la nature du changement qui s'opère en Saint-Preux; expliquez-en la soudaineté; quel en est le principal artisan? Comparez la manière dont Saint-Preux considère maintenant Julie avec ce qui est dit dans l'évocation de la famille (lettre VI, question 1); étudiez l'art du « tableau » et, à la fin du passage, les rapports établis entre vertu et solitude.

11. Sur l'ensemble de la lettre XI. — Par quels liens la description de l'Élysée se rattache-t-elle à la lettre précédente? Quelle est la signification symbolique de l'Élysée dans le roman (voir la Notice).

— Dégagez, à partir de l'art des jardins, quelques-uns des principes esthétiques de Rousseau. Comparez avec la deuxième partie, lettre XVII.

— Montrez que certains thèmes essentiels : des rapports de l'homme et de la nature, de la promenade, de la solitude, sont esquissés ici.

trouvé pâle, changé, et je ne puis te dire quelle peine tout cela m'a fait. **(1)**

En entrant dans le bosquet j'ai vu mon mari me jeter un coup d'œil et sourire. Il s'est assis entre nous; et, après un moment de silence, nous prenant tous deux par la main : « Mes enfants, nous a-t-il dit, je commence à voir que mes projets ne seront point vains et que nous pouvons être unis tous trois d'un attachement durable, propre à faire notre bonheur commun et ma consolation dans les ennuis d'une vieillesse qui s'approche. Mais je vous connais tous deux mieux que vous ne me connaissez; il est juste de rendre les choses égales; et quoique je n'aie rien de fort intéressant à vous apprendre, puisque vous n'avez plus de secret pour moi, je n'en veux plus avoir pour vous. » **(2)**

Alors il nous a révélé le mystère de sa naissance, qui jusqu'ici n'avait été connu que de mon père. Quand tu le sauras, tu concevras jusqu'où vont le sang-froid et la modération d'un homme capable de taire six ans un pareil secret à sa femme; mais ce secret n'est rien pour lui, et il y pense trop peu pour se faire un grand effort de n'en pas parler.

« Je ne vous arrêterai point, nous a-t-il dit, sur les événements de ma vie; ce qui peut vous importer est moins de connaître mes aventures que mon caractère. Elles sont simples comme lui; et sachant bien ce que je suis, vous comprendrez aisément ce que j'ai pu faire. J'ai naturellement l'âme tranquille et le cœur froid. Je suis de ces hommes qu'on croit bien injurier en disant qu'ils ne sentent rien, c'est-à-dire qu'ils n'ont point de passion qui les détourne de suivre le vrai guide de l'homme[39]. Peu sensible au plaisir et à la douleur, je n'éprouve que très faiblement ce sentiment d'intérêt et d'humanité qui nous approprie les affections d'autrui. Si j'ai de la peine à voir souffrir les gens de bien, la pitié n'y entre pour rien, car je n'en ai point à voir souffrir les méchants. Mon seul principe actif est le goût naturel de l'ordre; et le concours bien combiné

---

39. La raison.

QUESTIONS

1. Les explications données par Julie de son ignorance sur le compte de son mari sont-elles satisfaisantes? Ne peut-on interpréter ce silence comme une nécessité de la technique romanesque?

2. Par quels détails Rousseau fait-il sentir le côté paternel des rapports entre Wolmar, d'une part, Saint-Preux et Julie, d'autre part?

du jeu de la fortune et des actions des hommes me plaît exactement comme une belle symétrie dans un tableau, ou comme une pièce bien conduite au théâtre. Si j'ai quelque passion dominante, c'est celle de l'observation. J'aime à lire dans les cœurs des hommes; comme le mien me fait peu d'illusion, que j'observe de sang-froid et sans intérêt, et qu'une longue expérience m'a donné de la sagacité, je ne me trompe guère dans mes jugements; aussi c'est là toute la récompense de l'amour-propre dans mes études continuelles; car je n'aime point à faire un rôle, mais seulement à voir jouer les autres : la société m'est agréable pour la contempler, non pour en faire partie. Si je pouvais changer la nature de mon être et devenir un œil vivant je ferais volontiers cet échange. Ainsi mon indifférence pour les hommes ne me rend point indépendant d'eux; sans me soucier d'en être vu, j'ai besoin de les voir, et sans m'être chers, ils me sont nécessaires. [...] (3)

« Avec la véritable connaissance des hommes, dont l'oisive philosophie ne donne que l'apparence, je trouvai un autre avantage auquel je ne m'étais point attendu; ce fut d'aiguiser par une vie active cet amour de l'ordre que j'ai reçu de la nature, et de prendre un nouveau goût pour le bien par le plaisir d'y contribuer. Ce sentiment me rendit un peu moins contemplatif, m'unit un peu plus à moi même; et, par une suite assez naturelle de ce progrès, je m'aperçus que j'étais seul. La solitude qui m'ennuya toujours me devenait affreuse, et je ne pouvais plus espérer de l'éviter longtemps. Sans avoir perdu ma froideur, j'avais besoin d'un attachement; l'image de la caducité sans consolation m'affligeait avant le temps, et, pour la première fois de ma vie, je connus l'inquiétude et la tristesse. Je parlai de ma peine au baron d'Étange. « Il « ne faut point, me dit-il, vieillir garçon. Moi-même, après avoir « vécu presque indépendant dans les liens du mariage, je sens « que j'ai besoin de redevenir époux et père, et je vais me retirer « dans le sein de ma famille. Il ne tiendra qu'à vous d'en faire « la vôtre et de me rendre le fils que j'ai perdu. J'ai une fille « unique à marier; elle n'est pas sans mérite; elle a le cœur

─────── **QUESTIONS** ───────

3. Comparez cet autoportrait avec le portrait que Julie trace de Wolmar lettre xx, troisième partie (question 2). Relevez tous les termes qui expriment la *passion dominante* de Wolmar. Quel sens peut-on donner à l'expression *devenir un œil vivant*? Que révèle ce souhait?

« sensible, et l'amour de son devoir lui fait aimer tout ce qui
« s'y rapporte. Ce n'est ni une beauté ni un prodige d'esprit ;
« mais venez la voir, et croyez que, si vous ne sentez rien pour
« elle, vous ne sentirez jamais rien pour personne au monde. »
Je vins, je vous vis, Julie, et je trouvai que votre père m'avait
parlé modestement de vous. Vos transports, vos larmes de
joie en l'embrassant, me donnèrent la première ou plutôt la
seule émotion que j'aie éprouvée de ma vie. Si cette impression fut légère, elle était unique ; et les sentiments n'ont besoin
de force pour agir qu'en proportion de ceux qui leur résistent.
Trois ans d'absence ne changèrent point l'état de mon cœur.
L'état du vôtre ne m'échappa pas à mon retour ; et c'est ici
qu'il faut que je vous venge d'un aveu qui vous a tant coûté. »

Juge, ma chère, avec quelle étrange surprise j'appris alors
que tous mes secrets lui avaient été révélés avant mon mariage,
et qu'il m'avait épousée sans ignorer que j'appartenais à un
autre. [...] **(4)**

« [...] A peine vos liaisons me furent-elles connues, [continua-t-il], que je vous estimai l'un par l'autre. Je vis quel trompeur enthousiasme avait tous deux égarés : il n'agit que
sur les belles âmes[40], il les perd quelquefois, mais c'est par un
attrait qui ne séduit qu'elles. Je jugeai que le même goût qui
avait formé votre union la relâcherait sitôt qu'elle deviendrait
criminelle, et que le vice pouvait entrer dans des cœurs comme
les vôtres, mais non pas y prendre racine.

« Dès lors je compris qu'il régnait entre vous des liens qu'il
ne fallait point rompre ; que votre mutuel attachement tenait
à tant de choses louables, qu'il fallait plutôt le régler que
l'anéantir, et qu'aucun des deux ne pouvait oublier l'autre
sans perdre beaucoup de son prix. Je savais que les grands
combats ne font qu'irriter les grandes passions, et que si les
violents efforts exercent l'âme, ils lui coûtent des tourments
dont la durée est capable de l'abattre. J'employai la douceur
de Julie pour tempérer sa sévérité. Je nourris son amitié pour
vous, dit-il à Saint-Preux ; j'en ôtai ce qui pouvait y rester
de trop ; et je crois vous avoir conservé de son propre cœur

---

[40]. Voir le titre de l'estampe : *La confiance des belles âmes.*

QUESTIONS

4. Étudiez les phases de l'évolution qui ont amené Wolmar à l'inquiétude et à la tristesse. Quelle transformation Julie a-t-elle opérée en lui ?

plus peut-être qu'elle ne vous en eût laissé, si je l'eusse abandonné à lui-même.

« Mes succès m'encouragèrent, et je voulus tenter votre guérison comme j'avais obtenu la sienne, car je vous estimais, et, malgré les préjugés du vice, j'ai toujours reconnu qu'il n'y avait rien de bien qu'on n'obtînt des belles âmes avec de la confiance et de la franchise. Je vous ai vu, vous ne m'avez point trompé, vous ne me trompez point; et quoique vous ne soyez pas encore ce que vous devez être, je vous vois mieux que vous ne pensez, et suis plus content de vous que vous ne l'êtes vous-même. Je sais bien que ma conduite a l'air bizarre, et choque toutes les maximes communes; mais les maximes deviennent moins générales à mesure qu'on lit mieux dans les cœurs; et le mari de Julie ne doit pas se conduire comme un autre homme. Mes enfants, nous dit-il d'un ton d'autant plus touchant qu'il partait d'un homme tranquille, soyez ce que vous êtes, et nous serons tous contents. Le danger n'est que dans l'opinion : n'ayez pas peur de vous, et vous n'aurez rien à craindre; ne songez qu'au présent, et je vous réponds de l'avenir. Je ne puis vous en dire aujourd'hui davantage; mais si mes projets s'accomplissent, et que mon espoir ne m'abuse pas, nos destinées seront mieux remplies, et vous serez tous deux plus heureux que si vous aviez été l'un à l'autre. » **(5)**

En se levant il nous embrassa, et voulut que nous nous embrassassions aussi, dans ce lieu... et dans ce lieu même où jadis... Claire, ô bonne Claire, combien tu m'as toujours aimée! Je n'en fis aucune difficulté. Hélas! que j'aurais eu tort d'en faire! Ce baiser n'eut rien de celui qui m'avait rendu le bosquet redoutable : je m'en félicitai tristement, et je connus que mon cœur était plus changé que jusque-là je n'avais osé le croire.

Comme nous reprenions le chemin du logis, mon mari m'arrêta par la main, et, me montrant ce bosquet dont nous sortions, il me dit en riant : « Julie, ne craignez plus cet asile, il vient d'être profané. » Tu ne veux pas me croire, cousine,

---
— QUESTIONS —

5. Montrez comment Wolmar utilise avec Julie et Saint-Preux ses qualités d'observateur. Comment fait-il comprendre que sa conduite correspond à l'exécution d'un vaste plan? Dégagez les grandes lignes de ce plan en relevant les expressions qui l'évoquent. Expliquez : *soyez ce que vous êtes;* montrez qu'il s'agit d'un précepte fondamental de la morale de Rousseau.

mais je te jure qu'il a quelque don surnaturel pour lire au fond des cœurs ; que le ciel le lui laisse toujours ! Avec tant de sujet de me mépriser, c'est sans doute à cet art que je dois son indulgence. [...] **(6) (7)**

LETTRE XIV DE M. DE WOLMAR À Mme D'ORBE
[Thérapeutique de Wolmar.]

[...] Je vous ai vue quelquefois sourire à mes observations sur l'amour : mais pour le coup je tiens de quoi vous humilier. J'ai fait une découverte que ni vous ni femme au monde, avec toute la subtilité qu'on prête à votre sexe, n'eussiez jamais faite, dont pourtant vous sentirez peut-être l'évidence au premier instant, et que vous tiendrez au moins pour démontrée quand j'aurai pu vous expliquer sur quoi je la fonde. De vous dire que mes jeunes gens sont plus amoureux que jamais, ce n'est pas sans doute une merveille à vous apprendre. De vous assurer au contraire qu'ils sont parfaitement guéris, vous savez ce que peuvent la raison, la vertu ; ce n'est pas là non plus leur plus grand miracle. Mais que ces deux opposés soient vrais en même temps ; qu'ils brûlent plus ardemment que jamais l'un pour l'autre, et qu'il ne règne plus entre eux qu'un honnête attachement ; qu'ils soient toujours amants et ne soient plus qu'amis ; c'est, je pense, à quoi vous vous attendez moins, ce que vous aurez plus de peine à comprendre, et ce qui est pourtant selon l'exacte vérité.

Telle est l'énigme que forment les contradictions fréquentes que vous avez dû remarquer en eux, soit dans leurs discours, soit dans leurs lettres. Ce que vous avez écrit à Julie au sujet du portrait a servi plus que tout le reste à m'en éclaircir le mystère ; et je vois qu'ils sont toujours de bonne foi, même en se démentant sans cesse. Quand je dis eux, c'est surtout le jeune homme que j'entends ; car pour votre amie, on n'en peut parler que par conjecture ; un voile de sagesse et d'honnêteté fait tant de replis autour de son cœur, qu'il n'est plus

---

QUESTIONS

6. Montrez que la profanation du bosquet apparaît comme une application des projets de Wolmar.

7. SUR L'ENSEMBLE DE LA LETTRE XII. — Comment cette lettre fait-elle sentir la « puissance » de Wolmar ? Précisez les sentiments de l'auteur à l'égard de son personnage.

— Dégagez l'intérêt dramatique de la profanation du bosquet.

possible à l'œil humain d'y pénétrer, pas même au sien propre. La seule chose qui me fait soupçonner qu'il lui reste quelque défiance à vaincre, est qu'elle ne cesse de chercher en elle-même ce qu'elle ferait si elle était tout à fait guérie, et le fait avec tant d'exactitude, que si elle était réellement guérie, elle ne le ferait pas si bien. (1)

Pour votre ami, qui, bien que vertueux, s'effraye moins des sentiments qui lui restent, je lui vois encore tous ceux qu'il eut dans sa première jeunesse; mais je les vois sans avoir droit de m'en offenser. Ce n'est pas de Julie de Wolmar qu'il est amoureux, c'est de Julie d'Étange; il ne me hait point comme le possesseur de la personne qu'il aime, mais comme le ravisseur de celle qu'il a aimée. La femme d'un autre n'est point sa maîtresse; la mère de deux enfants n'est plus son ancienne écolière. Il est vrai qu'elle lui ressemble beaucoup et qu'elle lui en rappelle souvent le souvenir. Il l'aime dans le temps passé : voilà le vrai mot de l'énigme. Otez-lui la mémoire, il n'aura plus d'amour.

Ceci n'est pas une vaine subtilité, petite cousine; c'est une observation très solide, qui, étendue à d'autres amours, aurait peut-être une application bien plus générale qu'il ne paraît. Je pense même qu'elle ne serait pas difficile à expliquer en cette occasion par vos propres idées. Le temps où vous séparâtes ces deux amants fut celui où leur passion était à son plus haut point de véhémence. Peut-être s'ils fussent restés plus longtemps ensemble se seraient-ils peu à peu refroidis; mais leur imagination vivement émue les a sans cesse offerts l'un à l'autre tels qu'ils étaient à l'instant de leur séparation. Le jeune homme, ne voyant point dans sa maîtresse les changements qu'y faisait le progrès du temps, l'aimait telle qu'il l'avait vue, et non plus telle qu'elle était[41]. Pour le rendre

---

41. *[Note de l'auteur]* : Vous êtes bien folles, vous autres femmes, de vouloir donner de la consistance à un sentiment aussi frivole et aussi passager que l'amour. Tout change dans la nature, tout est dans un flux continuel et vous voulez inspirer des feux constants! Et de quel droit prétendez-vous être aimées aujourd'hui parce que vous l'étiez hier! Gardez donc le même visage, le même âge, la même humeur, soyez toujours la même, et l'on vous aimera toujours, si l'on peut. Mais changer sans cesse et vouloir toujours qu'on vous aime, c'est vouloir qu'à chaque instant on cesse de vous aimer; ce n'est pas chercher des cœurs constants, c'est en chercher d'aussi changeants que vous.

──────── **QUESTIONS** ────────

1. Précisez quels sont les termes de l'*énigme* dont parle Wolmar. Dégagez le réalisme psychologique dans l'analyse du cœur de Julie; par quelles péripéties du roman sera-t-elle confirmée?

heureux il n'était pas question seulement de la lui donner, mais de la lui rendre au même âge et dans les mêmes circonstances où elle s'était trouvée au temps de leurs premières amours; la moindre altération à tout cela était autant d'ôté du bonheur qu'il s'était promis. Elle est devenue plus belle, mais elle a changé; ce qu'elle a gagné tourne en ce sens à son préjudice; car c'est de l'ancienne et non pas d'une autre qu'il est amoureux. **(2)**

L'erreur qui l'abuse et le trouble est de confondre les temps et de se reprocher souvent comme un sentiment actuel ce qui n'est que l'effet d'un souvenir trop tendre; mais je ne sais s'il ne vaut pas mieux achever de le guérir que le désabuser. On tirera peut-être meilleur parti pour cela de son erreur que de ses lumières. Lui découvrir le véritable état de son cœur serait lui apprendre la mort de ce qu'il aime; ce serait lui donner une affliction dangereuse en ce que l'état de tristesse est toujours favorable à l'amour.

Délivré des scrupules qui le gênent, il nourrirait peut-être avec plus de complaisance des souvenirs qui doivent s'éteindre; il en parlerait avec moins de réserve; et les traits de sa Julie ne sont pas tellement effacés en Mme de Wolmar, qu'à force de les y chercher il ne les y pût trouver encore. J'ai pensé qu'au lieu de lui ôter l'opinion des progrès qu'il croit avoir faits, et qui sert d'encouragement pour achever, il fallait lui faire perdre la mémoire des temps qu'il doit oublier, en substituant adroitement d'autres idées à celles qui lui sont si chères. Vous, qui contribuâtes à les faire naître, pouvez contribuer plus que personne à les effacer; mais c'est seulement quand vous serez tout à fait avec nous que je veux vous dire à l'oreille ce qu'il faut faire pour cela; charge qui, si je ne me trompe, ne vous sera pas fort onéreuse. En attendant, je cherche à le familiariser avec les objets qui l'effarouchent, en les lui présentant de manière qu'ils ne soient plus dangereux pour lui. Il est ardent, mais faible et facile à subjuguer. Je profite

───────── **QUESTIONS** ─────────

2. Dans quelle phrase Wolmar exprime-t-il le principe de sa thérapeutique? Sur quelle observation psychologique la fonde-t-il (voir en particulier la note de Rousseau)? Comparez son étude avec celle de Claire (troisième partie, lettre VII, question 2). Quelles réflexions de Saint-Preux semblent vérifier d'avance la valeur de cette théorie (voir quatrième partie, lettres VI et XI)?

de cet avantage en donnant le change à son imagination. A la place de sa maîtresse, je le force de voir toujours l'épouse d'un honnête homme et la mère de mes enfants : j'efface un tableau par un autre, et couvre le passé du présent. On mène un coursier ombrageux à l'objet qui l'effraye, afin qu'il n'en soit plus effrayé. C'est ainsi qu'il en faut user avec ces jeunes gens dont l'imagination brûle encore, quand leur cœur est déjà refroidi, et leur offre dans l'éloignement des monstres qui disparaissent à leur approche. [...] (3) (4)

LETTRE XVII À MILORD ÉDOUARD
[La promenade sur le lac.]

Je veux, milord, vous rendre compte d'un danger que nous courûmes ces jours passés, et dont heureusement nous avons été quittes pour la peur et un peu de fatigue. Ceci vaut bien une lettre à part : en la lisant, vous sentirez ce qui m'engage à vous l'écrire.

Vous savez que la maison de Mme de Wolmar n'est pas loin du lac[42], et qu'elle aime les promenades sur l'eau. Il y a trois jours que le désœuvrement où l'absence de son mari nous laisse et la beauté de la soirée nous firent projeter une de ces promenades pour le lendemain. Au lever du soleil nous nous rendîmes au rivage; nous prîmes un bateau avec des filets pour pêcher, trois rameurs, un domestique, et nous embarquâmes avec quelques provisions pour le dîner. J'avais pris un fusil pour tirer des besolets[43]; mais elle me fit honte de tuer des oiseaux à pure perte et pour le seul plaisir de faire du mal. Je m'amusais donc à rappeler de temps en temps des gros sifflets, des tious-tious, des crenets, des sifflassons[44]; et je ne tirai qu'un seul coup de fort loin sur une grèbe que je manquai.

---

42. Le lac de Genève ; 43. *[Note de l'auteur]* : oiseau de passage sur le lac de Genève, le besolet n'est pas bon à manger ; 44. *[Note de l'auteur]* : diverses sortes d'oiseaux du lac de Genève, tous très bons à manger.

───── QUESTIONS ─────

3. Étudiez la subtilité des moyens imaginés par Wolmar pour lutter contre Saint-Preux. Par quels termes est exprimée l'idée du combat et de la supériorité de Wolmar?

4. SUR L'ENSEMBLE DE LA LETTRE XIV. — Précisez, d'après cette lettre, le rôle attribué par Rousseau à la mémoire dans « l'art de jouir ». Montrez que *la Nouvelle Héloïse* est le roman de la mémoire.

Nous passâmes une heure ou deux à pêcher à cinq cents pas du rivage. La pêche fut bonne; mais, à l'exception d'une truite qui avait reçu un coup d'aviron, Julie fit tout rejeter à l'eau. « Ce sont, dit-elle, des animaux qui souffrent; délivrons-les : jouissons du plaisir qu'ils auront d'être échappés au péril. » Cette opération se fit lentement, à contre-cœur, non sans quelques représentations; et je vis aisément que nos gens auraient mieux goûté le poisson qu'ils avaient pris que la morale qui lui sauvait la vie. **(1)**

Nous avançâmes ensuite en pleine eau; puis, par une vivacité de jeune homme dont il serait temps de guérir, m'étant mis à *nager*[45], je dirigeai tellement au milieu du lac que nous nous trouvâmes bientôt à plus d'une lieue du rivage[46]. Là j'expliquais à Julie toutes les parties du superbe horizon qui nous entourait. Je lui montrais de loin les embouchures du Rhône, dont l'impétueux cours s'arrête tout à coup au bout d'un quart de lieue, et semble craindre de souiller de ses eaux bourbeuses le cristal azuré du lac. Je lui faisais observer les redans des montagnes, dont les angles correspondants et parallèles forment dans l'espace qui les sépare un lit digne du fleuve qui le remplit. En l'écartant de nos côtes j'aimais à lui faire admirer les riches et charmantes rives du pays de Vaud, où la quantité des villes, l'innombrable foule du peuple, les coteaux verdoyants et parés de toutes parts, forment un tableau ravissant; où la terre, partout cultivée et partout féconde, offre au laboureur, au pâtre, au vigneron, le fruit assuré de leurs peines, que ne dévore point l'avide publicain[47]. Puis, lui montrant le Chablais sur la côte opposée, pays non moins favorisé de la nature, et qui n'offre pourtant qu'un spectacle de misère, je lui faisais sensiblement distinguer les différents effets des deux gouvernements pour la richesse, le nombre et le bonheur des hommes. « C'est ainsi, lui disais-je, que la terre ouvre son

---

45. *[Note de l'auteur]* : terme des bateliers du lac de Genève; c'est tenir la rame qui gouverne les autres; 46. *[Note de l'auteur]* : Comment cela? Il s'en faut bien que vis-à-vis de Clarens le lac ait deux lieues de large; 47. *Publicain :* fermier des deniers publics chez les Romains; nom donné chez les Juifs aux percepteurs d'impôts, objet d'une grande haine.

QUESTIONS

1. Pourquoi Saint-Preux rassure-t-il milord Édouard et le lecteur dès le début de la lettre sur l'issue de l'aventure? Étudiez l'effet produit par l'emploi du vocabulaire de terroir. Définissez l'attitude de Julie à l'égard des animaux; ne manifeste-t-elle pas une certaine mièvrerie?

sein fertile et prodigue ses trésors aux heureux peuples qui la cultivent pour eux-mêmes : elle semble sourire et s'animer au doux spectacle de la liberté; elle aime à nourrir des hommes. Au contraire, les tristes masures, la bruyère, et les ronces, qui couvrent une terre à demi déserte, annoncent de loin qu'un maître absent y domine, et qu'elle donne à regret à des esclaves quelques maigres productions dont ils ne profitent pas. » (2)

Tandis que nous nous amusions agréablement à parcourir ainsi des yeux les côtes voisines, un séchard[48], qui nous poussait de biais vers la rive opposée, s'éleva, fraîchit considérablement; et, quand nous songeâmes à revirer, la résistance se trouva si forte qu'il ne fut plus possible à notre frêle bateau de la vaincre. Bientôt les ondes devinrent terribles : il fallut regagner la rive de Savoie, et tâcher d'y prendre terre au village de Meillerie qui était vis-à-vis de nous, et qui est presque le seul lieu de cette côte où la grève offre un abord commode. Mais le vent ayant changé se renforçait, rendait inutiles les efforts de nos bateliers et nous faisait dériver plus bas le long d'une file de rochers escarpés où l'on ne trouve plus d'asile.

Nous nous mîmes tous aux rames; et presque au même instant j'eus la douleur de voir Julie saisie du mal de cœur, faible et défaillante au bord du bateau. Heureusement elle était faite à l'eau et cet état ne dura pas. Cependant nos efforts croissaient avec le danger; le soleil, la fatigue et la sueur nous mirent tous hors d'haleine et dans un épuisement excessif. C'est alors que, retrouvant tout son courage, Julie animait le nôtre par ses caresses compatissantes; elle nous essuyait indistinctement à tous le visage, et mêlant dans un vase du vin avec de l'eau de peur d'ivresse, elle en offrait alternativement aux plus épuisés. Non, jamais votre adorable amie[49] ne brilla d'un si vif éclat que dans ce moment où la chaleur et l'agitation avaient animé son teint d'un plus grand feu; et ce qui ajoutait le plus à ses charmes était qu'on voyait si bien à son air attendri que tous ses soins venaient moins de frayeur pour elle que de compassion pour nous. Un instant seulement

---

48. Voir première partie, lettre XXVI, note de Rousseau; **49.** *Votre adorable amie :* la lettre était primitivement adressée à Claire.

QUESTIONS

2. Relevez dans ce passage le vocabulaire didactique. Que peuvent avoir d'étonnant ces leçons de géographie et d'économie? Comment se justifient-elles néanmoins?

deux planches s'étant entr'ouvertes, dans un choc qui nous inonda tous, elle crut le bateau brisé; et dans une exclamation de cette tendre mère j'entendis distinctement ces mots : « O mes enfants! faut-il ne vous voir plus? » Pour moi, dont l'imagination va toujours plus loin que le mal, quoique je connusse au vrai l'état du péril, je croyais voir de moment en moment le bateau englouti, cette beauté si touchante se débattre au milieu des flots, et la pâleur de la mort ternir les roses de son visage.

Enfin à force de travail nous remontâmes à Meillerie, et, après avoir lutté plus d'une heure à dix pas du rivage, nous parvînmes à prendre terre. En abordant, toutes les fatigues furent oubliées. Julie prit sur soi la reconnaissance de tous les soins que chacun s'était donnés; et comme au fort du danger elle n'avait songé qu'à nous, à terre il lui semblait qu'on n'avait sauvé qu'elle.

Nous dînâmes avec l'appétit qu'on gagne dans un violent travail. La truite fut apprêtée. Julie qui l'aime extrêmement en mangea peu; et je compris que, pour ôter aux bateliers le regret de leur sacrifice, elle ne se souciait pas que j'en mangeasse beaucoup moi-même. Milord, vous l'avez dit mille fois, dans les petites choses comme dans les grandes cette âme aimante se peint toujours. **(3)**

Après le dîner, l'eau continuant d'être forte et le bateau ayant besoin de raccommoder[50], je proposai un tour de promenade. Julie m'opposa le vent, le soleil, et songeait à ma lassitude. J'avais mes vues; ainsi je répondis à tout. « Je suis, lui dis-je, accoutumé dès l'enfance aux exercices pénibles; loin de nuire à ma santé ils l'affermissent, et mon dernier voyage m'a rendu bien plus robuste encore. A l'égard du soleil et du vent, vous avez votre chapeau de paille; nous gagnerons des abris et des bois; il n'est question que de monter entre quelques rochers; et vous qui n'aimez pas la plaine en suppor-

---

50. L'édition originale porte *raccommoder*, corrigé par l'édition Duchesne et par Du Peyrou en « d'être raccommodé ».

QUESTIONS

3. La tempête : étudiez la composition du passage, dégagez les éléments pathétiques de cet épisode. Étudiez le rôle de Julie tout au long du passage et montrez comment Rousseau met en valeur ses qualités morales, ses sentiments maternels. Ne trouve-t-on pas des éléments de convention? A quel moment la tentation de la mort s'exprime-t-elle déjà?

terez volontiers la fatigue. » Elle fit ce que je voulais, et nous partîmes pendant le dîner de nos gens.

Vous savez qu'après mon exil du Valais je revins il y a dix ans à Meillerie attendre la permission de mon retour. C'est là que je passai des jours si tristes et si délicieux, uniquement occupé d'elle, et c'est de là que je lui écrivis une lettre dont elle fut si touchée. J'avais toujours désiré de revoir la retraite isolée qui me servit d'asile au milieu des glaces et où mon cœur se plaisait à converser en lui-même avec ce qu'il eut de plus cher au monde. L'occasion de visiter ce lieu si chéri dans une saison plus agréable, et avec celle dont l'image l'habitait jadis avec moi, fut le motif secret de ma promenade. Je me faisais un plaisir de lui montrer d'anciens monuments[51] d'une passion si constante et si malheureuse. **(4)**

Nous y parvînmes après une heure de marche par des sentiers tortueux et frais, qui, montant insensiblement entre les arbres et les rochers, n'avaient rien de plus incommode que la longueur du chemin. En approchant et reconnaissant mes anciens renseignements, je fus prêt à me trouver mal; mais je me surmontai, je cachai mon trouble, et nous arrivâmes. Ce lieu solitaire formait un réduit sauvage et désert, mais plein de ces sortes de beautés qui ne plaisent qu'aux âmes sensibles, et paraissent horribles aux autres. Un torrent formé par la fonte des neiges roulait à vingt pas de nous une eau bourbeuse, charriait avec bruit du limon, du sable et des pierres. Derrière nous une chaîne de roches inaccessibles séparait l'esplanade où nous étions de cette partie des Alpes qu'on nomme les Glacières[52], parce que d'énormes sommets de glaces qui s'accroissent incessamment les couvrent depuis le commencement du monde[53]. Des forêts de noirs sapins nous ombrageaient tristement à droite. Un grand bois de chênes était à gauche

---

51. *Monument* au figuré : « tout ce qui consacre et manifeste, tout ce qui garde les souvenirs » (Littré). Voir le titre et le commentaire de l'estampe : *Les monuments des anciennes amours*; 52. *Glacières* : au sens de « glaciers »; 53. *[Note de l'auteur]* : Ces montagnes sont si hautes qu'une demi-heure après le soleil couché leurs sommets sont encore éclairés de ses rayons, dont le rouge forme sur ces cimes blanches une belle couleur de rose qu'on aperçoit de fort loin.

─────────── QUESTIONS ───────────

4. L'explication que donne Saint-Preux de ses *vues* vous semble-t-elle entièrement satisfaisante? Que pensez-vous des motifs invoqués par Julie pour refuser la promenade? Pourquoi l'accepte-t-elle finalement?

au delà du torrent ; et au-dessous de nous cette immense plaine d'eau que le lac forme au sein des Alpes nous séparait des riches côtes du pays de Vaud, dont la cime du majestueux Jura couronnait le tableau.

Au milieu de ces grands et superbes objets, le petit terrain où nous étions étalait les charmes d'un séjour riant et champêtre ; quelques ruisseaux filtraient à travers les rochers, et roulaient sur la verdure en filets de cristal ; quelques arbres fruitiers sauvages penchaient leurs têtes sur les nôtres ; la terre humide et fraîche était couverte d'herbe et de fleurs. En comparant un si doux séjour aux objets qui l'environnaient, il semblait que ce lieu dût être l'asile de deux amants échappés seuls au bouleversement de la nature. (5)

Quand nous eûmes atteint ce réduit et que je l'eus quelque temps contemplé : « Quoi ! dis-je à Julie en la regardant avec un œil humide, votre cœur ne vous dit-il rien ici, et ne sentez-vous point quelque émotion secrète à l'aspect d'un lieu si plein de vous ? » Alors, sans attendre sa réponse, je la conduisis vers le rocher, et lui montrai son chiffre gravé dans mille endroits, et plusieurs vers de Pétrarque ou du Tasse relatifs à la situation où j'étais en les traçant. En les revoyant moi-même après si longtemps, j'éprouvai combien la présence des objets peut ranimer puissamment les sentiments violents dont on fut agité près d'eux. Je lui dis avec un peu de véhémence : « O Julie, éternel charme de mon cœur ! Voici les lieux où soupira jadis pour toi le plus fidèle amant du monde. Voici le séjour où ta chère image faisait son bonheur, et préparait celui qu'il reçut enfin de toi-même. On n'y voyait alors ni ces fruits ni ces ombrages ; la verdure et les fleurs ne tapissaient point ces compartiments, le cours de ces ruisseaux n'en formait point les divisions ; ces oiseaux n'y faisaient point entendre leurs ramages ; le vorace épervier, le corbeau funèbre, et l'aigle terrible des Alpes, faisaient seuls retentir de leurs cris ces

---

QUESTIONS

5. Étudiez les éléments qui composent le paysage ; comparez-le avec celui de la lettre sur le Valais (première partie, lettre XXIII). Comment pourrait-on définir, à partir de ces textes, le paysage favori de Rousseau ? Dégagez-en le pittoresque. Quel est l'intérêt psychologique de l'ordre concentrique de la description ? Comment Rousseau a-t-il mis en valeur le contraste entre l'aspect sauvage des alentours et le caractère accueillant de l'*asile* ? Relevez des termes qui, dans la description de cet asile, marquent les rapports entretenus entre la nature et l'homme.

cavernes; d'immenses glaces pendaient à tous ces rochers; des festons de neige étaient le seul ornement de ces arbres; tout respirait ici les rigueurs de l'hiver et l'horreur des frimas; les feux seuls de mon cœur me rendaient ce lieu supportable, et les jours entiers s'y passaient à penser à toi. Voilà la pierre où je m'asseyais pour contempler au loin ton heureux séjour; sur celle-ci fut écrite la lettre qui toucha ton cœur; ces cailloux tranchants me servaient de burin pour graver ton chiffre; ici je passai le torrent glacé pour reprendre une de tes lettres qu'emportait un tourbillon; là je vins relire et baiser mille fois la dernière que tu m'écrivis; voilà le bord où d'un œil avide et sombre je mesurais la profondeur de ces abîmes; enfin ce fut ici qu'avant mon triste départ je vins te pleurer mourante et jurer de ne te pas survivre. Fille trop constamment aimée, ô toi pour qui j'étais né! Faut-il me retrouver avec toi dans les mêmes lieux, et regretter le temps que j'y passais à gémir de ton absence?... » J'allais continuer; mais Julie, qui, me voyant approcher du bord, s'était effrayée et m'avait saisi la main, la serra sans mot dire en me regardant avec tendresse et retenant avec peine un soupir; puis tout à coup détournant la vue et me tirant par le bras : « Allons-nous-en, mon ami, me dit-elle d'une voix émue; l'air de ce lieu n'est pas bon pour moi. » Je partis avec elle en gémissant, mais sans lui répondre, et je quittai pour jamais ce triste réduit comme j'aurais quitté Julie elle-même. **(6)**

Revenus lentement au port après quelques détours, nous nous séparâmes. Elle voulut rester seule, et je continuai de me promener sans trop savoir où j'allais. A mon retour, le bateau n'étant pas encore prêt ni l'eau tranquille, nous soupâmes tristement, les yeux baissés, l'air rêveur, mangeant peu et parlant encore moins. Après le souper, nous fûmes nous asseoir sur la grève en attendant le moment du départ. Insensiblement la lune se leva, l'eau devint plus calme, et Julie me proposa de partir. Je lui donnai la main pour entrer dans

---

QUESTIONS

6. Étudiez les différents procédés poétiques qui donnent à cette page un accent pathétique : rythme (relevez des alexandrins), anaphores, images, antithèses, style galant, emploi des adjectifs. Lesquels semblent conventionnels? L'ensemble vous paraît-il touchant? Analysez la réaction de Julie, et en particulier sa réponse : *l'air de ce lieu n'est pas bon pour moi*. Expliquez : *comme j'aurais quitté Julie elle-même*. Établissez le rapport entre cette réflexion et les projets de Wolmar.

le bateau ; et, en m'asseyant à côté d'elle, je ne songeai plus à quitter sa main. Nous gardions un profond silence. Le bruit égal et mesuré des rames m'excitait à rêver. Le chant assez gai des bécassines[54], me retraçant les plaisirs d'un autre âge, au lieu de m'égayer, m'attristait. Peu à peu je sentis augmenter la mélancolie dont j'étais accablé. Un ciel serein, les doux rayons de la lune, le frémissement argenté dont l'eau brillait autour de nous, le concours des plus agréables sensations, la présence même de cet objet chéri, rien ne put détourner de mon cœur mille réflexions douloureuses. (7)

Je commençai par me rappeler une promenade semblable faite autrefois avec elle durant le charme de nos premières amours. Tous les sentiments délicieux qui remplissaient alors mon âme s'y retracèrent pour l'affliger ; tous les événements de notre jeunesse, nos études, nos entretiens, nos lettres, nos

> *Et tanta fede, e si dolci memorie,*
> *E si lungo costume !*[55]

rendez-vous, nos plaisirs, ces foules de petits objets qui m'offraient l'image de mon bonheur passé, tout revenait, pour augmenter ma misère présente, prendre place en mon souvenir. C'en est fait, disais-je en moi-même ; ces temps, ces temps heureux ne sont plus ; ils ont disparu pour jamais. Hélas ! ils ne reviendront plus ; et nous vivons, et nous sommes ensemble, et nos cœurs sont toujours unis ! Il me semblait que j'aurais porté plus patiemment sa mort ou son absence, et que j'avais moins souffert tout le temps que j'avais passé loin d'elle. Quand je gémissais dans l'éloignement, l'espoir de la revoir soulageait mon cœur ; je me flattais qu'un instant de sa présence effacerait toutes mes peines ; j'envisageais au moins dans les possibles un état moins cruel que le mien. Mais se trouver auprès d'elle, mais la voir, la toucher, lui parler, l'aimer,

---

54. *[Note de l'auteur]* : la bécassine du lac de Genève n'est point l'oiseau qu'on appelle en France du même nom. Le chant plus vif et plus animé de la nôtre donne au lac, durant les nuits d'été, un air de vie et de fraîcheur qui rend ses rives encore plus charmantes ; **55.** « Et cette foi si pure, et ces doux souvenirs, et cette longue familiarité. » Traduction de Rousseau, édition Duchesne, citation empruntée à Métastase : *Demofonte*, acte III, scène IX.

QUESTIONS

7. Quel est le sentiment qui domine ce passage ? Dégagez le contraste entre les éléments extérieurs et l'état d'esprit des personnages. Montrez l'importance des bruits, du silence. Étudiez le rythme de ce poème en prose.

l'adorer, et, presque en la possédant encore, la sentir perdue à jamais pour moi; voilà ce qui me jetait dans des accès de fureur et de rage qui m'agitèrent par degrés jusqu'au désespoir. Bientôt je commençai de rouler dans mon esprit des projets funestes, et, sans un transport dont je frémis en y pensant, je fus violemment tenté de la précipiter avec moi dans les flots, et d'y finir dans ses bras ma vie et mes longs tourments. Cette horrible tentation devint à la fin si forte, que je fus obligé de quitter brusquement sa main pour passer à la pointe du bateau. **(8)**

Là mes vives agitations commencèrent à prendre un autre cours; un sentiment plus doux s'insinua peu à peu dans mon âme, l'attendrissement surmonta le désespoir, je me mis à verser des torrents de larmes, et cet état, comparé à celui dont je sortais, n'était pas sans quelques plaisirs. Je pleurai fortement, longtemps, et fus soulagé. Quand je me trouvai bien remis, je revins auprès de Julie; je repris sa main. Elle tenait son mouchoir; je le sentis fort mouillé. « Ah! lui dis-je tout bas, je vois que nos cœurs n'ont jamais cessé de s'entendre! — Il est vrai, dit-elle d'une voix altérée; mais que ce soit la dernière fois qu'ils auront parlé sur ce ton. » Nous recommençâmes alors à causer tranquillement, et au bout d'une heure de navigation nous arrivâmes sans autre accident. Quand nous fûmes rentrés, j'aperçus à la lumière qu'elle avait les yeux rouges et fort gonflés; elle ne dut pas trouver les miens en meilleur état. Après les fatigues de cette journée, elle avait grand besoin de repos; elle se retira, et je fus me coucher. **(9)**

Voilà, mon ami, le détail du jour de ma vie où, sans exception, j'ai senti les émotions les plus vives. J'espère qu'elles seront la crise qui me rendra tout à fait à moi. Au reste, je vous dirai que cette aventure m'a plus convaincu que tous les arguments de la liberté de l'homme et du mérite de la vertu.

──────── **QUESTIONS** ────────

8. Par quels procédés Rousseau fait-il sentir la montée de l'exaltation de Saint-Preux? Analysez avec précision les raisons de son désespoir : montrez qu'il ne s'agit pas seulement de la déception de ne pas posséder Julie; indiquez le lien entre ces raisons profondes et la tentation de la mort. En quoi ce passage est-il un des moments suprêmes du roman?

9. Montrez comment s'ordonne le decrescendo. Étudiez le rôle physique des larmes. Que signifie *l'attendrissement* dont parle Saint-Preux? Montrez avec quelle discrétion Rousseau fait sentir l'accord des âmes. Quel est le tempo de la fin du passage?

Combien de gens sont faiblement tentés et succombent? Pour Julie, mes yeux le virent et mon cœur le sentit : elle soutint ce jour-là le plus grand combat qu'âme humaine ait pu soutenir; elle vainquit pourtant. Mais qu'ai-je fait pour rester si loin d'elle? O Édouard! quand séduit par ta maîtresse tu sus triompher à la fois de tes désirs et des siens, n'étais-tu qu'un homme[56]? Sans toi j'étais perdu peut-être. Cent fois dans ce jour périlleux, le souvenir de ta vertu m'a rendu la mienne. **(10) (11) (12)**

---

56. Allusion aux amours de milord Édouard.

───── **QUESTIONS** ─────

10. La conclusion philosophique et morale de cette lettre vous semble-t-elle bien venue? Comment peut-on la justifier?

11. Sur l'ensemble de la lettre xvii. — Dégagez la composition musicale de la lettre.
— Étudiez l'évolution des sentiments de Saint-Preux et de Julie au cours de la promenade. Quel est le rôle joué par la nature dans ce drame psychologique?
— Quel tournant dramatique cette lettre marque-t-elle? Soulignez l'intérêt de sa place à la fin de la quatrième partie.

12. Sur l'ensemble de la quatrième partie :
— Indiquez les trois moments intensément dramatiques qui jalonnent cette partie.
— Comment les rapports entre Julie et Saint-Preux se précisent-ils? Montrez-en l'originalité, et appréciez à ce propos le rôle d'un personnage devenu essentiel : M. de Wolmar.
— Comment Rousseau a-t-il su donner une nouvelle richesse et une nouvelle profondeur à son roman (en particulier par les lettres x et xi)?

CINQUIÈME PARTIE

LETTRE II À MILORD ÉDOUARD
[L'épicurisme à Clarens.]

Oui, milord, je vous le confirme avec des transports de joie, la scène de Meillerie a été la crise[57] de ma folie et de mes maux. Les explications de M. de Wolmar[58] m'ont entièrement rassuré sur le véritable état de mon cœur. Ce cœur trop faible est guéri tout autant qu'il peut l'être; et je préfère la tristesse d'un regret imaginaire[59] à l'effroi d'être sans cesse assiégé par le crime. Depuis le retour de ce digne ami, je ne balance plus à lui donner un nom si cher et dont vous m'avez si bien fait sentir tout le prix. C'est le moindre titre que je doive à quiconque aide à me rendre à la vertu. La paix est au fond de mon âme comme dans le séjour que j'habite. Je commence à m'y voir sans inquiétude, à y vivre comme chez moi; et si je n'y prends pas tout à fait l'autorité d'un maître, je sens plus de plaisir encore à me regarder comme l'enfant de la maison[60]. La simplicité, l'égalité que j'y vois régner, ont un attrait qui me touche et me porte au respect. Je passe des jours sereins entre la raison vivante et la vertu sensible. En fréquentant ces heureux époux, leur ascendant me gagne et me touche insensiblement, et mon cœur se met par degrés à l'unisson des leurs, comme la voix prend, sans qu'on y songe, le ton des gens avec qui l'on parle. **(1)**

Quelle retraite délicieuse! Quelle charmante habitation! Que la douce habitude d'y vivre en augmente le prix! Et que, si l'aspect en paraît d'abord peu brillant, il est difficile de ne pas l'aimer aussitôt qu'on la connaît! Le goût que prend Mᵐᵉ de Wolmar à remplir ses nobles devoirs, à rendre heureux et bons

---

57. *Crise de ma folie* : il s'agit d'une crise au sens dramatique du terme, « moment périlleux et décisif »; 58. Il faut supposer que M. de Wolmar, ou Claire, a mis Saint-Preux dans la confidence de la « thérapeutique »; 59. C'est la tristesse de savoir que l'objet du regret est imaginaire; 60. Rousseau a souvent goûté cette situation (auprès de Mᵐᵉ de Warens en particulier) qui lui évitait d'assumer ses responsabilités.

QUESTIONS

1. Étudiez dans ce paragraphe le vocabulaire de la guérison. Quelle est la tonalité dominante? Comment les adjectifs *vivante* et *sensible* viennent-ils nuancer les termes *raison* et *vertu* qui désignent Wolmar et Julie?

ceux qui l'approchent, se communique à tout ce qui en est l'objet, à son mari, à ses enfants, à ses hôtes, à ses domestiques. Le tumulte, les jeux bruyants, les longs éclats de rire ne retentissent point dans ce paisible séjour; mais on y trouve partout des cœurs contents et des visages gais. Si quelquefois on y verse des larmes, elles sont d'attendrissement et de joie. Les noirs soucis, l'ennui, la tristesse, n'approchent pas plus d'ici que le vice et les remords dont ils sont le fruit.

[...] Il faut une âme saine pour sentir les charmes de la retraite; on ne voit guère que des gens de bien se plaire au sein de leur famille et s'y renfermer volontairement; s'il est au monde une vie heureuse, c'est sans doute celle qu'ils y passent. Mais les instruments du bonheur ne sont rien pour qui ne sait pas les mettre en œuvre, et l'on ne sent en quoi le vrai bonheur consiste qu'autant qu'on est propre à le goûter.

S'il fallait dire avec précision ce qu'on fait dans cette maison pour être heureux, je croirais avoir bien répondu en disant : *On y sait vivre;* non dans le sens qu'on donne en France à ce mot, qui est d'avoir avec autrui certaines manières établies par la mode; mais de la vie de l'homme, et pour laquelle il est né; de cette vie dont vous me parlez, dont vous m'avez donné l'exemple, qui dure au delà d'elle-même, et qu'on ne tient pas pour perdue au jour de la mort. **(2)**

[...] Julie a l'âme et le corps également sensibles. La même délicatesse règne dans ses sentiments et dans ses organes. Elle était faite pour connaître et goûter tous les plaisirs, et longtemps elle n'aima si chèrement la vertu même que comme la plus douce des voluptés. Aujourd'hui qu'elle sent en paix cette volupté suprême, elle ne se refuse aucune de celles qui peuvent s'associer avec celle-là : mais sa manière de les goûter ressemble à l'austérité de ceux qui s'y refusent, et l'art de jouir est pour elle celui des privations; non de ces privations pénibles et douloureuses qui blessent la nature, et dont son auteur dédaigne l'hommage insensé, mais des privations passagères et modérées qui conservent à la raison son empire, et servant d'assaisonnement au plaisir en préviennent le dégoût et l'abus. Elle prétend que tout ce qui tient aux sens et n'est

─────────── **QUESTIONS** ───────────

2. Comment Rousseau suggère-t-il le lien profond entre bonheur et vertu? Montrez que le « savoir-vivre », selon Saint-Preux, se définit par opposition avec le savoir ordinaire. Dégagez le sentiment religieux qui soutient cette définition.

L'amour maternel.
Gravure de Joseph de Longueil, d'après Gravelot.

pas nécessaire à la vie change de nature aussitôt qu'il tourne en habitude, qu'il cesse d'être un plaisir en devenant un besoin, que c'est à la fois une chaîne qu'on se donne et une jouissance dont on se prive, et que prévenir toujours les désirs n'est pas l'art de les contenter, mais de les éteindre. Tout celui qu'elle emploie à donner du prix aux moindres choses est de se les refuser vingt fois pour en jouir une. Cette âme simple se conserve ainsi son premier ressort : son goût ne s'use point; elle n'a jamais besoin de le ranimer par des excès, et je la vois souvent savourer avec délices un plaisir d'enfant qui serait insipide à tout autre.

Un objet plus noble qu'elle se propose encore en cela est de rester maîtresse d'elle-même, d'accoutumer ses passions à l'obéissance, et de plier tous ses désirs à la règle. C'est un nouveau moyen d'être heureuse; car on ne jouit sans inquiétude que de ce qu'on peut perdre sans peine; et si le vrai bonheur appartient au sage, c'est parce qu'il est de tous les hommes celui à qui la fortune peut le moins ôter.

Ce qui me paraît le plus singulier dans sa tempérance, c'est qu'elle la suit sur les mêmes raisons qui jettent les voluptueux dans l'excès. « La vie est courte, il est vrai, dit-elle; c'est une raison d'en user jusqu'au bout, et de dispenser avec art sa durée, afin d'en tirer le meilleur parti qu'il est possible. Si un jour de satiété nous ôte un an de jouissance, c'est une mauvaise philosophie d'aller toujours jusqu'où le désir nous mène, sans considérer si nous ne serons pas plus tôt au bout de nos facultés que de notre carrière, et si notre cœur épuisé ne mourra point avant nous. Je vois que ces vulgaires épicuriens pour ne vouloir jamais perdre une occasion les perdent toutes, et, toujours ennuyés au sein des plaisirs, n'en savent jamais trouver aucun. Ils prodiguent le temps qu'ils pensent économiser, et se ruinent comme les avares pour ne savoir rien perdre à propos. Je me trouve bien de la maxime opposée, et je crois que j'aimerais encore mieux sur ce point trop de sévérité que de relâchement. Il m'arrive quelquefois de rompre une partie de plaisir par la seule raison qu'elle m'en fait trop; en la renouant j'en jouis deux fois. Cependant je m'exerce à conserver sur moi l'empire de ma volonté, et j'aime mieux être taxée de caprice que de me laisser dominer par mes fantaisies. » **(3)**

QUESTIONS

Question 3, v. p. 67.

L'ÉPICURISME À CLARENS — 67

Voilà sur quel principe on fonde ici les douceurs de la vie et les choses de pur agrément. Julie a du penchant à la gourmandise[61], et, dans les soins qu'elle donne à toutes les parties du ménage, la cuisine surtout n'est pas négligée. La table se sent de l'abondance générale; mais cette abondance n'est point ruineuse; il y règne une sensualité sans raffinement; tous les mets sont communs, mais excellents dans leurs espèces; l'apprêt en est simple et pourtant exquis. Tout ce qui n'est que d'appareil, tout ce qui tient à l'opinion, tous les plats fins et recherchés, dont la rareté fait tout le prix, et qu'il faut nommer pour les trouver bons, en sont bannis à jamais; et même, dans la délicatesse et le choix de ceux qu'on se permet, on s'abstient journellement de certaines choses qu'on réserve pour donner à quelques repas un air de fête qui les rend plus agréables sans être plus dispendieux. Que croiriez-vous que sont ces mets si sobrement ménagés? Du gibier rare? Du poisson de mer? Des productions étrangères? Mieux que tout cela; quelque excellent légume du pays, quelqu'un des savoureux herbages qui croissent dans nos jardins, certains poissons du lac apprêtés d'une certaine manière, certains laitages de nos montagnes, quelque pâtisserie à l'allemande, à quoi l'on joint quelque pièce de la chasse des gens de la maison : voilà tout l'extraordinaire qu'on y remarque; voilà ce qui couvre et orne la table, ce qui excite et contente notre appétit les jours de réjouissance. Le service est modeste et champêtre, mais propre et riant; la grâce et le plaisir y sont, la joie et l'appétit l'assaisonnent. Des surtouts[62] dorés autour desquels on meurt de faim, des cristaux pompeux chargés de fleurs pour tout dessert, ne remplissent point la place des mets; on n'y sait point l'art de nourrir l'estomac par les yeux, mais on y sait celui d'ajouter du charme à la bonne chère, de manger beaucoup sans

---

61. Comme Rousseau lui-même; 62. *Surtout* : pièce d'orfèvrerie qui sert d'ornement de table.

QUESTIONS

3. L'art de jouir de Julie : étudiez le rôle respectif du corps et de l'âme; définissez, en la distinguant du véritable ascétisme, l'austérité de Julie; rapprochez-en la notion de tempérance; montrez qu'il s'agit d'une véritable « arithmétique des plaisirs ». Étudiez l'influence des philosophies antiques (stoïcienne et épicurienne) dans cette doctrine du bonheur. En quoi l'épicurisme de Julie (celui d'Épicure même) se distingue-t-il de l'épicurisme vulgaire? — Rapprochez ce texte de Montaigne, *Essais*, livre III, ch. XIII, « Bibliothèque de la Pléiade », p. 1091.

s'incommoder, de s'égayer à boire sans altérer sa raison, de tenir table longtemps sans ennui, et d'en sortir toujours sans dégoût. **(4)**

Il y a au premier étage une petite salle à manger différente de celle où l'on mange ordinairement, laquelle est au rez-de-chaussée. Cette salle particulière est à l'angle de la maison et éclairée de deux côtés; elle donne par l'un sur le jardin, au delà duquel on voit le lac à travers les arbres; par l'autre on aperçoit ce grand coteau de vignes qui commencent d'étaler aux yeux les richesses qu'on y recueillira[63] dans deux mois. Cette pièce est petite : mais ornée de tout ce qui peut la rendre agréable et riante. C'est là que Julie donne ses petits festins à son père, à son mari, à sa cousine, à moi, à elle-même, et quelquefois à ses enfants. Quand elle ordonne d'y mettre le couvert on sait d'avance ce que cela veut dire, et M. de Wolmar l'appelle en riant le salon d'Apollon; mais ce salon ne diffère pas moins de celui de Lucullus[64] par le choix des convives que par celui des mets. Les simples hôtes n'y sont point admis, jamais on n'y mange quand on a des étrangers; c'est l'asile inviolable de la confiance, de l'amitié, de la liberté. C'est la société des cœurs qui lie en ce lieu celle de la table; elle est une sorte d'initiation à l'intimité, et jamais il ne s'y rassemble que des gens qui voudraient n'être plus séparés. Milord, la fête vous attend, et c'est dans cette salle que vous ferez ici votre premier repas.

Je n'eus pas d'abord le même honneur. Ce ne fut qu'à mon retour de chez Mᵐᵉ d'Orbe que je fus traité dans le salon d'Apollon. Je n'imaginais pas qu'on pût rien ajouter d'obligeant à la réception qu'on m'avait faite; mais ce souper me donna d'autres idées. J'y trouvai je ne sais quel délicieux mélange de familiarité, de plaisir, d'union, d'aisance, que je n'avais point encore éprouvé. Je me sentais plus libre sans

---

63. Orthographe confirmée par Rousseau; 64. *Lucullus* (v. 117-56 av. J.-C.), Romain très célèbre par sa magnificence et son luxe, avait, selon une anecdote de Plutarque [*Vie de Lucullus*], donné à chacune des salles de sa maison un nom auquel correspondait une somme à dépenser pour le repas qu'il y faisait servir. Il pouvait ainsi fixer pour ses serviteurs le prix du repas qu'il offrait à l'improviste, sans que ses hôtes en fussent avertis; un repas dans la salle d'Apollon devait coûter 25 000 sesterces, c'est-à-dire fort cher.

───── **QUESTIONS** ─────

4. Montrez que tout ce paragraphe illustre l'expression : *sensualité sans raffinement*. Dégagez le caractère essentiellement naturel des plaisirs évoqués.

qu'on m'eût averti de l'être; il me semblait que nous nous entendions mieux qu'auparavant. L'éloignement des domestiques m'invitait à n'avoir plus de réserve au fond de mon cœur; et c'est là qu'à l'instance de Julie je repris l'usage, quitté depuis tant d'années, de boire avec mes hôtes du vin pur à la fin du repas[65]. **(5)**

Ce souper m'enchanta : j'aurais voulu que tous nos repas se fussent passés de même. « Je ne connaissais point cette charmante salle, dis-je à Mme de Wolmar; pourquoi n'y mangez-vous pas toujours? — Voyez, dit-elle, elle est si jolie! ne serait-ce pas dommage de la gâter? » Cette réponse me parut trop loin de son caractère pour n'y pas soupçonner quelque sens caché. « Pourquoi du moins, repris-je, ne rassemblez-vous pas toujours autour de vous les mêmes commodités qu'on trouve ici, afin de pouvoir éloigner vos domestiques et causer plus en liberté? — C'est, me répondit-elle encore, que cela serait trop agréable, et que l'ennui d'être toujours à son aise est enfin le pire de tous. » Il ne m'en fallut pas davantage pour concevoir son système; et je jugeai qu'en effet l'art d'assaisonner les plaisirs n'est que celui d'en être avare. [...]

Bien plus, les privations qu'elle s'impose par cette volupté tempérante dont j'ai parlé sont à la fois de nouveaux moyens de plaisir et de nouvelles ressources d'économie. Par exemple, elle aime beaucoup le café; chez sa mère elle en prenait tous les jours; elle en a quitté l'habitude pour en augmenter le goût; elle s'est bornée à n'en prendre que quand elle a des hôtes, et dans le salon d'Apollon, afin d'ajouter cet air de fête à tous les autres. C'est une petite sensualité qui la flatte plus, qui lui coûte moins, et par laquelle elle aiguise et règle à la fois sa gourmandise. Au contraire, elle met à deviner et à satisfaire les goûts de son père et de son mari une attention sans relâche, une prodigalité naturelle et pleine de grâces, qui leur fait mieux goûter ce qu'elle leur offre par le plaisir qu'elle trouve à le leur offrir. Ils aiment tous deux à prolonger un peu la fin du repas, à la suisse : elle ne manque jamais,

---

65. Après l'indignation de Julie, devant les « étranges discours » que Saint-Preux lui avait tenus un jour qu'il s'était enivré, il lui avait juré de ne plus jamais boire de vin pur.

QUESTIONS
---

5. Relevez les termes qui caractérisent l'atmosphère de la fête selon Rousseau. Expliquez *la société des cœurs*.

après le souper, de faire servir une bouteille de vin plus délicat, plus vieux que celui de l'ordinaire. Je fus d'abord la dupe des noms pompeux qu'on donnait à ces vins, qu'en effet je trouve excellents; et, les buvant comme étant des lieux dont ils portaient les noms, je fis la guerre à Julie d'une infraction si manifeste à ses maximes; mais elle me rappela en riant un passage de Plutarque[66], où Flaminius compare les troupes asiatiques d'Antiochus, sous mille noms barbares, aux ragoûts divers sous lesquels un ami lui avait déguisé la même viande. « Il en est de même, dit-elle, de ces vins étrangers que vous me reprochez. Le Rancio, le Cherez, le Malaga, le Chassaigne, le Syracuse, dont vous buvez avec tant de plaisir, ne sont en effet que des vins de Lavaux diversement préparés[67], et vous pouvez voir d'ici le vignoble qui produit toutes ces boissons lointaines. Si elles sont inférieures en qualité aux vins fameux dont elles portent les noms, elles n'en ont pas les inconvénients; et, comme on est sûr de ce qui les compose, on peut au moins les boire sans risque. J'ai lieu de croire, continua-t-elle, que mon père et mon mari les aiment autant que les vins les plus rares. — Les siens, me dit alors M. de Wolmar, ont pour nous un goût dont manquent tous les autres : c'est le plaisir qu'elle a pris à les préparer. — Ah! reprit-elle, ils seront toujours exquis. » **(6)**

Vous jugez bien qu'au milieu de tant de soins divers le désœuvrement et l'oisiveté qui rendent nécessaires à la compagnie, les visites et les sociétés extérieures, ne trouvent guère ici de place. On fréquente les voisins assez pour entretenir un commerce agréable, trop peu pour s'y assujettir. Les hôtes sont toujours bien venus et ne sont jamais désirés. On ne voit précisément qu'autant de monde qu'il faut pour se conserver

---

66. Plutarque : *Vie de T. Q. Flaminius*, général romain, consul en 198 av. J.-C. Il battit à Cynoscéphales le roi de Macédoine, et proclama aux jeux Isthmiques la liberté de la Grèce; **67.** Le *Rancio*, du mot espagnol qui signifie « rance », est un vin qu'on a laissé vieillir; le *Malaga* et le *Cherez* proviennent des villes d'Andalousie portant ces noms; *Chassaigne* est un village de Bourgogne; *Lavaux*, un des meilleurs vignobles du pays de Vaud.

QUESTIONS

6. Montrez comment le souper au salon d'Apollon est une illustration du « système » de Julie. Étudiez la différence entre la façon dont elle se traite elle-même et dont elle traite sa famille. Est-ce la prudence seule qui l'incite à fabriquer elle-même ses vins? Le fait de leur donner des noms célèbres peut apparaître comme un enfantillage; que signifie-t-il en réalité?

le goût de la retraite; les occupations champêtres tiennent lieu d'amusements; et pour qui trouve au sein de sa famille une douce société, toutes les autres sont bien insipides. La manière dont on passe ici le temps est trop simple et trop uniforme pour tenter beaucoup de gens[68]; mais, c'est par la disposition du cœur de ceux qui l'ont adoptée qu'elle leur est intéressante. Avec une âme saine peut-on s'ennuyer à remplir les plus chers et les plus charmants devoirs de l'humanité, et à se rendre mutuellement la vie heureuse? Tous les soirs, Julie, contente de sa journée, n'en désire point une différente pour le lendemain, et tous les matins elle demande au ciel un jour semblable à celui de la veille; elle fait toujours les mêmes choses parce qu'elles sont bien, et qu'elle ne connaît rien de mieux à faire. Sans doute elle jouit ainsi de toute la félicité permise à l'homme. Se plaire dans la durée de son état, n'est-ce pas un signe assuré qu'on y vit heureux? (7)

Si l'on voit rarement ici de ces tas de désœuvrés qu'on appelle bonne compagnie, tout ce qui s'y rassemble intéresse le cœur par quelque endroit avantageux et rachète quelques ridicules par mille vertus. De paisibles campagnards, sans monde[69] et sans politesse, mais bons, simples, honnêtes et contents de leur sort; d'anciens officiers retirés du service; des commerçants ennuyés de s'enrichir; de sages mères de famille qui amènent leurs filles à l'école de la modestie et des bonnes mœurs : voilà le cortège que Julie aime à rassembler autour d'elle. Son mari n'est pas fâché d'y joindre quelquefois de ces aventuriers corrigés par l'âge et l'expérience, qui, devenus sages à leurs dépens, reviennent sans chagrin cultiver le champ de leur père qu'ils voudraient n'avoir point quitté.

---

68. [*Note de l'auteur*] : Je crois qu'un de nos beaux esprits voyageant dans ce pays-là, reçu et caressé dans cette maison à son passage, ferait ensuite à ses amis une relation bien plaisante de la vie de manants qu'on y mène. Au reste, je vois par les lettres de miladi Catesby que ce goût n'est pas particulier à la France, et c'est apparemment aussi l'usage en Angleterre de tourner ses hôtes en ridicule pour prix de leur hospitalité (*Lettres de milady Juliette Catesby à milady Henriette Campley, son amie*, roman de Mme Riccoboni, Amsterdam, 1759); **69.** *Sans monde :* sans manières mondaines.

QUESTIONS

7. Étudiez les rapports entre Clarens et les *sociétés extérieures;* montrez qu'il s'agit en fait d'une « autarcie morale ». Montrez que l'uniformité est un des éléments du bonheur de Clarens. Quelle aspiration profonde de Rousseau se révèle dans la dernière phrase?

Si quelqu'un récite à table les événements de sa vie, ce ne sont point les aventures merveilleuses du riche Sindbad[70] racontant au sein de la mollesse orientale comment il a gagné ses trésors; ce sont les relations plus simples de gens sensés que les caprices du sort et les injustices des hommes ont rebutés des faux biens vainement poursuivis, pour leur rendre le goût des véritables.

Croirez-vous que l'entretien même des paysans a des charmes pour ces âmes élevées avec qui le sage aimerait à s'instruire? Le judicieux Wolmar trouve dans la naïveté villageoise des caractères plus marqués, plus d'hommes pensant par eux-mêmes, que sous le masque uniforme des habitants des villes, où chacun se montre comme sont les autres plutôt que comme il est lui-même. La tendre Julie trouve en eux des cœurs sensibles aux moindres caresses, et qui s'estiment heureux de l'intérêt qu'elle prend à leur bonheur. Leur cœur ni leur esprit ne sont point façonnés par l'art; ils n'ont point appris à se former sur nos modèles, et l'on n'a pas peur de trouver en eux l'homme de l'homme au lieu de celui de la nature. (8)

Souvent dans ses tournées M. de Wolmar rencontre quelque bon vieillard dont le sens et la raison le frappent, et qu'il se plaît à faire causer. Il l'amène à sa femme; elle lui fait un accueil charmant, qui marque non la politesse et les airs de son état, mais la bienveillance et l'humanité de son caractère. On retient le bonhomme à dîner : Julie le place à côté d'elle, le sert, le caresse, lui parle avec intérêt, s'informe de sa famille, de ses affaires, ne sourit point de son embarras, ne donne point une attention gênante à ses manières rustiques, mais le met à l'aise par la facilité des siennes, et ne sort point avec lui de ce tendre et touchant respect dû à la vieillesse infirme qu'honore une longue vie passée sans reproche. Le vieillard enchanté se livre à l'épanchement de son cœur; il semble reprendre un moment la vivacité de sa jeunesse. Le vin bu à la santé d'une jeune dame en réchauffe mieux son sang à demi glacé. Il se ranime à parler de son ancien temps, de ses amours, de ses campagnes,

---

70. *Sindbad* le Marin, un des héros des *Mille et Une Nuits*.

QUESTIONS

8. Quelles sont les différentes qualités que Julie et Wolmar trouvent à la société qu'ils fréquentent? Montrez que le dernier paragraphe fait écho aux lettres de la deuxième partie sur Paris (XVII et XXI). Expliquez l'opposition entre *l'homme de l'homme* et *celui de la nature*.

des combats où il s'est trouvé, du courage de ses compatriotes, de son retour au pays, de sa femme, de ses enfants, des travaux champêtres, des abus qu'il a remarqués, des remèdes qu'il imagine. Souvent des longs discours de son âge sortent d'excellents prétextes moraux, ou des leçons d'agriculture; et quand il n'y aurait dans les choses qu'il dit que le plaisir qu'il prend à les dire, Julie en prendrait à les écouter.

Elle passe après le dîner dans sa chambre et en rapporte un petit présent de quelque nippe convenable à la femme ou aux filles du vieux bonhomme. Elle le lui fait offrir par les enfants, et réciproquement il rend aux enfants quelque don simple et de leur goût dont elle l'a secrètement chargé pour eux. Ainsi se forme de bonne heure l'étroite et douce bienveillance qui fait la liaison des états divers. Les enfants s'accoutument à honorer la vieillesse, à estimer la simplicité, et à distinguer le mérite dans tous les rangs. Les paysans, voyant leurs vieux pères fêtés dans une maison respectable et admis à la table des maîtres ne se tiennent point offensés d'en être exclus; ils ne s'en prennent point à leur rang, mais à leur âge; ils ne disent point : « Nous sommes trop pauvres », mais : « Nous sommes trop jeunes pour être ainsi traités »; l'honneur qu'on rend à leurs vieillards et l'espoir de le partager un jour les consolent d'en être privés et les excitent à s'en rendre dignes.

Cependant le vieux bonhomme, encore attendri des caresses qu'il a reçues, revient dans sa chaumière, empressé de montrer à sa femme et à ses enfants les dons qu'il leur apporte. Ces bagatelles répandent la joie dans toute une famille qui voit qu'on a daigné s'occuper d'elle. Il leur raconte avec emphase la réception qu'on lui a faite, les mets dont on l'a servi, les vins dont il a goûté, les discours obligeants qu'on lui a tenus, combien on s'est informé d'eux, l'affabilité des maîtres, l'attention des serviteurs, et généralement de ce qui peut donner du prix aux marques d'estime et de bonté qu'il a reçues; en le racontant il en jouit une seconde fois, et toute la maison croit jouir aussi des honneurs rendus à son chef. Tous bénissent de concert cette famille illustre et généreuse qui donne exemple aux grands et refuge aux petits, qui ne dédaigne point le pauvre, et rend honneur aux cheveux blancs. Voilà l'encens qui plaît aux âmes bienfaisantes. S'il est des bénédictions humaines que le ciel daigne exaucer, ce ne sont point celles qu'arrache la flatterie et la bassesse en présence des gens qu'on loue, mais celles que dicte en secret un cœur simple et reconnaissant au coin d'un foyer rustique. **(9)**

C'est ainsi qu'un sentiment agréable et doux peut couvrir de son charme une vie insipide à des cœurs indifférents; c'est ainsi que les soins, les travaux, la retraite, peuvent devenir des amusements par l'art de les diriger. Une âme saine peut donner du goût à des occupations communes, comme la santé du corps fait trouver bons les aliments les plus simples. Tous ces gens ennuyés qu'on amuse avec tant de peine doivent leur dégoût à leurs vices, et ne perdent le sentiment du plaisir qu'avec celui du devoir. Pour Julie, il lui est arrivé précisément le contraire, et des soins qu'une certaine langueur d'âme lui eût laissé négliger autrefois lui deviennent intéressants par le motif qui les inspire. Il faudrait être insensible pour être toujours sans vivacité. La sienne s'est développée par les mêmes causes qui la réprimaient autrefois. Son cœur cherchait la retraite et la solitude pour se livrer en paix aux affections dont il était pénétré; maintenant elle a pris une activité nouvelle en formant de nouveaux liens. Elle n'est point de ces indolentes mères de famille, contentes d'étudier quand il faut agir, qui perdent à s'instruire des devoirs d'autrui le temps qu'elles devraient mettre à remplir les leurs. Elle pratique aujourd'hui ce qu'elle apprenait autrefois. Elle n'étudie plus, elle ne lit plus : elle agit. Comme elle se lève une heure plus tard que son mari, elle se couche aussi plus tard d'une heure. Cette heure est le seul temps qu'elle donne encore à l'étude, et la journée ne lui paraît jamais assez longue pour tous les soins dont elle aime à la remplir.

Voilà milord, ce que j'avais à vous dire sur l'économie de cette maison et sur la vie privée des maîtres qui la gouvernent. Contents de leur sort, ils en jouissent paisiblement; contents de leur fortune, ils ne travaillent pas à l'augmenter pour leurs enfants, mais à leur laisser, avec l'héritage qu'ils ont reçu, des terres en bon état, des domestiques affectionnés, le goût du travail, de l'ordre, de la modération, et tout ce qui peut rendre douce et charmante à des gens sensés la jouissance d'un

---
QUESTIONS
---

9. Étudiez les différentes phases de cet épisode; dégagez-en l'intérêt du point de vue psychologique, moral, social; rapprochez cette page du style de Greuze. Étudiez l'emploi du style noble; cette page vous semble-t-elle vieillie?

bien médiocre, aussi sagement conservé qu'il fut honnêtement acquis. **(10) (11)**

LETTRE III À MILORD ÉDOUARD
[La matinée à l'anglaise.]

[...] Après six jours perdus aux entretiens frivoles des gens indifférents, nous avons passé aujourd'hui une matinée à l'anglaise[71], réunis et dans le silence, goûtant à la fois le plaisir d'être ensemble et la douceur du recueillement. Que les délices de cet état sont connues de peu de gens! Je n'ai vu personne en France en avoir la moindre idée. « La conversation des amis ne tarit jamais », disent-ils. Il est vrai, la langue fournit un babil facile aux attachements médiocres; mais l'amitié, milord, l'amitié! Sentiment vif et céleste, quels discours sont dignes de toi? Quelle langue ose être ton interprète? Jamais ce qu'on dit à son ami peut-il valoir ce qu'on sent à ses côtés? Mon Dieu! qu'une main serrée, qu'un regard animé, qu'une étreinte contre la poitrine, que le soupir qui la suit, disent de choses, et que le premier mot qu'on prononce est froid après tout cela! O veillées de Besançon[72]! moments consacrés au silence et recueillis par l'amitié! O Bomston, âme grande, ami sublime! non, je n'ai point avili ce que tu fis pour moi, et ma bouche ne t'en a jamais rien dit.

---

71. *Matinée à l'anglaise :* d'après Muralt en particulier *(Lettres sur les Anglais)*, ceux-ci savent entrecouper leurs entretiens de silences, la conversation devant être « un commerce de sentiments et non de paroles »; 72. Voir deuxième partie, lettre II : « Nous arrivons à Besançon; il ne me parla point, ni moi à lui [...], la tristesse et le silence sont alors le vrai langage de l'amitié. »

QUESTIONS

10. Étudiez le lien entre vertu, travail, bonheur; montrez que Julie est heureuse parce qu'elle est sensible; relevez les termes clés du dernier paragraphe, conclusion des lettres X de la quatrième partie et II de la cinquième.

11. Sur l'ensemble de la lettre II. — Étudiez comment se développe et se précise à travers la lettre la définition donnée par Saint-Preux du bonheur à Clarens : *on y sait vivre.* Dégagez les différents éléments de ce bonheur.

— Que faut-il entendre par l'expression *une âme saine* plusieurs fois utilisée dans la lettre? A quoi Rousseau l'oppose-t-il essentiellement?

— Étudiez le « tempo » de cette lettre, et soulignez la différence avec la « crise » de la quatrième partie.

Il est sûr que cet état de contemplation fait un des grands charmes des hommes sensibles. Mais j'ai toujours trouvé que les importuns empêchaient de le goûter, et que les amis ont besoin d'être sans témoin pour pouvoir ne se rien dire qu'à leur aise. On veut être recueillis, pour ainsi dire, l'un dans l'autre : les moindres distractions sont désolantes, la moindre contrainte est insupportable. Si quelquefois le cœur porte un mot à la bouche, il est si doux de pouvoir le prononcer sans gêne! Il semble qu'on n'ose penser librement ce qu'on n'ose dire de même; il semble que la présence d'un seul étranger retienne le sentiment et comprime des âmes qui s'entendraient si bien sans lui. **(1)**

Deux heures se sont ainsi écoulées entre nous dans cette immobilité d'extase, plus douce mille fois que le froid repos des dieux d'Épicure[73]. Après le déjeuner[74], les enfants sont entrés comme à l'ordinaire dans la chambre de leur mère; mais au lieu d'aller ensuite s'enfermer avec eux dans le gynécée selon sa coutume, pour nous dédommager en quelque sorte du temps perdu sans nous voir, elle les a fait rester avec elle, et nous ne nous sommes point quittés jusqu'au dîner. Henriette[75], qui commence à savoir tenir l'aiguille, travaillait assise devant la Fanchon, qui faisait de la dentelle, et dont l'oreiller posait sur le dossier de sa petite chaise. Les deux garçons feuilletaient sur une table un recueil d'images dont l'aîné expliquait les sujets au cadet. Quand il se trompait, Henriette attentive, et qui sait le recueil par cœur, avait soin de le corriger. Souvent, feignant d'ignorer à quelle estampe ils étaient, elle en tirait un prétexte de se lever, d'aller et venir de sa chaise à la table et de la table à la chaise. Ces promenades ne lui déplaisaient pas, et lui attiraient toujours quelque agacerie de la part du petit *mali;* quelquefois même il s'y joignait un baiser que sa bouche enfantine sait mal appliquer encore, mais dont Henriette, déjà plus savante, lui épargne volontiers la façon. Pendant ces petites leçons, qui se prenaient et se donnaient sans beaucoup de soin, mais aussi sans la moindre

---

73. Les dieux, selon Épicure, sont indifférents aux affaires des hommes; 74. *Le déjeuner :* le petit déjeuner; 75. *Henriette :* la fille de Claire.

QUESTIONS

1. Dégagez la valeur du silence dans les rapports d'amitié; expliquez : *On veut être recueillis, pour ainsi dire, l'un dans l'autre.*

gêne, le cadet comptait furtivement des onchets[76] de buis qu'il avait cachés sous le livre.

Mme de Wolmar brodait près de la fenêtre vis-à-vis des enfants; nous étions, son mari et moi, encore autour de la table à thé, lisant la gazette, à laquelle elle prêtait assez peu d'attention. Mais à l'article de la maladie du roi de France et de l'attachement singulier de son peuple[77], qui n'eut jamais d'égal que celui des Romains pour Germanicus[78], elle a fait quelques réflexions sur le bon naturel de cette nation douce et bienveillante, que toutes haïssent et qui n'en hait aucune, ajoutant qu'elle n'enviait du rang suprême que le plaisir de s'y faire aimer. « N'enviez rien, lui a dit son mari d'un ton qu'il m'eût dû laisser prendre; il y a longtemps que nous sommes tous vos sujets. » A ce mot, son ouvrage est tombé de ses mains; elle a tourné la tête, et jeté sur son digne époux un regard si touchant, si tendre, que j'en ai tressailli moi-même. Elle n'a rien dit : qu'eût-elle dit qui valût ce regard? Nos yeux se sont aussi rencontrés. J'ai senti, à la manière dont son mari m'a serré la main, que la même émotion nous gagnait tous trois, et que la douce influence de cette âme expansive agissait autour d'elle et triomphait de l'insensibilité même.

C'est dans ces dispositions qu'a commencé le silence dont je vous parlais; vous pouvez juger qu'il n'était pas de froideur et d'ennui. Il n'était interrompu que par le petit manège des enfants; encore, aussitôt que nous avons cessé de parler, ont-ils modéré par imitation leur caquet, comme craignant de troubler le recueillement universel. C'est la petite surintendante qui la première s'est mise à baisser la voix, à faire signe aux autres, à courir sur la pointe du pied, et leurs jeux sont devenus d'autant plus amusants que cette légère contrainte y ajoutait un nouvel intérêt. Ce spectacle, qui semblait être mis sous nos yeux pour prolonger notre attendrissement, a produit son effet naturel.

Ammusticon le lingue, e parlan l'alme[79].

---

76. *Onchets* : voir quatrième partie, lettre x, note 15; 77. Louis XV tomba malade à Metz en août 1744, alors qu'il conduisait l'armée française en Alsace; ce fut l'occasion d'un grand mouvement d'amour populaire à son égard; 78. Voir Tacite, *Annales*, livre II : il y décrit le grand deuil des Romains à la mort de Germanicus, fils adoptif de Tibère (19 apr. J.-C.); 79. « Les langues se taisent, mais les cœurs parlent »; traduction de Rousseau; citation empruntée à Marini, *Adone*, chant III, octave 151 (voir deuxième partie, lettre xxv, question 2, note 93).

Que de choses se sont dites sans ouvrir la bouche! Que d'ardents sentiments se sont communiqués sans la froide entremise de la parole! Insensiblement Julie s'est laissée absorber à celui qui dominait tous les autres. Ses yeux se sont tout à fait fixés sur ses trois enfants, et son cœur, ravi dans une si délicieuse extase, animait son charmant visage de tout ce que la tendresse maternelle eut jamais de plus touchant.

Livrés nous-mêmes à cette double contemplation, nous nous laissions entraîner Wolmar et moi, à nos rêveries, quand les enfants qui les causaient les ont fait finir. [...] (2) (3)

LETTRE V À MILORD ÉDOUARD
[La piété de Julie.]

[...] Il est clair par la dernière de vos lettres qu'en effet une des miennes s'est perdue, et cette perte a dû vous rendre les deux lettres suivantes fort obscures à bien des égards; mais les éclaircissements nécessaires pour les bien entendre viendront à loisir. Ce qui presse le plus à présent est de vous tirer de l'inquiétude où vous êtes sur le chagrin secret de Mme de Wolmar.

Je ne vous redirai point la suite de la conversation que j'eus avec elle après le départ de son mari. Il s'est passé depuis bien des choses qui m'en ont fait oublier une partie, et nous la reprîmes tant de fois durant son absence, que je m'en tiens au sommaire pour épargner des répétitions.

Elle m'apprit donc que ce même époux qui faisait tout pour la rendre heureuse était l'unique auteur de toute sa peine, et que plus leur attachement mutuel était sincère, plus il lui donnait à souffrir. Le diriez-vous, milord? Cet homme

──────── **QUESTIONS** ────────

2. Montrez la composition d'ensemble du tableau évoqué par Rousseau; indiquez le rôle et la disposition de chacun des groupes; dégagez l'intérêt de la présence des enfants. Montrez que Julie est le personnage essentiel de la scène; expliquez en particulier : *cette âme expansive*.

3. Sur l'ensemble de la lettre III. — Montrez que le silence et la communion des cœurs sont les deux éléments essentiels de cette *matinée à l'anglaise*.

— Le vocabulaire de la rêverie : classez, en vous efforçant de les définir les uns par rapport aux autres, les termes employés par Rousseau pour désigner les différents états évoqués : contemplation, recueillement, extase, attendrissement, ravissement, rêveries...

si sage, si raisonnable, si loin de toute espèce de vice, si peu soumis aux passions humaines, ne croit rien de ce qui donne un prix aux vertus, et, dans l'innocence d'une vie irréprochable, il porte au fond de son cœur l'affreuse paix des méchants[80]. La réflexion qui naît de ce contraste augmente la douleur de Julie; et il semble qu'elle lui pardonnerait plutôt de méconnaître l'auteur de son être, s'il avait plus de motifs pour le craindre ou plus d'orgueil pour le braver. Qu'un coupable apaise sa conscience aux dépens de sa raison, que l'honneur de penser autrement que le vulgaire anime celui qui dogmatise, cette erreur au moins se conçoit; mais, poursuit-elle en soupirant, pour un si honnête homme et si peu vain[81] de son savoir, c'était bien la peine d'être incrédule!

Il faut être instruit du caractère des deux époux; il faut les imaginer concentrés dans le sein de leur famille; et se tenant l'un à l'autre du reste de l'univers; il faut connaître l'union qui règne entre eux dans tout le reste, pour concevoir combien leur différend sur ce seul point est capable d'en troubler les charmes. M. de Wolmar, élevé dans le rite grec, n'était pas fait pour supporter l'absurdité d'un culte aussi ridicule[82]. Sa raison, trop supérieure à l'imbécile joug qu'on lui voulait imposer, le secoua bientôt avec mépris; et rejetant à la fois tout ce qui lui venait d'une autorité si suspecte, forcé d'être impie, il se fit athée.

Dans la suite, ayant toujours vécu dans des pays catholiques, il n'apprit pas à concevoir une meilleure opinion de la foi chrétienne par celle qu'on y professe. Il n'y vit d'autre religion que l'intérêt de ses ministres. Il vit que tout y consistait encore en vaines simagrées, plâtrées un peu plus subtilement par des mots qui ne signifiaient rien; il s'aperçut que tous les *honnêtes gens* y étaient unanimement de son avis, et ne s'en cachaient guère; que le clergé même, un peu plus discrètement, se moquait en secret de ce qu'il enseignait en public; et il m'a protesté souvent qu'après bien du temps et des recherches, il n'avait trouvé de sa vie que trois prêtres[83] qui crussent en

---

80. *Méchant* : désigne celui qui ne croit pas en Dieu; la suite du texte montre que Wolmar n'est pas un vrai « méchant », au sens défini troisième partie, lettre XVI, question 6, note 117; 81. *Vain* : vaniteux; 82. Rousseau a dû avoir connaissance du rite grec par l'intermédiaire du faux archimandrite qu'il fréquenta dans sa jeunesse, et par ce qui est dit de la religion russe dans l'*Histoire de Charles XII* de Voltaire; 83. On connaît au moins deux de ces prêtres, qui furent les modèles du vicaire savoyard : il s'agit de l'abbé Gaime, rencontré à Turin, et de l'abbé Gâtier, professeur au grand séminaire d'Annecy.

Dieu[84]. En voulant s'éclaircir de bonne foi sur ces matières, il s'était enfoncé dans les ténèbres de la métaphysique, où l'homme n'a d'autres guides que les systèmes qu'il y porte; et ne voyant partout que doutes et contradictions, quand enfin il est venu parmi des chrétiens[85], il y est venu trop tard; sa foi s'était déjà fermée à la vérité, sa raison n'était plus accessible à la certitude; tout ce qu'on lui prouvait détruisant plus un sentiment qu'il n'en établissait un autre, il a fini par combattre également les dogmes de toute espèce, et n'a cessé d'être athée que pour devenir sceptique[86]. (1)

Voilà le mari que le ciel destinait à cette Julie en qui vous connaissez une foi si simple et une piété si douce. Mais il faut avoir vécu aussi familièrement avec elle que sa cousine et moi, pour savoir combien cette âme tendre est naturellement portée à la dévotion. On dirait que rien de terrestre ne pouvant suffire au besoin d'aimer dont elle est dévorée, cet excès de sensibilité soit forcé de remonter à sa source. Ce n'est point comme sainte Thérèse un cœur amoureux qui se donne le change et veut se tromper d'objet; c'est un cœur vraiment intarissable que l'amour ni l'amitié n'ont pu épuiser, et qui porte ses affections surabondantes au seul être digne de les absorber[87]. L'amour de Dieu ne le détache point des créatures; il ne lui donne ni dureté ni aigreur. Tous ces attachements produits par la même cause, en s'animant l'un par l'autre, en deviennent plus charmants et plus doux; et, pour moi, je crois qu'elle serait moins

---

84. *[Note de l'auteur]* : A Dieu ne plaise que je veuille approuver ces assertions dures et téméraires! J'affirme seulement qu'il y a des gens qui les font, et dont la conduite du clergé de tous les pays et de toutes les sectes n'autorise que trop souvent l'indiscrétion. Mais, loin que mon dessein dans cette note soit de me mettre lâchement à couvert, voici bien nettement mon propre sentiment sur ce point : c'est que nul vrai croyant ne saurait être intolérant ni persécuteur. Si j'étais magistrat et que la loi portât peine de mort contre les athées, je commencerais par faire brûler comme tel quiconque en viendrait dénoncer un autre. (Par cette note, Rousseau veut surtout faire comprendre les nuances de sa pensée, mais la censure fera supprimer le passage); 85. De vrais *chrétiens*, c'est-à-dire des protestants; 86. L'*athée* nie l'existence de Dieu, le *sceptique* met tout en doute; 87. *[Note de l'auteur]* : Comment! Dieu n'aura donc que les restes des créatures? Au contraire, ce que les créatures peuvent occuper du cœur humain est si peu de chose, que, quand on croit l'avoir rempli d'elles, il est encore vide. Il faut un objet infini pour le remplir.

QUESTIONS

1. Pourquoi Rousseau a-t-il fait de Wolmar un incroyant vertueux? Pourquoi ce contraste révolte-t-il Julie? Étudiez les différentes phases de l'évolution religieuse de Wolmar, et montrez le rôle de la raison dans ses choix. Dans quelle mesure Rousseau approuve-t-il l'attitude de Wolmar?

dévote si elle aimait moins tendrement son père, son mari, ses enfants, sa cousine, et moi-même.

Ce qu'il y a de singulier, c'est que plus elle l'est, moins elle croit l'être, et qu'elle se plaint de sentir en elle-même une âme aride qui ne sait point aimer Dieu. « On a beau faire, dit-elle souvent, le cœur ne s'attache que par l'entremise des sens ou de l'imagination qui les représente : et le moyen de voir ou d'imaginer l'immensité du grand Etre[88]? Quand je veux m'élever à lui je ne sais où je suis ; n'apercevant aucun rapport entre lui et moi, je ne sais par où l'atteindre, je ne vois ni ne sens plus rien, je me trouve dans une espèce d'anéantissement ; et, si j'osais juger d'autrui par moi-même, je craindrais que les extases des mystiques ne vinssent moins d'un cœur plein que d'un cerveau vide.

« Que faire donc, continua-t-elle, pour me dérober aux fantômes d'une raison qui s'égare ? Je substitue un culte grossier, mais à ma portée, à ces sublimes contemplations qui passent mes facultés. Je rabaisse à regret la majesté divine ; j'interpose entre elle et moi des objets sensibles ; ne la pouvant contempler dans son essence, je la contemple au moins dans ses œuvres, je l'aime dans ses bienfaits ; mais, de quelque manière que je m'y prenne, au lieu de l'amour pur qu'elle exige, je n'ai qu'une reconnaissance intéressée à lui présenter. »

C'est ainsi que tout devient sentiment dans un cœur sensible. Julie ne trouve dans l'univers entier que sujets d'attendrissement et de gratitude : partout elle aperçoit la bienfaisante main de la Providence ; ses enfants sont le cher dépôt qu'elle en a reçu ; elle recueille ses dons dans les productions de la terre ; elle voit sa table couverte par ses soins ; elle s'endort sous sa protection ; son paisible réveil lui vient d'elle ; elle sent ses leçons dans les disgrâces, et ses faveurs dans les plaisirs ; les biens dont jouit tout ce qui lui est cher sont autant de nouveaux sujets d'hommages ; si le Dieu de l'univers échappe à ses faibles yeux, elle voit partout le père commun des hommes.

---

88. *[Note de l'auteur]* : Il est certain qu'il faut se fatiguer l'âme pour l'élever aux sublimes idées de la Divinité. Un culte plus sensible repose l'esprit du peuple : il aime qu'on lui offre des objets de piété qui le dispensent de penser à Dieu. Sur ces maximes, les catholiques ont-ils mal fait de remplir leurs légendes, leurs calendriers, leurs églises, de petits anges, de beaux garçons et de jolies saintes ? L'enfant Jésus entre les bras d'une mère charmante et modeste est en même temps un des plus touchants et des plus agréables spectacles que la dévotion chrétienne puisse offrir aux yeux des fidèles. (Rousseau développe ici certains aspects caractéristiques de la sensibilité catholique.)

Honorer ainsi ses bienfaits suprêmes, n'est-ce pas servir autant qu'on peut l'Etre infini? (2)

Concevez, milord, quel tourment c'est de vivre dans la retraite avec celui qui partage notre existence et ne peut partager l'espoir qui nous la rend chère; de ne pouvoir avec lui ni bénir les œuvres de Dieu, ni parler de l'heureux avenir que nous promet sa bonté; de le voir insensible, en faisant le bien, à tout ce qui le rend agréable à faire, et, par la plus bizarre inconséquence, penser en impie et vivre en chrétien! Imaginez Julie à la promenade avec son mari : l'une admirant, dans la riche et brillante parure de la terre étale, l'ouvrage et les dons de l'auteur de l'univers; l'autre ne voyant en tout cela qu'une combinaison fortuite, où rien n'est lié que par une force aveugle. Imaginez deux époux sincèrement unis, n'osant, de peur de s'importuner mutuellement, se livrer, l'un aux réflexions, l'autre aux sentiments que leur inspirent les objets qui les entourent, et tirer de leur attachement même le devoir de se contraindre incessamment. Nous ne nous promenons presque jamais, Julie et moi, que quelque vue frappante et pittoresque ne lui rappelle ces idées douloureuses. « Hélas! dit-elle avec attendrissement, le spectacle de la nature, si vivant, si animé pour nous, est mort aux yeux de l'infortuné Wolmar, et, dans cette grande harmonie des êtres où tout parle de Dieu d'une voix si douce, il n'aperçoit qu'un silence éternel[89]. » [...] (3)

Le voile de tristesse dont cette opposition de sentiments couvre leur union prouve mieux que toute autre chose l'invincible ascendant de Julie, par les consolations dont cette tristesse est mêlée, et qu'elle seule au monde était peut-être capable d'y joindre. Tous leurs démêlés, toutes leurs disputes sur ce point important, loin de se tourner en aigreur, en mépris, en querelles, finissent toujours par quelque scène attendrissante, qui ne fait que les rendre plus chers l'un à l'autre.

---

89. On peut considérer cette expression comme un écho de la phrase que Pascal fait prononcer à un « libertin » : « Le silence éternel de ces espaces infinis m'effraie. »

― **QUESTIONS** ―

2. Dégagez de façon précise le rapport entre l'amour de Dieu et l'amour des créatures; en quoi la dévotion de Julie diffère-t-elle de l'extase des mystiques? Dégagez la critique de Rousseau à leur égard. Par quelles expressions fait-il sentir en même temps la nostalgie de l'amour pur? Comment développe-t-il l'idée que la dévotion de Julie est « sentimentale »?

3. Dégagez de ce paragraphe la conception rousseauiste de la divinité; montrez le lien entre le sentiment de la nature et l'amour de Dieu.

Lettre I.

Julie à Madᵉ D'orbée.

Que tu tardes longtems à revenir ! Toutes ces allées et venües ne m'accomodent point. Que d'heures se perdent à te rendre si souvent où tu devrois toujours être, et, ce qui est bien pis, à t'en éloigner ! L'idée de ne voir pour si peu de tems gâte tout le plaisir d'être ensemble. Ne sens-tu pas qu'être aimé alternativement chez toi et chez moi, c'est n'être bien nulle part, et n'imagine-tu point quelque moyen de faire que tu sois en même tems chez l'une et chez l'autre.

Que faisons-nous, chére Cousine ? Que d'instans précieux nous laissons perdre quand il ne nous en reste plus à prodiguer ! les années se multiplient ; la jeunesse commence à fuir, la vie s'écoule, le bonheur passager qu'elle offre est entre nos mains, et nous négligeons d'en jouir. Te souvient-il du tems où nous étions encore filles, de ces premiers tems si charmans et si doux qu'on ne retrouve plus dans un autre âge et que le cœur oublie avec tant de peine ? Combien de fois forcées de nous séparer pour peu de jours et même pour peu d'heures, nous disions en nous embrassant tristement. Ah, si jamais nous disposons de nous, on ne nous verra plus jamais séparées ! Nous en disposons maintenant, et nous passons la moitié de l'année éloignées l'une de l'autre. Aussi donc, nous aimerions nous moins ? Chére et tendre Amie, nous le sentons toutes deux, combien le tems, l'habitude et tes bienfaits ont rendu nôtre attachement plus fort et plus doux encore. Pour moi, ton absence me paroit de jour en jour plus insupportable, et je ne puis plus vivre un instant sans toi. Ce progrés de nôtre amitié est

Phot. Roger-Viollet.

Page du manuscrit de *la Nouvelle Héloïse*.
Paris, bibliothèque de l'Assemblée nationale.

Hier, l'entretien s'étant fixé sur ce texte, qui revient souvent quand nous ne sommes que trois, nous tombâmes sur l'origine du mal; et je m'efforçais de montrer que non seulement il n'y avait point de mal absolu et général dans le système des êtres, mais que même les maux particuliers étaient beaucoup moindres qu'ils ne le semblent au premier coup d'œil, et qu'à tout prendre ils étaient surpassés de beaucoup par les biens particuliers et individuels[90]. [...] Nous étions dans la chaleur de la dispute quand je m'aperçus que Julie avait disparu. « Devinez où elle est, me dit son mari voyant que je la cherchais des yeux. — Mais, dis-je, elle est allée donner quelque ordre dans le ménage. — Non, dit-il, elle n'aurait point pris pour d'autres affaires le temps de celle-ci; tout se fait sans qu'elle me quitte, et je ne la vois jamais rien faire. — Elle est donc dans la chambre des enfants? — Tout aussi peu : ses enfants ne lui sont pas plus chers que mon salut. — Eh bien! repris-je, ce qu'elle fait, je n'en sais rien, mais je suis très sûr qu'elle ne s'occupe qu'à des soins utiles. — Encore moins, dit-il froidement; venez, venez, vous verrez si j'ai bien deviné. »

Il se mit à marcher doucement; je le suivis sur la pointe du pied. Nous arrivâmes à la porte du cabinet : elle était fermée; il l'ouvrit brusquement. Milord, quel spectacle! Je vis Julie à genoux, les mains jointes, et tout en larmes. Elle se lève avec précipitation, s'essuyant les yeux, se cachant le visage, et cherchant à s'échapper. On ne vit jamais une honte pareille. Son mari ne lui laissa pas le temps de fuir. Il courut à elle dans une espèce de transport. « Chère épouse, lui dit-il en l'embrassant, l'ardeur même de tes vœux trahit ta cause. Que leur manque-t-il pour être efficaces? Va, s'ils étaient entendus, ils seraient bientôt exaucés. — Ils le seront, lui dit-elle d'un ton ferme et persuadé; j'en ignore l'heure et l'occasion. Puissé-je l'acheter aux dépens de ma vie! mon dernier jour serait le mieux employé. »

Venez, milord, quittez vos malheureux combats, venez remplir un devoir plus noble. Le sage préfère-t-il l'honneur de tuer des hommes aux soins qui peuvent en sauver un? **(4) (5)**

---

90. Rousseau avait déjà répondu par des arguments similaires au problème posé par l'existence du mal, dans sa lettre à Voltaire du mois d'août 1756.

──────── **QUESTIONS** ────────

Questions 4 et 5, v. p. 85.

LETTRE VI À MILORD ÉDOUARD
[*Retrouvailles de Julie et de Claire.*]

[...] Ce que probablement vous ne savez point encore, c'est que Mme d'Orbe, ayant enfin terminé ses affaires, est ici depuis jeudi, et n'aura plus d'autre demeure que celle de son amie. Comme j'étais prévenu du jour de son arrivée, j'allai au-devant d'elle à l'insu de Mme de Wolmar qu'elle voulait surprendre, et l'ayant rencontrée au deçà de Lutri[91], je revins sur mes pas avec elle. [...]

Comme elle ne voulait pas que Julie entendît sa voiture, elle descendit dans l'avenue, traversa la cour en courant comme une folle, et monta si précipitamment qu'il fallut respirer après la première rampe[92] avant d'achever de monter. M. de Wolmar vint au-devant d'elle : elle ne put lui dire un seul mot.

En ouvrant la porte de la chambre, je vis Julie assise vers la fenêtre et tenant sur ses genoux la petite Henriette, comme elle faisait souvent. Claire avait médité un beau discours à sa manière, mêlé de sentiment et de gaieté; mais, en mettant le pied sur le seuil de la porte, le discours, la gaieté, tout fut oublié; elle vole à son amie en s'écriant avec un emportement impossible à peindre : « Cousine, toujours, pour toujours, jusqu'à la mort! » Henriette, apercevant sa mère, saute et court au-devant d'elle, en criant aussi, *Maman! Maman!* de toute sa force, et la rencontre si rudement que la pauvre petite tomba du coup. Cette subite apparition, cette chute, la joie, le trouble, saisirent Julie à tel point, que, s'étant levée en étendant les bras avec un cri très aigu, elle se laissa retomber et se trouva mal. Claire, voulant relever sa fille, voit pâlir son amie : elle hésite, elle ne sait à laquelle courir. Enfin, me voyant

---

91. *Lutri* : au bord du lac Léman, entre Lausanne et Vevey; 92. *Rampe* : « partie d'un escalier par laquelle on monte d'un palier à un autre » (*Dictionnaire de l'Académie*, 1762).

QUESTIONS

4. Étudiez le déroulement de la scène « attendrissante »; dégagez-en l'aspect théâtral; montrez comment elle vient compléter l'exposé de philosophie. Quel est l'intérêt, du point de vue religieux et du point de vue dramatique, de la réponse de Julie?

5. Sur l'ensemble de la lettre V. — Comment la révélation du secret de Julie donne-t-elle une nouvelle profondeur au roman?

— Montrez comment l'opposition entre Julie et Wolmar permet à Rousseau de préciser certaines nuances de sa pensée religieuse.

relever Henriette, elle s'élance pour secourir Julie défaillante, et tombe sur elle dans le même état.

Henriette, les apercevant toutes deux sans mouvement, se mit à pleurer et pousser des cris qui firent accourir la Fanchon : l'une court à sa mère, l'autre à sa maîtresse. Pour moi, saisi, transporté, hors de sens, j'errais à grands pas par la chambre sans savoir ce que je faisais, avec des exclamations interrompues, et dans un mouvement convulsif dont je n'étais pas le maître. Wolmar lui-même, le froid Wolmar se sentit ému. O sentiment! sentiment! douce vie de l'âme! quel est le cœur de fer que tu n'as jamais touché? Quel est l'infortuné mortel à qui tu n'arrachas jamais de larmes? Au lieu de courir à Julie, cet heureux époux se jeta sur un fauteuil pour contempler avidement ce ravissant spectacle. « Ne craignez rien, dit-il en voyant notre empressement; ces scènes de plaisir et de joie n'épuisent un instant la nature que pour la ranimer d'une vigueur nouvelle; elles ne sont jamais dangereuses. Laissez-moi jouir du bonheur que je goûte et que vous partagez. Que doit-il être pour vous! Je n'en connus jamais de semblable, et je suis le moins heureux des six. » [...] **(1)**

LETTRE VII À MILORD ÉDOUARD
[Les vendanges.]

Il y a trois jours que j'essaye chaque soir de vous écrire. Mais, après une journée laborieuse, le sommeil me gagne en rentrant : le matin, dès le point du jour, il faut retourner à l'ouvrage. Une ivresse plus douce que celle du vin me jette au fond de l'âme un trouble délicieux, et je ne puis dérober un moment à des plaisirs devenus tout nouveaux pour moi.

Je ne conçois pas quel séjour pourrait me déplaire avec la société que je trouve dans celui-ci. Mais savez-vous en quoi Clarens me plaît pour lui-même? C'est que je m'y sens vraiment à la campagne, et que c'est presque la première fois que j'en ai pu dire autant. Les gens de ville ne savent point aimer la campagne; ils ne savent pas même y être : à peine, quand ils y sont, savent-ils ce qu'on y fait. Ils en dédaignent les tra-

---
QUESTIONS

1. Quel est le ton général de cette scène de retrouvailles? Étudiez les manifestations de la sensibilité; comparez-en l'excès avec d'autres scènes analogues du roman. Comment le caractère de chacun des personnages se révèle-t-il?

vaux, les plaisirs; ils les ignorent : ils sont chez eux comme en pays étranger; je ne m'étonne pas qu'ils s'y déplaisent. Il faut être villageois au village, ou n'y point aller; car qu'y va-t-on faire? Les habitants de Paris qui croient aller à la campagne n'y vont point : ils portent Paris avec eux. Les chanteurs, les beaux esprits, les auteurs, les parasites, sont le cortège qui les suit. Le jeu, la musique, la comédie y sont leur seule occupation[93]. Leur table est couverte comme à Paris; ils y mangent aux mêmes heures; on leur y sert les mêmes mets avec le même appareil; ils n'y font que les mêmes choses : autant valait y rester; car, quelque riche qu'on puisse être, et quelque soin qu'on ait pris, on sent toujours quelque privation, et l'on ne saurait apporter avec soi Paris tout entier. Ainsi cette variété qui leur est si chère, ils la fuient; ils ne connaissent jamais qu'une manière de vivre, et s'en ennuient toujours. **(1)**

Le travail de la campagne est agréable à considérer et n'a rien d'assez pénible en lui-même pour émouvoir à compassion. L'objet de l'utilité publique et privée le rend intéressant; et puis, c'est la première vocation de l'homme : il rappelle à l'esprit une idée agréable, et au cœur tous les charmes de l'âge d'or. L'imagination ne reste point froide à l'aspect du labourage et des moissons. La simplicité de la vie pastorale et champêtre a toujours quelque chose qui touche. Qu'on regarde les prés couverts de gens qui fanent et chantent, et des troupeaux épars dans l'éloignement : insensiblement on se sent attendrir sans savoir pourquoi. Ainsi quelquefois encore la voix de la nature amollit nos cœurs farouches; et, quoiqu'on l'entende avec un regret inutile, elle est si douce qu'on ne l'entend jamais sans plaisir. **(2)**

---

93. [*Note de l'auteur*] : Il y faut ajouter la chasse. Encore la font-ils si commodément, qu'ils n'en ont pas la moitié de la fatigue ni du plaisir. Mais je n'entame point ici cet article de la chasse; il fournit trop pour être traité dans une note. J'aurais peut-être occasion d'en parler ailleurs. (Rousseau traitera de la chasse dans l'*Émile*, livre Ier, chap. IV.)

QUESTIONS

1. Pourquoi les Parisiens se montrent-ils incapables de goûter la campagne? Rattachez le reproche que Rousseau leur adresse ici à l'ensemble de sa critique des citadins.

2. Dégagez le caractère idyllique du travail à la campagne. Comparez cette évocation avec d'autres peintures pastorales célèbres (Homère : l'*Iliade*, chant XVIII; ou les tableaux de Millet : *les Glaneuses*). Relevez les termes qui expriment l'effet produit sur la sensibilité par ce rappel de l'âge d'or; expliquez : *nos cœurs farouches*.

J'avoue que la misère qui couvre les champs en certains pays où le publicain dévore les fruits de la terre, l'âpre avidité d'un fermier[94] avare, l'inflexible rigueur d'un maître inhumain, ôtent beaucoup d'attrait à ces tableaux. Des chevaux étiques près d'expirer sous les coups, de malheureux paysans exténués de jeûnes, excédés de fatigue, et couverts de haillons, des hameaux de masures, offrent un triste spectacle à la vue : on a presque regret d'être homme quand on songe aux malheureux dont il faut manger le sang. Mais quel charme de voir de bons et sages régisseurs faire de la culture de leurs terres l'instrument de leurs bienfaits, leurs amusements, leurs plaisirs; verser à pleines mains les dons de la Providence; engraisser tout ce qui les entoure, hommes et bestiaux, des biens dont regorgent leurs granges, leurs caves, leurs greniers; accumuler l'abondance et la joie autour d'eux, et faire du travail qui les enrichit une fête continuelle! Comment se dérober à la douce illusion que ces objets font naître? On oublie son siècle et ses contemporains; on se transporte au temps des patriarches; on veut mettre soi-même la main à l'œuvre, partager les travaux rustiques et le bonheur qu'on y voit attaché. O temps de l'amour et de l'innocence, où les femmes étaient tendres et modestes, où les hommes étaient simples et vivaient contents! O Rachel! fille charmante et si constamment aimée, heureux celui qui, pour t'obtenir, ne regretta pas quatorze ans d'esclavage! O douce élève de Noémi! heureux le bon vieillard dont tu réchauffais les pieds et le cœur[95]! Non, jamais la beauté ne règne avec plus d'empire qu'au milieu des soins champêtres. C'est là que les grâces sont sur leur trône, que la simplicité les pare, que la gaieté les anime, et qu'il faut les adorer malgré soi. Pardon, milord, je reviens à nous. (3)

---

94. *Fermier* : on peut hésiter entre le fermier des impôts ou le fermier qui a pris une terre à bail et la fait travailler par des paysans qu'il exploite; **95.** Pour obtenir Rachel de son père Laban, Jacob servit chez lui pendant sept ans, « qui lui parurent comme quelques jours tellement il l'aimait ». Comme Laban avait trompé Jacob et lui avait donné, le soir des noces, sa fille Lia au lieu de Rachel, Jacob dut demeurer sept nouvelles années en esclavage pour épouser Rachel. Voir Genèse, XXIX, 15-30. La « douce élève de Noémi » est Ruth; le « bon vieillard » est Booz.

QUESTIONS
---

3. Dégagez l'intérêt de la description de la campagne misérable; montrez, dans la *douce illusion* du retour au temps des patriarches, le lien entre le travail, le bonheur et la vertu. Étudiez le contraste entre le style réaliste du premier tableau et le style conventionnel du tableau suivant.

Depuis un mois les chaleurs de l'automne apprêtaient d'heureuses vendanges ; les premières gelées en ont amené l'ouverture[96] ; le pampre grillé, laissant la grappe à découvert, étale aux yeux les dons du père Lyée[97], et semble inviter les mortels à s'en emparer. Toutes les vignes chargées de ce fruit bienfaisant que le ciel offre aux infortunés pour leur faire oublier leur misère ; le bruit des tonneaux, des cuves, les légrefass[98] qu'on relie de toutes parts ; le chant des vendangeuses dont ces coteaux retentissent ; la marche continuelle de ceux qui portent la vendange au pressoir ; le rauque son des instruments rustiques qui les anime au travail ; l'aimable et touchant tableau d'une allégresse générale qui semble en ce moment étendu sur la face de la terre ; enfin le voile de brouillard que le soleil élève au matin comme une toile de théâtre pour découvrir à l'œil un si charmant spectacle : tout conspire à lui donner un air de fête ; et cette fête n'en devient que plus belle à la réflexion, quand on songe qu'elle est la seule où les hommes aient su joindre l'agréable à l'utile.

M. de Wolmar, dont ici le meilleur terrain consiste en vignobles, a fait d'avance tous les préparatifs nécessaires. Les cuves, le pressoir, le cellier, les futailles, n'attendaient que la douce liqueur pour laquelle ils sont destinés. Mme de Wolmar s'est chargée de la récolte ; le choix des ouvriers, l'ordre et la distribution du travail la regardent. Mme d'Orbe préside aux festins de vendange et au salaire des ouvriers selon la police établie, dont les lois ne s'enfreignent jamais ici. Mon inspection à moi est de faire observer au pressoir les directions de Julie, dont la tête ne supporte pas la vapeur des cuves ; et Claire n'a pas manqué d'applaudir à cet emploi, comme étant tout à fait du ressort d'un buveur.

Les tâches ainsi partagées, le métier commun pour remplir les vides est celui de vendangeur. Tout le monde est sur pied de grand matin : on se rassemble pour aller à la vigne. Mme d'Orbe, qui n'est jamais assez occupée au gré de son activité, se charge, pour surcroît, de faire avertir et tancer les paresseux, et je puis me vanter qu'elle s'acquitte envers moi de ce soin avec une maligne vigilance. Quant au vieux baron, tandis que nous travaillons tous, il se promène avec

---

96. [Note de l'auteur] : On vendange fort tard dans le pays de Vaud, parce que la principale récolte est en vins blancs, et que la gelée leur est salutaire ; 97. L'un des surnoms grecs de Dionysos : « celui qui délivre » des soucis ; 98. [Note de l'auteur] : sorte de foudre ou de grand tonneau du pays.

un fusil, et vient de temps en temps m'ôter aux vendangeuses pour aller avec lui tirer des grives, à quoi l'on ne manque pas de dire que je l'ai secrètement engagé; si bien que j'en perds peu à peu le nom de philosophe pour gagner celui de fainéant, qui dans le fond n'en diffère pas de beaucoup. [...] (4)

Depuis huit jours que cet agréable travail nous occupe, on est à peine à la moitié de l'ouvrage. Outre les vins destinés pour la vente et pour les provisions ordinaires, lesquels n'ont d'autre façon que d'être recueillis avec soin, la bienfaisante fée en prépare d'autres plus fins pour nos buveurs; et j'aide aux opérations magiques dont je vous ai parlé[99], pour tirer d'un même vignoble des vins de tous les pays. Pour l'un, elle fait tordre la grappe quand elle est mûre et la laisse flétrir au soleil sur la souche; pour l'autre, elle fait égrapper le raisin et trier les grains avant de les jeter dans la cuve; pour un autre, elle fait cueillir avant le lever du soleil du raisin rouge, et le porter doucement sur le pressoir couvert encore de sa fleur et de sa rosée pour en exprimer du vin blanc. Elle prépare un vin de liqueur en mêlant dans les tonneaux du moût réduit en sirop sur le feu, un vin sec, en l'empêchant de cuver, un vin d'absinthe pour l'estomac[100], un vin muscat avec des simples. Tous ces vins différents ont leur apprêt particulier; toutes ces préparations sont saines et naturelles; c'est ainsi qu'une économe industrie supplée à la diversité des terrains, et rassemble vingt climats en un seul[101]. (5)

Vous ne sauriez concevoir avec quel zèle, avec quelle gaieté tout cela se fait. On chante, on rit toute la journée, et le travail n'en va que mieux. Tout vit dans la plus grande familiarité;

---

99. Voir cinquième partie, lettre II, question 6; **100.** [Note de l'auteur] : En Suisse on boit beaucoup de vin d'absinthe; et en général, comme les herbes des Alpes ont plus de vertu que dans les plaines, on y fait plus d'usage des infusions; **101.** Rousseau a dû puiser une partie de sa science sur la vinification dans un ouvrage de 1755, du Sieur Liger, *la Nouvelle Maison rustique ou Économie générale de tous les biens de campagne;* mais il avait aussi été initié à la botanique et à l'utilisation des simples, aux Charmettes, par Mme de Warens et Claude Anet; il y avait également connu les vendanges.

QUESTIONS

4. Quel caractère le rappel du *père Lyée* donne-t-il à l'ensemble de la fête? Montrez l'importance accordée aux sons divers dans l'évocation de l'atmosphère générale. Quel est le rôle du *voile de brouillard*? Quelle impression donne la division préalable du travail? Relevez l'ironie de la dernière phrase.

5. Dégagez le caractère technique des opérations dites *magiques;* rappelez l'intérêt essentiel de cette *économe industrie.*

LES VENDANGES — 91

tout le monde est égal, et personne ne s'oublie. Les dames sont sans airs, les paysannes sont décentes, les hommes badins et non grossiers. C'est à qui trouvera les meilleures chansons, à qui fera les meilleurs contes, à qui dira les meilleurs traits. L'union même engendre les folâtres querelles; et l'on ne s'agace mutuellement que pour montrer combien on est sûr les uns des autres. On ne revient point ensuite faire chez soi les messieurs; on passe aux vignes toute la journée : Julie y a fait une loge où l'on va se chauffer quand on a froid, et dans laquelle on se réfugie en cas de pluie. On dîne avec les paysans et à leur heure, aussi bien qu'on travaille avec eux. On mange avec appétit leur soupe un peu grossière, mais bonne, saine, et chargée d'excellents légumes. On ne ricane point orgueilleusement de leur air gauche et de leurs compliments rustauds; pour les mettre à leur aise, on s'y prête sans affectation. Ces complaisances ne leur échappent pas, ils y sont sensibles; et voyant qu'on veut bien sortir pour eux de sa place, ils s'en tiennent d'autant plus volontiers dans la leur (6). A dîner, on amène les enfants et ils passent le reste de la journée à la vigne. Avec quelle joie ces bons villageois les voient arriver! O bienheureux enfants! disent-ils en les pressant dans leurs bras robustes, que le bon Dieu prolonge vos jours aux dépens des nôtres! Ressemblez à vos père[102] et mères, et soyez comme eux la bénédiction du pays! Souvent en songeant que la plupart de ces hommes ont porté les armes, et savent manier l'épée et le mousquet aussi bien que la serpette et la houe, en voyant Julie au milieu d'eux si charmante et si respectée recevoir, elle et ses enfants, leurs touchantes acclamations, je me rappelle l'illustre et vertueuse Agrippine montrant son fils aux troupes de Germanicus[103]. Julie! femme incomparable! vous exercez dans la simplicité de la vie privée le despotique

---

102. *Père* : est au singulier, sans doute parce que les paysans ne connaissent pas le père d'Henriette, mort depuis plusieurs années; 103. Voir Tacite, *Annales*, livre Ier, chap. XL-XLI : au moment de la révolte de ses légions, *Germanicus* éloigna sa femme, Agrippine, qui emporta dans ses bras son fils Caligula; les soldats, émus et honteux, se repentirent.

QUESTIONS

6. Montrez le lien profond entre le travail et la gaieté. Quelle est la valeur de l'emploi des indéfinis : *on, tout...*? Relevez d'autres expressions qui évoquent l'atmosphère d'union générale; étudiez avec précision les rapports nouveaux qui s'établissent entre maîtres et serviteurs. Quelle attitude attend-on surtout de ceux-ci? Dégagez le rôle de la confiance dans ces rapports.

empire de la sagesse et des bienfaits : vous êtes pour tout le pays un dépôt cher et sacré que chacun voudrait défendre et conserver au prix de son sang; et vous vivez plus sûrement, plus honorablement au milieu d'un peuple entier qui vous aime, que les rois entourés de tous leurs soldats. **(7)**

Le soir, on revient gaiement tous ensemble. On nourrit et loge les ouvriers tout le temps de la vendange; et même le dimanche, après le prêche du soir, on se rassemble avec eux et l'on danse jusqu'au souper. Les autres jours on ne se sépare point non plus en rentrant au logis, hors le baron qui ne soupe jamais et se couche de fort bonne heure, et Julie qui monte avec ses enfants chez lui jusqu'à ce qu'il s'aille coucher. A cela près, depuis le moment qu'on prend le métier de vendangeur jusqu'à celui qu'on le quitte, on ne mêle plus la vie citadine à la vie rustique. Ces saturnales[104] sont bien plus agréables et plus sages que celles des Romains. Le renversement qu'ils affectaient était trop vain pour instruire le maître ni l'esclave; mais la douce égalité qui règne ici rétablit l'ordre de la nature, forme une instruction pour les uns, une consolation pour les autres, et un lien d'amitié pour tous[105]. **(8)**

Le lieu d'assemblée est une salle à l'antique avec une grande cheminée où l'on fait bon feu. La pièce est éclairée de trois

---

104. *Saturnales* : fêtes de Saturne, chez les Romains, au cours desquelles les esclaves prenaient la place des maîtres pour un jour; **105.** *[Note de l'auteur]* : Si de là naît un commun état de fête, non moins doux à ceux qui descendent qu'à ceux qui montent, ne s'ensuit-il pas que tous les états sont presque indifférents par eux-mêmes, pourvu qu'on puisse et qu'on veuille en sortir quelquefois? Les gueux sont malheureux parce qu'ils sont toujours gueux; les rois sont malheureux parce qu'ils sont toujours rois. Les états moyens, dont on sort plus aisément, offrent des plaisirs au-dessus et au-dessous de soi; ils étendent aussi les lumières de ceux qui les remplissent, en leur donnant plus de préjugés à connaître, et plus de degrés à comparer. Voilà, ce me semble, la principale raison pour quoi c'est généralement dans les conditions médiocres qu'on trouve les hommes les plus heureux et du meilleur sens.

QUESTIONS

7. Quels sentiments se manifestent dans l'éloge des enfants et de Julie par les paysans? Montrez l'intérêt de cet hymne à Julie par rapport à l'ensemble du roman. Quel est l'effet produit par le rappel de la scène antique? Caractérisez le style de ce passage.

8. Pourquoi est-il important que les vendanges exigent une continuelle vie en commun? D'après ce passage, étudiez l'égalité qui s'instaure pendant les vendanges; montrez qu'elle est une des conditions de la fête. S'agit-il d'une véritable égalité? Définissez-la en vous appuyant sur la dernière phrase du paragraphe et la note. Pourquoi Rousseau peut-il dire qu'elle rétablit l'ordre de la nature?

lampes, auxquelles M. de Wolmar a seulement fait ajouter des capuchons de fer-blanc pour intercepter la fumée et réfléchir la lumière. Pour prévenir l'envie et les regrets, on tâche de ne rien étaler aux yeux de ces bonnes gens qu'ils ne puissent retrouver chez eux, de ne leur montrer d'autre opulence que le choix du bon dans les choses communes, et un peu plus de largesse dans la distribution. Le souper est servi sur deux longues tables. Le luxe et l'appareil des festins n'y sont pas, mais l'abondance et la joie y sont. Tout le monde se met à table, maîtres, journaliers, domestiques; chacun se lève indifféremment pour servir, sans exclusion, sans préférence, et le service se fait toujours avec grâce et avec plaisir. On boit à discrétion; la liberté n'a point d'autres bornes que l'honnêteté. La présence de maîtres si respectés contient tout le monde, et n'empêche pas qu'on ne soit à son aise et gai. Que s'il arrive à quelqu'un de s'oublier, on ne trouble point la fête par des réprimandes; mais il est congédié sans rémission dès le lendemain. **(9)**

Je me prévaux aussi des plaisirs du pays et de la saison. Je reprends la liberté de vivre à la valaisane, et de boire assez souvent du vin pur[106]; mais je n'en bois point qui n'ait été versé de la main d'une des deux cousines. Elles se chargent de mesurer ma soif à mes forces, et de ménager ma raison. Qui sait mieux qu'elles comment il la faut gouverner, et l'art de me l'ôter et de me la rendre? Si le travail de la journée, la durée et la gaieté du repas, donnent plus de force au vin versé de ces mains chéries, je laisse exhaler mes transports sans contrainte; ils n'ont plus rien que je doive taire, rien que gêne la présence du sage Wolmar. Je ne crains point que son œil éclairé lise au fond de mon cœur, et quand un tendre souvenir y veut renaître, un regard de Claire lui donne le change, un regard de Julie m'en fait rougir. **(10)**

---

106. Voir à ce sujet, cinquième partie, lettre II, note 65.

QUESTIONS

9. Dans quelle mesure la simplicité du décor est-elle naturelle? Montrez que la vertu de chacun est garante de l'égalité et de la liberté particulières qui s'établissent dans la fête.

10. Montrez le lien entre la sensualité gourmande de Saint-Preux et sa sensibilité morale.

« [...] le vent, ayant changé, se renforçait, rendait inutiles les efforts de nos bateliers. »

Gravure de L. C. Château, d'après Moreau le Jeune.

Après le souper on veille encore une heure ou deux en teillant[107] du chanvre; chacun dit sa chanson tour à tour. Quelquefois les vendangeuses chantent en chœur toutes ensemble, ou bien alternativement à voix seule et en refrain. La plupart de ces chansons sont de vieilles romances[108] dont les airs ne sont pas piquants; mais ils ont je ne sais quoi d'antique et de doux qui touche à la longue. Les paroles sont simples, naïves, souvent tristes; elles plaisent pourtant. Nous ne pouvons nous empêcher, Claire de sourire, Julie de rougir, moi de soupirer, quand nous retrouvons dans ces chansons des tours et des expressions dont nous nous sommes servis autrefois. Alors, en jetant les yeux sur elles et me rappelant les temps éloignés, un tressaillement me prend, un poids insupportable me tombe tout à coup sur le cœur, et me laisse une impression funeste qui ne s'efface qu'avec peine. Cependant je trouve à ces veillées une sorte de charme que je ne puis vous expliquer, et qui m'est pourtant fort sensible. Cette réunion des différents états, la simplicité de cette occupation, l'idée de délassement, d'accord, de tranquillité, le sentiment de paix qu'elle porte à l'âme, a quelque chose d'attendrissant qui dispose à trouver ces chansons plus intéressantes. Ce concert des voix de femmes n'est pas non plus sans douceur. Pour moi, je suis convaincu que de toutes les harmonies il n'y en a point d'aussi agréable que le chant à l'unisson[109], et que, s'il nous faut des accords, c'est parce que nous avons le goût dépravé. En effet, toute l'harmonie ne se trouve-t-elle pas dans un son quelconque? Et qu'y pouvons-nous ajouter, sans altérer les proportions que la nature a établies dans la force relative des sons harmonieux? En doublant les uns et non pas les autres, en ne les renforçant pas en même rapport, n'ôtons-nous pas à l'instant ces proportions? La nature a tout fait le mieux qu'il était possible; mais nous voulons faire mieux encore, et nous gâtons tout. **(11)**

---

107. *Teiller*, ou tiller : « détacher avec la main le filament du chanvre, en brisant la chènevotte » (Littré); 108. Le *Dictionnaire de musique* définit la *romance* comme une mélodie douce, naturelle, champêtre, et qui produit son effet par elle-même, indépendamment de la manière de la chanter. Rousseau s'appuie ici sur un souvenir personnel : il évoque dans les *Confessions*, livre Ier (Pléiade, tome Ier, p. 11), les romances que lui chantait sa tante quand il était tout enfant; 109. *Le chant à l'unisson*, sur une seule note, est, d'après le *Dictionnaire de musique*, « l'harmonie la plus naturelle ».

QUESTIONS

11. Dégagez l'importance du travail dans cette veillée de détente; quelle atmosphère le chant contribue-t-il à établir? Quelle complicité s'établit entre les trois personnages? Montrez comment l'utilisation du souvenir permet à Rousseau de maintenir constamment l'unité du roman.

Il y a une grande émulation pour ce travail du soir aussi bien que pour celui de la journée; et la filouterie que j'y voulais employer m'attira hier un petit affront. Comme je ne suis pas des plus adroits à teiller, et que j'ai souvent des distractions, ennuyé d'être toujours noté pour avoir fait le moins d'ouvrage, je tirais doucement avec le pied des chènevottes[110] de mes voisins pour grossir mon tas; mais cette impitoyable Mme d'Orbe, s'en étant aperçue, fit signe à Julie, qui, m'ayant pris sur le fait, me tança sévèrement. « Monsieur le fripon, me dit-elle tout haut, point d'injustice, même en plaisantant; c'est ainsi qu'on s'accoutume à devenir méchant tout de bon, et qui pis est, à plaisanter encore[111]. »

Voilà comment se passe la soirée. Quand l'heure de la retraite approche, Mme de Wolmar dit : « Allons tirer le feu d'artifice. » A l'instant chacun prend son paquet de chenevottes, signe honorable de son travail; on les porte en triomphe au milieu de la cour, on les rassemble en tas, on en fait un trophée; on y met le feu; mais n'a pas cet honneur qui veut; Julie l'adjuge en présentant le flambeau à celui ou celle qui a fait ce soir-là le plus d'ouvrage; fût-ce elle-même, elle se l'attribue sans façon. L'auguste cérémonie est accompagnée d'acclamations et de battements de mains. Les chenevottes font un feu clair et brillant qui s'élève jusqu'aux nues, un vrai feu de joie, autour duquel on saute, on rit. Ensuite on offre à boire à toute l'assemblée : chacun boit à la santé du vainqueur, et va se coucher content d'une journée passée dans le travail, la gaieté, l'innocence, et qu'on ne serait pas fâché de recommencer le lendemain, le surlendemain, et toute sa vie. **(12) (13)**

---

110. *Chènevotte* : partie ligneuse du chanvre que, en teillant, on sépare des fibres textiles; 111. *[Note de l'auteur]* : L'homme au beurre, il me semble que cet avis vous irait assez bien. (Allusion à une affaire qui avait cruellement touché Rousseau : l'homme au beurre est le comte de Lastic, qui, en 1755, avait gardé un pot de beurre destiné à Thérèse Levasseur; celle-ci l'ayant réclamé, il s'était moqué d'elle et l'avait fait chasser. Rousseau lui avait écrit à ce sujet une lettre cinglante; malgré les instances de ses amis, Rousseau a maintenu cette note tardive.)

QUESTIONS

12. Dégagez le caractère « moralisateur » du récit de la filouterie. La finale en feu d'artifice : montrez-en le caractère à la fois solennel et joyeux; précisez le rôle de Julie. Étudiez la chute du paragraphe : quelle aspiration profonde révèle-t-elle (comparez lettre II, question 7)?

13. SUR L'ENSEMBLE DE LA LETTRE VII. — Voir pour le commentaire de tout ce passage la Notice, p. 16. (Suite, v. p. 97.)

LETTRE IX À Mme D'ORBE

[Le songe de Saint-Preux.]

[...] Comme nous approchions de Villeneuve, un laquais qui montait un mauvais cheval se laissa tomber, et se fit une légère contusion à la tête. Son maître le fit saigner, et voulut coucher là cette nuit. Ayant dîné de bonne heure, nous prîmes des chevaux pour aller à Bex[112] voir la saline; et milord ayant des raisons particulières qui lui rendaient cet examen intéressant, je pris les mesures et le dessin du bâtiment de graduation[113]; nous ne rentrâmes à Villeneuve qu'à la nuit. Après le souper, nous causâmes en buvant du punch, et veillâmes assez tard. Ce fut alors qu'il m'apprit quels soins m'étaient confiés et ce qui avait été fait pour rendre cet arrangement praticable. Vous pouvez juger de l'effet que fit sur moi cette nouvelle; une telle conversation n'amenait pas le sommeil. Il fallut pourtant enfin se coucher. **(1)**

En entrant dans la chambre qui m'était destinée, je la reconnus pour la même que j'avais occupée autrefois en allant à Sion[114]. A cet aspect je sentis une impression que j'aurais peine à vous rendre. J'en fus si vivement frappé, que je crus redevenir à l'instant tout ce que j'étais alors; dix années s'effacèrent de ma vie, et tous mes malheurs furent oubliés. Hélas! cette erreur fut courte, et le second instant me rendit plus accablant le poids de toutes mes anciennes peines. Quelles tristes réflexions succédèrent à ce premier enchantement! Quelles comparaisons

---

112. Rousseau raconte dans les *Confessions* qu'il est passé par Bex en 1744, à son retour de Venise, ainsi que dix ans plus tard, en 1754; 113. Le bâtiment où le sel est recueilli par évaporation de l'eau salée; 114. Voir tome Ier, première partie, lettre XXIII.

▬ QUESTIONS ─────────────

— La fête selon Rousseau : dégagez-en les éléments essentiels, en montrant qu'ils correspondent à des aspirations profondes de l'auteur; retour à « l'ordre de la nature »; travail, gaieté, innocence; communication des cœurs.
— Dégagez le sens quasi religieux de la célébration des vendanges. A quels endroits de la lettre Rousseau fait-il apparaître Julie? Quelle est la valeur symbolique de ces choix?
— Les vendanges, chant du bonheur de Clarens : étudiez le mélange du réalisme et de l'idylle; quel en est le sens? Montrez comment cette lettre se relie aux lettres X et XI (4e partie), II et III (5e partie), et vient les compléter.

1. L'art du conteur : comment ce passage prépare-t-il la suite?

douloureuses s'offrirent à mon esprit! Charmes de la première jeunesse, délices des premières amours, pourquoi vous retracer encore à ce cœur accablé d'ennuis et surchargé de lui-même! O temps, temps heureux, tu n'es plus! J'aimais, j'étais aimé. Je me livrais dans la paix de l'innocence aux transports d'un amour partagé. Je savourais à longs traits le délicieux sentiment qui me faisait vivre. La douce vapeur de l'espérance enivrait mon cœur; une extase, un ravissement, un délire, absorbait toutes mes facultés. Ah! sur les rochers de Meillerie, au milieu de l'hiver et des glaces, d'affreux abîmes devant les yeux, quel être au monde jouissait d'un sort comparable au mien?... Et je pleurais! et je me trouvais à plaindre et la tristesse osait approcher de moi!... Que serai-je donc aujourd'hui que j'ai tout possédé, tout perdu?... J'ai bien mérité ma misère, puisque j'ai si peu senti mon bonheur... Je pleurais alors... Tu pleurais... Infortuné, tu ne pleures plus... Tu n'as pas même le droit de pleurer... (2) Que n'est-elle pas morte! osai-je m'écrier dans un transport de rage; oui, je serais moins malheureux; j'oserais me livrer à mes douleurs; j'embrasserais sans remords sa froide tombe; mes regrets seraient dignes d'elle; je dirais : « Elle entend mes cris, elle voit mes pleurs, mes gémissements la touchent, elle approuve et reçoit mon pur hommage... » J'aurais au moins l'espoir de la rejoindre... Mais elle vit, elle est heureuse... Elle vit, et sa vie est ma mort, et son bonheur est mon supplice; et le ciel, après me l'avoir arrachée, m'ôte jusqu'à la douceur de la regretter!... Elle vit, mais non pas pour moi; elle vit pour mon désespoir. Je suis cent fois plus loin d'elle que si elle n'était plus. (3)

Je me couchai dans ces tristes idées. Elles me suivirent durant mon sommeil, et le remplirent d'images funèbres. Les amères douleurs, les regrets, la mort, se peignirent dans mes songes, et tous les maux que j'avais soufferts reprenaient à

─────── **QUESTIONS** ───────

2. Étudiez le mécanisme de la mémoire affective, au moment de l'entrée de Saint-Preux dans la chambre. Montrez la valeur élégiaque de l'imparfait; étudiez les éléments qui constituent l'expression lyrique du regret : rythme, exclamation, vocabulaire de la passion... Quel sens Saint-Preux attache-t-il aux pleurs qu'il versait à Meillerie? Comment se fait le passage du regret à la colère?

3. Comparez ce passage avec 4e partie, lettre XVII, question 8; montrez que les sentiments essentiels sont les mêmes. Quel sens peut-on donner à cette reprise du même thème? Étudiez l'amertume profonde des propos de Saint-Preux. Commentez la répétition de : *elle vit*.

LE SONGE DE SAINT-PREUX — 99

mes yeux cent formes nouvelles pour me tourmenter une seconde fois. Un rêve surtout, le plus cruel de tous, s'obstinait à me poursuivre; et de fantôme en fantôme toutes leurs apparitions confuses finissaient toujours par celui-là.

Je crus voir la digne mère de votre amie dans son lit expirante, et sa fille à genoux devant elle, fondant en larmes, baisant ses mains et recueillant ses derniers soupirs. Je revis cette scène que vous m'avez autrefois dépeinte et qui ne sortira jamais de mon souvenir. « O ma mère, disait Julie d'un ton à me navrer l'âme, celle qui vous doit le jour vous l'ôte[115]! Ah! reprenez votre bienfait! sans vous il n'est pour moi qu'un don funeste. — Mon enfant, répondit sa tendre mère... il faut remplir son sort... Dieu est juste... tu seras mère à ton tour... » Elle ne put achever. Je voulus lever les yeux sur elle, je ne la vis plus. Je vis Julie à sa place; je la vis, je la reconnus, quoique son visage fût couvert d'un voile. Je fais un cri, je m'élance pour écarter le voile, je ne pus l'atteindre; j'étendais les bras, je me tourmentais et ne touchais rien. « Ami, calme-toi, me dit-elle d'une voix faible : le voile redoutable me couvre, nulle main ne peut l'écarter. » A ce mot je m'agite et fais un nouvel effort : cet effort me réveille; je me trouve dans mon lit, accablé de fatigue et trempé de sueur et de larmes.

Bientôt ma frayeur se dissipe, l'épuisement me rendort; le même songe me rend les mêmes agitations; je m'éveille, et me rendors une troisième fois. Toujours ce spectacle lugubre, toujours ce même appareil de mort, toujours ce voile impénétrable échappe à mes mains, et dérobe à mes yeux l'objet expirant qu'il couvre. (4)

A ce dernier réveil ma terreur fut si forte que je ne la pus vaincre étant éveillé. Je me jette à bas de mon lit sans savoir ce que je faisais. Je me mets à errer par la chambre, effrayé comme un enfant des ombres de la nuit, croyant me voir environné de fantômes, et l'oreille encore frappée de cette voix plaintive dont je n'entendis jamais le son sans émotion. Le crépuscule, en commençant d'éclairer les objets, ne fit que les transformer au gré de mon imagination troublée. Mon effroi

---

115. Julie se croit responsable de la mort de sa mère.

QUESTIONS

4. Étudiez le lien entre le songe de Saint-Preux et ses imprécations précédentes. Que signifie la substitution de Julie à sa mère? Quel est le rôle du voile?

redouble et m'ôte le jugement; après avoir trouvé ma porte avec peine, je m'enfuis de ma chambre, j'entre brusquement dans celle d'Édouard : j'ouvre son rideau, et me laisse tomber sur son lit en m'écriant hors d'haleine : « C'en est fait, je ne la verrai plus! » Il s'éveille en sursaut, il saute à ses armes, se croyant surpris par un voleur. A l'instant il me reconnaît; je me reconnais moi-même, et pour la seconde fois[116] de ma vie je me vois devant lui dans la confusion que vous pouvez concevoir. **(5)**

Il me fit asseoir, me remettre, et parler. Sitôt qu'il sut de quoi il s'agissait, il voulut tourner la chose en plaisanterie; mais voyant que j'étais vivement frappé, et que cette impression ne serait pas facile à détruire, il changea de ton. « Vous ne méritez ni mon amitié ni mon estime, me dit-il assez durement : si j'avais pris pour mon laquais le quart des soins que j'ai pris pour vous, j'en aurais fait un homme; mais vous n'êtes rien. — Ah! lui dis-je, il est trop vrai. Tout ce que j'avais de bon me venait d'elle : je ne la reverrai jamais; je ne suis plus rien. » Il sourit, et m'embrassa. « Tranquillisez-vous aujourd'hui, me dit-il, demain vous serez raisonnable; je me charge de l'événement. » Après cela, changeant de conversation, il me proposa de partir. J'y consentis. On fit mettre les chevaux; nous nous habillâmes. En entrant dans la chaise, milord dit un mot à l'oreille du postillon, et nous partîmes.

Nous marchions sans rien dire. J'étais si occupé de mon funeste rêve, que je n'entendais et ne voyais rien; je ne fis pas même attention que le lac, qui la veille était à ma droite, était maintenant à ma gauche. Il n'y eut qu'un bruit de pavé qui me tira de ma léthargie, et me fit apercevoir avec un étonnement facile à comprendre que nous rentrions dans Clarens. A trois cents pas de la grille milord fit arrêter; et me tirant à l'écart : « Vous voyez, me dit-il, mon projet; il n'a pas besoin d'explication. Allez, visionnaire, ajouta-t-il en me serrant la main, allez la revoir. Heureux de ne montrer vos folies qu'à des gens qui vous aiment! Hâtez-vous; je vous attends; mais

---

116. La première fois : deuxième partie, lettre x, quand Saint-Preux s'était repenti de sa jalousie injustifiée à l'égard de milord Édouard.

QUESTIONS

5. Étudiez, du point de vue psychologique et artistique, le rôle de la nuit; dans quel état se trouve Saint-Preux?

surtout ne revenez qu'après avoir déchiré ce fatal voile tissu dans votre cerveau. » **(6)**

Qu'aurais-je dit? Je partis sans répondre. Je marchais d'un pas précipité que la réflexion ralentit en approchant de la maison. Quel personnage allais-je faire? Comment oser me montrer? De quel prétexte couvrir ce retour imprévu? Avec quel front irais-je alléguer mes ridicules terreurs, et supporter le regard méprisant du généreux Wolmar? Plus j'approchais, plus ma frayeur me paraissait puérile, et mon extravagance me faisait pitié. Cependant un noir pressentiment m'agitait encore et je ne me sentais point rassuré. J'avançais toujours, quoique lentement, et j'étais déjà près de la cour quand j'entendis ouvrir et refermer la porte de l'Élysée. N'en voyant sortir personne, je fis le tour en dehors et j'allai par le rivage côtoyer la volière autant qu'il me fut possible. Je ne tardai pas de juger qu'on en approchait. Alors, prêtant l'oreille, je vous entendis parler toutes deux; et, sans qu'il me fût possible de distinguer un seul mot, je trouvai dans le son de votre voix je ne sais quoi de languissant et de tendre qui me donna de l'émotion[117], et dans la sienne un accent affectueux et doux à son ordinaire, mais paisible et serein, qui me remit à l'instant et qui fit le vrai réveil de mon rêve. **(7)**

Sur-le-champ je me sentis tellement changé que je me moquai de moi-même et de mes vaines alarmes. En songeant que je n'avais qu'une haie et quelques buissons à franchir pour voir pleine de vie et de santé celle que j'avais cru ne revoir jamais, j'abjurai pour toujours mes craintes, mon effroi, mes chimères, et je me déterminai sans peine à repartir, même sans la voir. Claire, je vous le jure, non seulement je ne la vis point, mais je m'en retournai fier de ne l'avoir point vue, de n'avoir pas été faible et crédule jusqu'au bout, et d'avoir au moins rendu cet honneur à l'ami d'Édouard de le mettre au-dessus d'un songe.

---

117. Allusion à l'idylle qui se noue entre Claire et Saint-Preux dans les dernières parties du roman.

QUESTIONS
---

6. Quelle est l'attitude de milord Édouard à l'égard de Saint-Preux? Par quels termes exprime-t-il son rationalisme?

7. Dégagez l'intérêt psychologique de cette analyse; montrez la lutte qui se mène en Saint-Preux entre la lucidité et l'extravagance.

Voilà, chère cousine, ce que j'avais à vous dire, et le dernier aveu qui me restait à vous faire. Le détail du reste de notre voyage n'a plus rien d'intéressant ; il me suffit de vous protester que depuis lors non seulement milord est content de moi, mais que je le suis encore plus moi-même, qui sens mon entière guérison bien mieux qu'il ne la peut voir. De peur de lui laisser une défiance inutile, je lui ai caché que je ne vous avais point vues. Quand il me demanda si le voile était levé, je l'affirmai sans balancer, et nous n'en avons plus parlé. Oui, cousine, il est levé pour jamais, ce voile dont ma raison fut longtemps offusquée[118]. Tous mes transports inquiets sont éteints. Je vois tous mes devoirs, et je les aime. Vous m'êtes toutes deux plus chères que jamais ; mais mon cœur ne distingue plus l'une de l'autre, et ne sépare point les inséparables. [...] **(8) (9)**

LETTRE X RÉPONSE DE Mme D'ORBE
[L'analyse de Claire.]

[...] Ce rêve a quelque chose d'effrayant qui m'inquiète et m'attriste malgré que j'en aie. En lisant votre lettre je blâmais vos agitations ; en la finissant j'ai blâmé votre sécurité. L'on ne saurait voir à la fois pourquoi vous étiez si ému, et pourquoi vous êtes devenu si tranquille. Par quelle bizarrerie avez-vous gardé les plus tristes pressentiments, jusqu'au moment où vous avez pu les détruire et ne l'avez pas voulu ? Un pas, un geste, un mot, tout était fini. Vous vous étiez alarmé sans raison, vous vous êtes rassuré de même ; mais vous m'avez transmis la frayeur que vous n'avez plus, et il se trouve qu'ayant eu de la force une seule fois en votre vie, vous l'avez eue à mes dépens. Depuis votre fatale lettre un serrement de cœur ne m'a pas quittée ; je n'approche point de Julie sans trembler de la perdre ; à chaque instant je crois voir sur son visage la pâleur de la mort ; et ce matin, la pressant dans mes bras, je

---

118. *Offusquée* : empêchée de fonctionner clairement.

QUESTIONS

8. Le fait de n'avoir pas cherché à voir Julie est-il vraiment la marque de la fierté de Saint-Preux ? — Pourquoi l'affirmation de son entière guérison est-elle tragique ?

9. Sur l'ensemble de la lettre IX. — Étudiez la valeur symbolique du voile à travers ce texte.
— Dégagez l'intérêt dramatique de ce songe.
— Quels aspects de la sensibilité de Rousseau sont révélés ici ?

me suis sentie en pleurs sans savoir pourquoi. Ce voile! ce voile!... Il a je ne sais quoi de sinistre qui me trouble chaque fois que j'y pense. Non, je ne puis vous pardonner d'avoir pu l'écarter sans l'avoir fait, et j'ai bien peur de n'avoir plus désormais un moment de contentement que je ne vous revoie auprès d'elle. Convenez aussi qu'après avoir si longtemps parlé de philosophie, vous vous êtes montré philosophe à la fin bien mal à propos. Ah! rêvez, et voyez vos amis; cela vaut mieux que de les fuir et d'être un sage.

Il paraît, par la lettre de milord à M. de Wolmar, qu'il songe sérieusement à venir s'établir avec nous. Sitôt qu'il aura pris son parti là-bas et que son cœur sera décidé, revenez tous deux heureux et fixés; c'est le vœu de la petite communauté, et surtout celui de votre amie,

CLAIRE D'ORBE.

P.-S. — Au reste, s'il est vrai que vous n'avez rien entendu de notre conversation dans l'Élysée, c'est peut-être tant mieux pour vous; car vous me savez assez alerte pour voir les gens sans qu'ils m'aperçoivent, et assez maligne pour persifler les écouteurs. (1)

LETTRE XI RÉPONSE DE M. DE WOLMAR
[L'analyse de Wolmar.]

[...] Loin d'être surpris de vous voir frappé d'un songe, je ne vois pas trop pourquoi vous vous reprochez de l'avoir été. Il me semble que pour un homme à systèmes ce n'est pas une si grande affaire qu'un rêve de plus.

Mais ce que je vous reprocherais volontiers, c'est moins l'effet de votre songe que son espèce, et cela par une raison fort différente de celle que vous pourriez penser. Un tyran fit autrefois mourir un homme qui, dans un songe, avait cru le poignarder[119]. Rappelez-vous la raison qu'il donna de ce

---

119. Il s'agit, d'après Plutarque, *Vie de Dion*, chap. XII, de Denys de Syracuse.

QUESTIONS

1. Montrez que Rousseau a voulu, par l'intermédiaire de Claire, prolonger l'impression de mystère. Comment ses rapports avec Julie expliquent-ils qu'elle éprouve, devant le présage, les mêmes angoisses que Saint-Preux? Quel effet dramatique Rousseau tire-t-il des reproches de Claire de n'avoir pas « écarté le voile »? — Quel est l'effet du changement de ton dans le post-scriptum?

meurtre, et faites-vous-en l'application. Quoi! vous allez décider du sort de votre ami, et vous songez à vos anciennes amours! Sans les conversations du soir précédent, je ne vous pardonnerais jamais ce rêve-là. Pensez le jour à ce que vous allez faire à Rome, vous songerez moins la nuit à ce qui s'est fait à Vevai.

La Fanchon est malade; cela tient ma femme occupée et lui ôte le temps de vous écrire. Il y a ici quelqu'un qui supplée volontiers à ce soin. Heureux jeune homme! tout conspire à votre bonheur; tous les prix de la vertu vous recherchent pour vous forcer à les mériter. Quant à celui de mes bienfaits, n'en chargez personne que vous-même; c'est de vous seul que je l'attends. **(1) (2)**

LETTRE XIII DE Mme DE WOLMAR À Mme D'ORBE

[Sur les amours de Claire et de Saint-Preux.]

[...] Ne sens-tu point trop, en lisant cette lettre, que nos amis reviendront plus tôt qu'ils n'étaient attendus, et le cœur ne te dit-il rien? Ne bat-il point à présent plus fort qu'à l'ordinaire, ce cœur trop tendre et trop semblable au mien? Ne songe-t-il point au danger de vivre familièrement avec un objet chéri, de le voir tous les jours, de loger sous le même toit? Et si mes erreurs ne m'ôtèrent point ton estime, mon exemple ne te fait-il rien craindre pour toi? Combien dans nos jeunes ans la raison, l'amitié, l'honneur, t'inspirèrent pour moi de craintes que l'aveugle amour me fit mépriser! C'est mon tour maintenant, ma douce amie; et j'ai de plus, pour me faire écouter, la triste autorité de l'expérience. Écoute-moi donc tandis qu'il est temps, de peur qu'après avoir passé la moitié de ta vie à déplorer mes fautes, tu ne passes l'autre à déplorer les tiennes **(1)**. Surtout ne te fie plus à cette gaieté folâtre qui garde celles qui n'ont rien à craindre et perd celles qui sont en

---
QUESTIONS

1. En quoi la position de Wolmar vient-elle compléter celle des deux autres personnages? Montrez qu'il a compris la profondeur de la tentation de la mort.

2. Sur l'ensemble des lettres IX, X, XI. — Quelle réflexion la présentation par Rousseau des différentes réactions peut-elle entraîner sur sa propre position à l'égard du rêve?

1. Comment Rousseau réussit-il à marquer un lien entre l'histoire de Claire et celle de Julie? Quel rôle celle-ci joue-t-elle ici?

danger. Claire! Claire! tu te moquais de l'amour une fois, mais c'est parce que tu ne le connaissais pas; et pour n'en avoir pas senti les traits, tu te croyais au-dessus de ses atteintes. Il se venge et rit à son tour. Apprends à te défier de sa traîtresse joie, ou crains qu'elle ne te coûte un jour bien des pleurs. Chère amie, il est temps de te montrer à toi-même; car jusqu'ici tu ne t'es pas bien vue : tu t'es trompée sur ton caractère, et tu n'as pas su t'estimer ce que tu valais. Tu t'es fiée aux discours de la Chaillot : sur la vivacité badine elle te jugea peu sensible; mais un cœur comme le tien était au-dessus de sa portée. La Chaillot n'était pas faite pour te connaître; personne au monde ne t'a bien connue, excepté moi seule. Notre ami même a plutôt senti que vu tout ton prix. Je t'ai laissé ton erreur tant qu'elle a pu t'être utile; à présent qu'elle te perdrait, il faut te l'ôter.

Tu es vive, et te crois peu sensible. Pauvre enfant, que tu t'abuses! ta vivacité même prouve le contraire! N'est-ce pas toujours sur des choses de sentiment qu'elle s'exerce? N'est-ce pas de ton cœur que viennent les grâces de ton enjouement? Tes railleries sont des signes d'intérêt plus touchants que les compliments d'un autre : tu caresses quand tu folâtres; tu ris, mais ton rire pénètre l'âme; tu ris, mais tu fais pleurer de tendresse, et je te vois presque toujours sérieuse avec les indifférents. [...] (2)

Veux-tu savoir quel est ton tort en toute cette affaire? C'est, je te le redis, de rougir d'un sentiment honnête que tu n'as qu'à déclarer pour le rendre innocent[120]. Mais avec toute ton humeur folâtre rien n'est si timide que toi. Tu plaisantes pour faire la brave, et je vois ton pauvre cœur tout tremblant; tu fais avec l'amour, dont tu feins de rire, comme ces enfants qui chantent la nuit quand ils ont peur. O chère amie! souviens-toi de l'avoir dit mille fois, c'est la fausse honte qui mène à la véritable, et la vertu ne sait rougir que de ce qui est mal. L'amour en lui-même est-il un crime? N'est-il pas le plus pur

---

120. *[Note de l'auteur]* : Pourquoi l'éditeur laisse-t-il les continuelles répétitions dont cette lettre est pleine, ainsi que beaucoup d'autres? Par une raison fort simple : c'est qu'il ne se soucie point du tout que ces lettres plaisent à ceux qui feront cette question.

QUESTIONS

2. Dégagez l'intérêt psychologique de l'aveuglement de Claire. Pourquoi Julie le juge-t-elle à présent comme le plus sûr révélateur de son amour pour Saint-Preux?

ainsi que le plus doux penchant de la nature? N'a-t-il pas une fin bonne et louable? Ne dédaigne-t-il pas les âmes basses et rampantes? N'anime-t-il pas les âmes grandes et fortes? N'anoblit-il pas tous leurs sentiments? Ne double-t-il pas leur être? Ne les élève-t-il pas au-dessus d'elles-mêmes? Ah! si, pour être honnête et sage, il faut être inaccessible à ses traits, dis, que reste-t-il pour la vertu sur la terre? Le rebut de la nature et les plus vils des mortels.

Qu'as-tu donc fait que tu puisses te reprocher? N'as-tu pas fait choix d'un honnête homme? N'est-il pas libre? Ne l'es-tu pas? Ne mérite-t-il pas toute ton estime? N'as-tu pas toute la sienne? Ne seras-tu pas trop heureuse de faire le bonheur d'un ami si digne de ce nom, de payer de ton cœur et de ta personne les anciennes dettes de ton amie, et d'honorer en l'élevant à toi le mérite outragé par la fortune? [...] **(3)**

Ah! cousine, quel charme pour moi de réunir à jamais deux cœurs si bien faits l'un pour l'autre, et qui se confondent depuis si longtemps dans le mien! Qu'ils s'y confondent mieux encore s'il est possible; ne soyez plus qu'un pour vous et pour moi. Oui, ma Claire, tu serviras encore ton amie en couronnant ton amour; et j'en serai plus sûre de mes propres sentiments, quand je ne pourrai plus les distinguer entre vous.

Que si, malgré mes raisons, ce projet ne te convient pas, mon avis est qu'à quelque prix que ce soit nous écartions de nous cet homme dangereux, toujours redoutable à l'une ou à l'autre; car, quoi qu'il arrive, l'éducation de nos enfants nous importe encore moins que la vertu de leurs mères. Je te laisse le temps de réfléchir sur tout ceci durant ton voyage : nous en parlerons après ton retour. [...] **(4) (5)**

QUESTIONS

3. Quel rôle Julie assigne-t-elle à l'humeur *folâtre* de Claire? Montrez que Julie se livre à un véritable éloge de l'amour. Expliquez la succession des tournures interrogatives; dégagez le sens et la valeur des derniers arguments de Julie.

4. Montrez que le souhait de Julie est la poursuite d'un rêve d'union des cœurs. Est-ce seulement pour influencer Claire qu'elle lui déclare être plus sûre de ses propres sentiments si Claire épouse Saint-Preux? N'y a-t-il pas dans la fin du paragraphe un aveu troublant?

5. Sur l'ensemble de la lettre XIII. — Comment les amours de Claire permettent-elles de renouveler l'intérêt romanesque de l'œuvre? Quelle atmosphère Rousseau a-t-il su recréer?

— Dégagez l'originalité de l'attitude de Julie, et la complexité de ses désirs, conscients et inconscients.

LETTRE XIV D'HENRIETTE À SA MÈRE
[Lettre d'enfant.]

Où êtes-vous donc, maman? On dit que vous êtes à Genève et que c'est si loin, qu'il faudrait marcher deux jours tout le jour pour vous atteindre : voulez-vous donc faire aussi le tour du monde? Mon petit papa est parti ce matin pour Étange; mon petit grand-papa est à la chasse; ma petite maman vient de s'enfermer pour écrire; il ne reste que ma mie Pernette et ma mie Fanchon. Mon Dieu! je ne sais plus comment tout va, mais, depuis le départ de notre bon ami, tout le monde s'éparpille. Maman, vous avez commencé la première. On s'ennuyait déjà bien quand vous n'aviez plus personne à faire endêver. Oh! c'est encore pis depuis que vous êtes partie, car la petite maman n'est pas non plus de si bonne humeur que quand vous y êtes. Maman, mon petit mali[121] se porte bien; mais il ne vous aime plus, parce que vous ne l'avez pas fait sauter hier comme à l'ordinaire. Moi, je crois que je vous aimerais encore un peu si vous reveniez bien vite, afin qu'on ne s'ennuyât pas tant. Si vous voulez m'apaiser tout à fait, apportez à mon petit mali quelque chose qui lui fasse plaisir. Pour l'apaiser, lui, vous aurez bien l'esprit de trouver aussi ce qu'il faut faire. Ah! mon Dieu, si notre bon ami était ici, comme il l'aurait déjà deviné! Mon bel éventail est tout brisé; mon ajustement bleu n'est plus qu'un chiffon; ma pièce de blonde est en loques; mes mitaines à jouer ne valent plus rien. Bonjour, maman. Il faut finir ma lettre, car la petite maman vient de finir la sienne et sort de son cabinet. Je crois qu'elle a les yeux rouges, mais je n'ose le lui dire; mais en lisant ceci, elle verra bien que je l'ai vu. Ma bonne maman, que vous êtes méchante si vous faites pleurer ma petite maman! **(1) (2)**

P.-S. — J'embrasse mon grand-papa, j'embrasse mes oncles, j'embrasse ma nouvelle tante et sa maman; j'embrasse tout le monde excepté vous. Maman, vous m'entendez bien; je n'ai pas pour vous de si longs bras.

---
121. Le fils de Julie.

QUESTIONS

1. Comment Rousseau a-t-il su recréer l'atmosphère de l'enfance? Sur quelle note a-t-il voulu terminer la cinquième partie?

2. Sur l'ensemble de la cinquième partie :
— Montrez que cette partie est celle du bonheur de Clarens. Étudiez comment le souvenir et l'intuition de l'avenir forment un contrepoint avec ce bonheur, et laissent une impression d'incomplétude et d'insécurité.
— Dégagez dans la « société de Clarens » le rôle prépondérant de Julie.

SIXIÈME PARTIE

LETTRE VII

RÉPONSE[122].

[Le refus de Saint-Preux ; ses idées sur la religion.]

Julie! une lettre de vous!... après sept ans de silence!... Oui, c'est elle ; je le vois, je le sens : mes yeux méconnaîtraient-ils des traits que mon cœur ne peut oublier? Quoi! vous vous souvenez de mon nom! vous le savez encore écrire!... En formant ce nom, votre main n'a-t-elle point tremblé? Je m'égare, et c'est votre faute. La forme, le pli, le cachet, l'adresse, tout dans cette lettre m'en rappelle de trop différentes. Le cœur et la main semblent se contredire. Ah! deviez-vous employer la même écriture pour tracer d'autres sentiments?

Vous trouverez peut-être que songer si fort à vos anciennes lettres, c'est trop justifier la dernière[123]. Vous vous trompez. Je me sens bien ; je ne suis plus le même, ou vous n'êtes plus la même ; et ce qui me le prouve est qu'excepté les charmes et la bonté, tout ce que je retrouve en vous de ce que j'y trouvais autrefois m'est un nouveau sujet de surprise. Cette observation répond d'avance à vos craintes. Je ne me fie point à mes forces, mais au sentiment qui me dispense d'y recourir. Plein de tout ce qu'il faut que j'honore en celle que j'ai cessé d'adorer, je sais à quels respects doivent s'élever mes anciens hommages. Pénétré de la plus tendre reconnaissance, je vous aime autant que jamais, il est vrai ; mais ce qui m'attache le plus à vous est le retour de ma raison. Elle vous montre à moi telle que vous êtes ; elle vous sert mieux que l'amour même. Non, si j'étais resté coupable, vous ne me seriez pas aussi chère. **(1)**

[...] Mais parlons de votre cousine.

Chère amie, il faut l'avouer, depuis que je n'ose plus contempler vos charmes, je deviens plus sensible aux siens. Quels yeux

---

122. Les deux amants ne se sont pas écrit depuis la fin de la troisième partie, lettre XX; 123. Julie a avancé comme argument en faveur du mariage de Saint-Preux avec Claire le danger que pourrait encore comporter une vie commune à Clarens.

QUESTIONS

1. Étudiez le contraste de ton entre les deux paragraphes ; dans quelle mesure les explications données vous paraissent-elles convaincantes ? Comment s'explique alors l'émotion du début ?

peuvent errer toujours de beautés en beautés sans jamais se fixer sur aucune? Les miens l'ont revue avec trop de plaisir peut-être; et depuis mon éloignement, ses traits, déjà gravés dans mon cœur, y font une impression plus profonde. Le sanctuaire est fermé, mais son image est dans le temple. Insensiblement, je deviens pour elle ce que j'aurais été si je ne vous avais jamais vue; et il n'appartenait qu'à vous seule de me faire sentir la différence de ce qu'elle m'inspire à l'amour. Les sens, libres de cette passion terrible, se joignent au doux sentiment de l'amitié. Devient-elle amour pour cela? Julie, ah! quelle différence! Où est l'enthousiasme? Où est l'idolâtrie? Où sont ces divins égarements de la raison, plus brillants, plus sublimes, plus forts, meilleurs cent fois que la raison même? Un feu passager m'embrase, un délire d'un moment me saisit, me trouble, et me quitte. Je retrouve entre elle et moi deux amis qui s'aiment tendrement et qui se le disent. Mais deux amants s'aiment-ils l'un l'autre? Non; *vous* et *moi* sont des mots proscrits de leur langue : ils ne sont plus deux, ils sont un.

Suis-je donc tranquille en effet[124]? Comment puis-je l'être? Elle est charmante, elle est votre amie et la mienne; la reconnaissance m'attache à elle; elle entre dans mes souvenirs les plus doux. Que de droits sur une âme sensible! et comment écarter un sentiment plus tendre de tant de sentiments si bien dus! Hélas! il est dit qu'entre elle et vous je ne serai jamais un moment paisible. (2)

Femmes! femmes! objets chers et funestes, que la nature orna pour notre supplice, qui punissez quand on vous brave, qui poursuivez quand on vous craint, dont la haine et l'amour sont également nuisibles, et qu'on ne peut ni rechercher ni fuir impunément!... Beauté, charme, attrait, sympathie, être ou chimère inconcevable, abîme de douleurs et de voluptés! beauté, plus terrible aux mortels que l'élément où l'on t'a fait naître, malheureux qui se livre à ton calme trompeur! C'est toi qui produis les tempêtes qui tourmentent le genre

---

124. *En effet* : réellement.

QUESTIONS

2. Montrez que la mise au point de ses sentiments à l'égard de Claire permet à Saint-Preux de définir avec d'autant plus de précision le véritable amour. Relevez les termes qui marquent le caractère surnaturel de la passion; comment l'attachement de Saint-Preux est-il lié à son amour pour Julie?

humain. O Julie! ô Claire! que vous me vendez cher cette amitié cruelle dont vous osez vous vanter à moi! J'ai vécu dans l'orage, et c'est toujours vous qui l'avez excité. Mais quelles agitations diverses vous avez fait éprouver à mon cœur! Celles du lac de Genève ne ressemblent pas plus aux flots du vaste Océan. L'un n'a que des ondes vives et courtes dont le perpétuel tranchant agite, émeut, submerge quelquefois, sans jamais former de longs cours. Mais sur la mer, tranquille en apparence, on se sent élevé, porté doucement et loin par un flot lent et presque insensible; on croit ne pas sortir de la place, et l'on arrive au bout du monde. (3)

Telle est la différence de l'effet qu'ont produit sur moi vos attraits et les siens. Ce premier, cet unique amour qui fit le destin de ma vie, et que rien n'a pu vaincre que lui-même, était né sans que je m'en fusse aperçu; il m'entraînait que je l'ignorais encore : je me perdis sans croire m'être égaré. Durant le vent j'étais au ciel ou dans les abîmes; le calme vient, je ne sais plus où je suis. Au contraire, je vois, je sens mon trouble auprès d'elle, et me le figure plus grand qu'il n'est; j'éprouve des transports passagers et sans suite; je m'emporte un moment, et suis paisible un moment après : l'onde tourmente en vain le vaisseau, le vent n'enfle point les voiles; mon cœur, content de ses charmes, ne leur prête point son illusion; je la vois plus belle que je ne l'imagine, et je la redoute plus de près que de loin : c'est presque l'effet contraire à celui qui me vient de vous, et j'éprouvais constamment l'un et l'autre à Clarens.

Depuis mon départ il est vrai qu'elle se présente à moi quelquefois avec plus d'empire. Malheureusement il m'est difficile de la voir seule. Enfin je la vois, et c'est bien assez; elle ne m'a pas laissé de l'amour, mais de l'inquiétude. (4)

Voilà fidèlement ce que je suis pour l'une et pour l'autre. Tout le reste de votre sexe ne m'est plus rien; mes longues peines me l'ont fait oublier :

E fornito 'l mio tempo a mezzo gli anni[125].

---

125. « Ma carrière est finie au milieu de mes ans »; traduction de Rousseau; citation de Pétrarque, sonnet 216.

QUESTIONS

3. Étudiez le rythme de cette prose poétique; relevez des alexandrins, des octosyllabes; le contraste entre le réalisme psychologique du paragraphe précédent et la recherche théâtrale de ce passage.

Question 4, v. p. 111.

LE REFUS DE SAINT-PREUX — 111

Le malheur m'a tenu lieu de force pour vaincre la nature et triompher des tentations. On a peu de désirs quand on souffre; et vous m'avez appris à les éteindre en leur résistant. Une grande passion malheureuse est un grand moyen de sagesse. Mon cœur est devenu, pour ainsi dire, l'organe de tous mes besoins; je n'en ai point quand il est tranquille. Laissez-le en paix l'une et l'autre, et désormais il l'est pour toujours. [...]

Julie, oubliâtes-vous mes serments avec les vôtres? Pour moi, je ne les ai point oubliés. J'ai tout perdu; ma foi seule m'est restée; elle me restera jusqu'au tombeau. Je n'ai pu vivre à vous; je mourrai libre. Si l'engagement en était à prendre, je le prendrais aujourd'hui. Car si c'est un devoir de se marier, un devoir plus indispensable encore est de ne faire le malheur de personne; et tout ce qui me reste à sentir en d'autres nœuds, c'est l'éternel regret de ceux auxquels j'osai prétendre. Je porterais dans ce lien sacré l'idée de ce que j'espérais y trouver une fois : cette idée ferait mon supplice et celui d'une infortunée. Je lui demanderais compte des jours heureux que j'attendis de vous. Quelles comparaisons j'aurais à faire! Quelle femme au monde les pourrait soutenir? Ah! comment me consolerais-je à la fois de n'être pas à vous et de n'être à une autre?

Chère amie, n'ébranlez point des résolutions dont dépend le repos de mes jours; ne cherchez point à me tirer de l'anéantissement où je suis tombé, de peur qu'avec le sentiment de mon existence, je ne reprenne celui de mes maux, et qu'un état violent ne rouvre toutes mes blessures. [...] **(5)**

[...] Avant d'achever cette lettre, il faut vous dire ce que je pense de la vôtre. J'y trouve avec toute la prudence de la vertu les scrupules d'une âme craintive qui se fait un devoir de s'épouvanter, et croit qu'il faut tout craindre pour se garantir de tout. Cette extrême timidité a son danger ainsi qu'une confiance excessive. [...] Je ne blâme point votre dévotion; elle est touchante, aimable, et douce comme vous; elle doit plaire à votre

───────── **QUESTIONS** ─────────

4. Dégagez la finesse de la comparaison développée par Saint-Preux. Pourquoi le fait qu'il redoute plus Claire de près que de loin est-il un critère de l'insuffisance de ses sentiments? Quel est le rôle des images?

5. Quel est le ton général du passage? Étudiez-en le rythme. Comment le rappel des serments fait-il renaître l'exaltation? Montrez que l'attitude de Saint-Preux lui est dictée par une fidélité romantique à l'amour-passion. A quel prix a-t-il obtenu son repos? Montrez comment, par son rythme même, la dernière phrase en fait sentir l'instabilité.

mari même. Mais prenez garde qu'à force de vous rendre timide et prévoyante, elle ne vous mène au quiétisme par une route opposée, et que, vous montrant partout du risque à courir, elle ne vous empêche enfin d'acquiescer à rien[126]. Chère amie, ne savez-vous pas que la vertu est un état de guerre, et que, pour y vivre, on a toujours quelque combat à rendre contre soi? Occupons-nous moins des dangers que de nous, afin de tenir notre âme prête à tout événement. Si chercher les occasions c'est mériter d'y succomber, les fuir avec trop de soin, c'est souvent nous refuser à de grands devoirs; et il n'est pas bon de songer sans cesse aux tentations, même pour les éviter. On ne me verra jamais rechercher des moments dangereux ni des tête-à-tête avec des femmes; mais, dans quelque situation que me place désormais la Providence, j'ai pour sûreté de moi[127] les huit mois que j'ai passés à Clarens, et ne crains plus que personne m'ôte le prix que vous m'avez fait mériter. Je ne serai pas plus faible que je l'ai été; je n'aurai pas de plus grands combats à rendre; j'ai senti l'amertume des remords; j'ai goûté les douceurs de la victoire. Après de telles comparaisons on n'hésite plus sur le choix; tout, jusqu'à mes fautes passées, m'est garant de l'avenir. **(6)**

Sans vouloir entrer avec vous dans de nouvelles discussions sur l'ordre de l'univers et sur la direction des êtres qui le composent, je me contenterai de vous dire que, sur des questions si fort au-dessus de l'homme, il ne peut juger des choses qu'il ne voit pas, que par induction[128] sur celles qu'il voit, et que toutes les analogies sont pour ces lois générales que vous semblez rejeter. La raison même, et les plus saines idées

---

126. *Quiétisme*: doctrine mystique de Molinos, qui faisait consister la perfection chrétienne dans un état continuel de quiétude et d'union avec Dieu, où l'âme devient indifférente. Fénelon et sa disciple, Mme Guyon, étaient considérés comme quiétistes. L'explication de cette phrase obscure est donnée par G. Lanson, rapportée par D. Mornet : « Tout le sens est dans les mots par une route opposée. Le quiétisme est d'acquiescer à tout; d'où la cessation d'action totale. Julie n'acquiesce à rien; d'où encore cessation d'action; par ce côté une sorte de quiétisme sur les principes contraires. En réalité il y a plus d'opposition que d'analogie entre la défiance puritaine de Julie et la confiance quiétiste de Fénelon »; **127.** *Pour sûreté de moi* : pour être sûr de moi; **128.** *Induction* : opération qui permet de remonter, par raisonnement ou par intuition, de certains indices à des faits qu'ils rendent probables.

QUESTIONS

6. Rousseau directeur de conscience : étudiez la fermeté du ton et la précision de l'analyse; dégagez le lien entre la discussion théologique et le développement romanesque.

que nous pouvons nous former de l'Être suprême, sont très favorables à cette opinion; car bien que sa puissance n'ait pas besoin de méthode pour abréger le travail, il est digne de sa sagesse de préférer pourtant les voies les plus simples, afin qu'il n'y ait rien d'inutile dans les moyens non plus que dans les effets. En créant l'homme, il l'a doué de toutes les facultés nécessaires pour accomplir ce qu'il exigeait de lui; et quand nous lui demandons le pouvoir de bien faire, nous ne lui demandons rien qu'il ne nous ait déjà donné[129]. Il nous a donné la raison pour connaître ce qui est bien, la conscience pour l'aimer[130], et la liberté pour le choisir. C'est dans ces dons sublimes que consiste la grâce divine; et comme nous les avons tous reçus, nous en sommes tous comptables. [...] (7)

S'ensuit-il de là que la prière soit inutile? A Dieu ne plaise que je m'ôte cette ressource contre mes faiblesses! Tous les actes de l'entendement qui nous élèvent à Dieu nous portent au-dessus de nous-mêmes; en implorant son secours, nous apprenons à le trouver. [...] Mais, si l'on abuse de l'oraison et qu'on devienne mystique, on se perd à force de s'élever; en cherchant la grâce, on renonce à la raison; pour obtenir un don du ciel, on en foule aux pieds un autre; en s'obstinant à vouloir qu'il nous éclaire, on s'ôte les lumières qu'il nous a données. Qui sommes-nous pour vouloir forcer Dieu de faire un miracle?

Vous le savez; il n'y a rien de bien qui n'ait un excès blâmable, même la dévotion qui tourne en délire. La vôtre est trop pure pour arriver jamais à ce point; mais l'excès qui produit l'égarement commence avant lui, et c'est de ce premier terme que vous avez à vous défier. Je vous ai souvent entendue

---

129. Saint-Preux répond ici à l'apologie que Julie a faite, à la fin de la lettre VI, de la prière de demande, à laquelle elle invite Saint-Preux, avant de prendre une décision; 130. *[Note de l'auteur]* : Saint-Preux fait de la conscience morale un sentiment, et non pas un jugement; ce qui est contre les définitions des philosophes. Je crois pourtant qu'en ceci leur prétendu confrère a raison. (Voir *Profession de foi du vicaire savoyard* : « Tout ce que je sens être bien est bien, tout ce que je sens être mal est mal. » Rousseau, comme il le souligne dans sa note, s'oppose aux philosophes intellectualistes [Voltaire, Diderot, Helvétius...], pour qui seul le jugement rationnel permet de distinguer le bien du mal; pour Rousseau, c'est « la voie intérieure », le « sentiment », qui joue ce rôle.)

QUESTIONS

7. Quelle sorte de connaissances l'homme peut-il avoir sur les questions religieuses? Définissez avec précision le rôle de la raison dans la croyance; dans la morale; par rapport à la conscience.

blâmer les extases des ascétiques[131]; savez-vous comment elles viennent? En prolongeant le temps qu'on donne à la prière plus que ne le permet la faiblesse humaine. Alors l'esprit s'épuise, l'imagination s'allume et donne des visions; on devient inspiré, prophète, et il n'y a plus ni sens ni génie qui garantisse du fanatisme. Vous vous enfermez fréquemment dans votre cabinet, vous vous recueillez, vous priez sans cesse [...]. Femme pieuse et chrétienne, allez-vous n'être plus qu'une dévote? [...] **(8) (9)**

LETTRE VIII DE Mme DE WOLMAR

[Dévotion de Julie.]

Eh bien! ne voilà-t-il pas encore votre imagination effarouchée? Et sur quoi, je vous prie? Sur les plus vrais témoignages d'estime et d'amitié que vous ayez jamais reçus de moi; sur les paisibles réflexions que le soin de votre vrai bonheur m'inspire; sur la proposition la plus obligeante, la plus avantageuse, la plus honorable qui vous ait jamais été faite, sur l'empressement, indiscret peut-être, de vous unir à ma famille par des nœuds indissolubles; sur le désir de faire mon allié, mon parent, d'un ingrat qui croit ou qui feint de croire que je ne veux plus de lui pour ami. Pour vous tirer de l'inquiétude où vous paraissez être, il ne fallait que prendre ce que je vous écris dans son sens le plus naturel. Mais il y a longtemps que vous aimez à vous tourmenter par vos injustices. Votre lettre est, comme votre vie, sublime et rampante, pleine de force et de puérilités. Mon cher philosophe, ne cesserez-vous jamais d'être enfant?

Où avez-vous donc pris que je songeasse à vous imposer des lois, à rompre avec vous, et, pour me servir de vos termes,

---

131. Voir cinquième partie, lettre v, question 2.

QUESTIONS

8. Quel sens précis Rousseau donne-t-il à la prière? Montrez en quoi sa critique du mysticisme le rapproche des philosophes contemporains. Expliquez la formule restrictive et péjorative : *n'être plus qu'une dévote*.

9. Sur l'ensemble de la lettre vii. — Analysez l'émotion qui se dégage de toute la première partie de la lettre (questions 1 à 6).
— Le refus de Saint-Preux paraît-il surprenant? Comparez cette attitude avec celle de Julie, qui accepte le mariage de raison; ces deux solutions ne répondent-elles pas à deux aspirations de Rousseau?
— Malgré la diversité des sujets traités, y a-t-il une unité dans cette lettre?

à vous renvoyer au bout du monde? De bonne foi, trouvez-vous là l'esprit de ma lettre? Tout au contraire : en jouissant d'avance du plaisir de vivre avec vous, j'ai craint les inconvénients qui pouvaient le troubler; je me suis occupée des moyens de prévenir ces inconvénients d'une manière agréable et douce, en vous faisant un sort digne de votre mérite et de mon attachement pour vous. Voilà tout mon crime : il n'y avait pas là, ce me semble, de quoi vous alarmer si fort.

Vous avez tort, mon ami, car vous n'ignorez pas combien vous m'êtes cher; mais vous aimez à vous le faire redire; et comme je n'aime guère moins à le répéter, il vous est aisé d'obtenir ce que vous voulez sans que la plainte et l'humeur s'en mêlent. **(1)**

[...] Je vous avouerai sans détour que les six derniers mois que nous avons passés ensemble ont été le temps le plus doux de ma vie, et que j'ai goûté dans ce court espace tous les biens dont ma sensibilité m'ait fourni l'idée.

Je n'oublierai jamais un jour de cet hiver, où, après avoir fait en commun la lecture de vos voyages et celle des aventures de votre ami, nous soupâmes dans la salle d'Apollon[132], et où, songeant à la félicité que Dieu m'envoyait en ce monde, je vis tout autour de moi mon père, mon mari, mes enfants, ma cousine, milord Édouard, vous, sans compter la Fanchon qui ne gâtait rien au tableau, et tout cela rassemblé pour l'heureuse Julie. Je me disais : « Cette petite chambre contient tout ce qui est cher à mon cœur, et peut-être tout ce qu'il y a de meilleur sur la terre; je suis environnée de tout ce qui m'intéresse; tout l'univers est ici pour moi; je jouis à la fois de l'attachement que j'ai pour mes amis, de celui qu'ils me rendent, de celui qu'ils ont l'un pour l'autre; leur bienveillance mutuelle ou vient de moi ou s'y rapporte; je ne vois rien qui n'étende mon être, et rien qui le divise; il est dans tout ce qui m'environne, il n'en reste aucune portion loin de moi; mon imagination n'a plus rien à faire, je n'ai rien à désirer; sentir et jouir sont pour moi la même chose; je vis à la fois dans tout ce que j'aime, je me rassasie de bonheur et de vie. O mort! viens

---

132. Voir cinquième partie, lettre II, question 5.

QUESTIONS
---

1. Pourquoi Julie accuse-t-elle Saint-Preux de puérilité? Dégagez le caractère maternel de sa réponse. Ne peut-on discerner dans la fin un certain badinage?

quand tu voudras, je ne te crains plus, j'ai vécu, je t'ai prévenue; je n'ai plus de nouveaux sentiments à connaître, tu n'as plus rien à me dérober[133]. » **(2)**

Plus j'ai senti le plaisir de vivre avec vous, plus il m'était doux d'y compter, et plus aussi tout ce qui pouvait troubler ce plaisir m'a donné d'inquiétude. Laissons un moment à part cette morale craintive et cette prétendue dévotion que vous me reprochez; convenez du moins que tout le charme de la société qui régnait entre nous est dans cette ouverture de cœur qui met en commun tous les sentiments, toutes les pensées, et qui fait que chacun se sentant tel qu'il doit être se montre à tous tel qu'il est. Supposez un moment quelque intrigue secrète, quelque liaison qu'il faille cacher, quelque raison de réserve et de mystère; à l'instant tout le plaisir de se voir s'évanouit, on est contraint l'un devant l'autre, on cherche à se dérober, quand on se rassemble on voudrait se fuir; la circonspection, la bienséance, amènent la défiance et le dégoût. Le moyen d'aimer longtemps ceux qu'on craint! On se devient importun l'un à l'autre... Julie importune!... importune à son ami!... non, non, cela ne saurait être; on n'a jamais de maux à craindre que ceux qu'on peut supporter.

En vous exposant naïvement mes scrupules, je n'ai point prétendu changer vos résolutions, mais les éclairer, de peur que, prenant un parti dont vous n'auriez pas prévu toutes les suites, vous n'eussiez peut-être à vous en repentir quand vous n'oseriez plus vous en dédire. [...] **(3)**

A force de songer à vous je m'oublie. Il faut pourtant que mon tour vienne; car vous faites avec vos amis dans la dispute comme avec votre adversaire aux échecs, vous attaquez en vous défendant. Vous vous excusez d'être philosophe en m'accusant d'être dévote[134]. [...]

---

133. Voir l'appel à la mort de la première partie, lettre LV, question 1; 134. *Philosophe* a ici, par opposition à *dévote*, le sens « d'esprit fort »; on sait à quel point Rousseau s'est précisément séparé d'eux.

──────── **QUESTIONS** ────────

2. Relevez les termes qui expriment le bonheur de Julie; quels sont les éléments de ce bonheur? Comment s'explique l'appel à la mort? Par quels procédés Rousseau fait-il éprouver le sentiment de la plénitude? Étudiez le rythme de ce passage.

3. Étudiez l'expression de la transparence des cœurs; montrez que la sincérité est un des fondements de la morale de Rousseau. Que révèle la finesse de l'analyse de Julie?

J'aimai la vertu dès mon enfance, et cultivai ma raison dans tous les temps. Avec du sentiment et des lumières, j'ai voulu me gouverner, et je me suis mal conduite. Avant de m'ôter le guide que j'ai choisi, donnez-m'en quelque autre sur lequel je puisse compter. Mon bon ami, toujours de l'orgueil, quoi qu'on fasse! c'est lui qui vous élève, et c'est lui qui m'humilie. Je crois valoir autant qu'une autre, et mille autres ont vécu plus sagement que moi. Elles avaient donc des ressources que je n'avais pas. Pourquoi, me sentant bien née, ai-je eu besoin de cacher ma vie? Pourquoi haïssais-je le mal que j'ai fait malgré moi? Je ne connaissais que ma force; elle n'a pu me suffire. Toute la résistance qu'on peut tirer de soi, je crois l'avoir faite, et toutefois j'ai succombé. Comment font celles qui résistent? Elles ont un meilleur appui. (4)

Après l'avoir pris à leur exemple, j'ai trouvé dans ce choix un autre avantage auquel je n'avais pas pensé. Dans le règne des passions, elles aident à supporter les tourments qu'elles donnent; elles tiennent l'espérance à côté du désir. Tant qu'on désire on peut se passer d'être heureux; on s'attend à le devenir : si le bonheur ne vient point, l'espoir se prolonge, et le charme de l'illusion dure autant que la passion qui le cause. Ainsi cet état se suffit à lui-même, et l'inquiétude qu'il donne est une sorte de jouissance qui supplée à la réalité, qui vaut mieux peut-être. Malheur à qui n'a plus rien à désirer! il perd pour ainsi dire tout ce qu'il possède. On jouit moins de ce qu'on obtient que de ce qu'on espère et l'on n'est heureux qu'avant d'être heureux. En effet, l'homme, avide et borné, fait pour tout vouloir et peu obtenir, a reçu du ciel une force consolante qui rapproche de lui tout ce qu'il désire, qui le soumet à son imagination, qui le lui rend présent et sensible, qui le lui livre en quelque sorte, et, pour lui rendre cette imaginaire propriété plus douce, le modifie au gré de sa passion. Mais tout ce prestige disparaît devant l'objet même; rien n'embellit plus cet objet aux yeux du possesseur; on ne se figure point ce qu'on voit; l'imagination ne pare plus rien de ce qu'on possède, l'illusion cesse où commence la jouissance. Le pays des

---

QUESTIONS

4. Le *sentiment* et les *lumières* : définissez ces deux éléments; quelle place tiennent-ils dans la philosophie de Rousseau? Montrez que la recherche d'un *meilleur appui* est le résultat, pour Julie, de l'expérience et d'un raisonnement; lequel?

chimères est en ce monde le seul digne d'être habité, et tel est le néant des choses humaines, qu'hors[135] l'Être existant par lui-même il n'y a rien de beau que ce qui n'est pas.

Si cet effet n'a pas toujours lieu sur les objets particuliers de nos passions, il est infaillible dans le sentiment commun qui les comprend toutes. Vivre sans peine n'est pas un état d'homme ; vivre ainsi c'est être mort. Celui qui pourrait tout sans être Dieu serait une misérable créature ; il serait privé du plaisir de désirer ; toute autre privation serait plus supportable[136]. (5)

Voilà ce que j'éprouve en partie depuis mon mariage et depuis votre retour. Je ne vois partout que sujets de contentement, et je ne suis pas contente ; une langueur secrète s'insinue au fond de mon cœur ; je le sens vide et gonflé, comme vous disiez autrefois du vôtre ; l'attachement que j'ai pour tout ce qui m'est cher ne suffit pas pour l'occuper ; il lui reste une force inutile dont il ne sait que faire. Cette peine est bizarre, j'en conviens ; mais elle n'est pas moins réelle. Mon ami, je suis trop heureuse ; le bonheur m'ennuie[137].

Concevez-vous quelque remède à ce dégoût du bien-être ? Pour moi, je vous avoue qu'un sentiment si peu raisonnable et si peu volontaire a beaucoup ôté du prix que je donnais à la vie ; et je n'imagine pas quelle sorte de charme on y peut trouver, qui me manque ou qui me suffise. Une autre sera-t-elle plus sensible que moi ? Aimera-t-elle mieux son père, son mari, ses enfants, ses amis, ses proches ? En sera-t-elle mieux aimée ? Mènera-t-elle une vie plus de son goût ? Sera-t-elle plus libre

---

135. [*Note de l'auteur*] : Il fallait *que hors*, et sûrement Mme de Wolmar ne l'ignorait pas. Mais, outre les fautes qui lui échappaient par ignorance ou par inadvertance, il paraît qu'elle avait l'oreille trop délicate pour s'asservir toujours aux règles même qu'elle savait. On peut employer un style plus pur, mais non pas plus doux ni plus harmonieux que le sien ; 136. [*Note de l'auteur*] : D'où il suit que tout prince qui aspire au despotisme aspire à l'honneur de mourir d'ennui. Dans tous les royaumes du monde, cherchez-vous l'homme le plus ennuyé du pays ? Allez toujours directement au souverain, surtout s'il est très absolu. C'est bien la peine de faire tant de misérables ! ne saurait-il s'ennuyer à moindres frais ? 137. [*Note de l'auteur*] : Quoi, Julie ! aussi des contradictions ! Ah ! je crains bien, charmante dévote, que vous ne soyez pas non plus trop d'accord avec vous-même. Au reste, j'avoue que cette lettre me paraît le chant du cygne.

QUESTIONS

5. Quel caractère particulier Rousseau reconnaît-il à la passion ? Étudiez le vocabulaire qui exprime la supériorité du désir sur la possession ; dégagez le réalisme psychologique de cette analyse ; le lien entre imagination et jouissance. L'affirmation de la valeur des chimères vous paraît-elle surprenante sous la plume de Julie ? Comment Dieu est-il défini dans cette perspective ?

d'en choisir une autre? Jouira-t-elle d'une meilleure santé? Aura-t-elle plus de ressources contre l'ennui, plus de liens qui l'attachent au monde? Et toutefois j'y vis inquiète; mon cœur ignore ce qui lui manque; il désire sans savoir quoi.

Ne trouvant donc rien ici-bas qui lui suffise, mon âme avide cherche ailleurs de quoi la remplir : en s'élevant à la source du sentiment et de l'être, elle y perd sa sécheresse et sa langueur; elle y renaît, elle s'y ranime, elle y trouve un nouveau ressort, elle y puise une nouvelle vie; elle y prend une autre existence qui ne tient point aux passions du corps; ou plutôt elle n'est plus en moi-même, elle est toute dans l'Être immense qu'elle contemple et, dégagée un moment de ses entraves, elle se console d'y rentrer par cet essai d'un état plus sublime qu'elle espère être un jour le sien[138]. **(6)**

Vous souriez; je vous entends, mon bon ami; j'ai prononcé mon propre jugement en blâmant autrefois cet état d'oraison que je confesse aimer aujourd'hui. A cela je n'ai qu'un mot à vous dire, c'est que je ne l'avais pas éprouvé. Je ne prétends pas même le justifier de toutes manières. Je ne dis pas que ce goût soit sage; je dis seulement qu'il est doux, qu'il supplée au sentiment du bonheur qui s'épuise, qu'il remplit le vide de l'âme, qu'il jette un nouvel intérêt sur la vie passée à le mériter. S'il produit quelque mal, il faut le rejeter sans doute; s'il abuse le cœur par une fausse jouissance, il faut encore le rejeter. Mais enfin lequel tient le mieux à la vertu, du philosophe avec ses grands principes, ou du chrétien dans sa simplicité? Lequel est le plus heureux dès ce monde, du sage avec sa raison, ou du dévot dans son délire? Qu'ai-je besoin de penser, d'imaginer, dans un moment où toutes mes facultés sont aliénées? L'ivresse a ses plaisirs, disiez-vous : eh bien! ce délire en est une. Ou laissez-moi dans cet état qui m'est agréable, ou montrez-moi comment je puis être mieux.

---

138. Comparez avec Rousseau, *Lettre à M. de Malesherbes*, Pléiade, tome Ier, p. 1141.

QUESTIONS

6. Précisez quelles sont les contradictions de Julie dont parle Rousseau dans sa note. Par quelles expressions particulièrement frappantes Julie désigne-t-elle son état d'âme? Quel en est le caractère dominant? Comparez avec « le mal du siècle » de Chateaubriand, des romantiques; avec le « spleen » de Baudelaire; montrez que Rousseau a bien le sentiment d'être un précurseur dans ce domaine. Étudiez le mouvement ascendant du cœur vide vers sa plénitude; comment Rousseau a-t-il fait sentir le caractère vivifiant de la dévotion? Dégagez le lien qu'il établit entre le mal de vivre et la croyance à l'immortalité.

J'ai blâmé les extases des mystiques[139]. Je les blâme encore quand elles nous détachent de nos devoirs, et que, nous dégoûtant de la vie active par les charmes de la contemplation[140], elles nous mènent à ce quiétisme dont vous me croyez si proche, et dont je crois être aussi loin que vous.

Servir Dieu, ce n'est point passer sa vie à genoux dans un oratoire, je le sais bien; c'est remplir sur la terre les devoirs qu'il nous impose; c'est faire en vue de lui plaire tout ce qui convient à l'état où il nous a mis :

> ....*Il cor gradisce;*
> *E serve a lui chi 'l suo dover compisce.*

Il faut premièrement faire ce qu'on doit, et puis prier quand on le peut; voilà la règle que je tâche de suivre. Je ne prends point le recueillement que vous me reprochez comme une occupation, mais comme une récréation; et je ne vois pas pourquoi parmi les plaisirs qui sont à ma portée, je m'interdirais le plus sensible et le plus innocent de tous. **(7)**

Je me suis examinée avec plus de soin depuis votre lettre; j'ai étudié les effets que produit sur mon âme ce penchant qui semble si fort vous déplaire, et je n'y sais rien voir jusqu'ici qui me fasse craindre, au moins sitôt, l'abus d'une dévotion mal entendue.

Premièrement, je n'ai point pour cet exercice un goût trop vif qui me fasse souffrir quand j'en suis privée, ni qui me donne de l'humeur quand on m'en distrait. Il ne me donne point non plus de distractions dans la journée, et ne jette ni dégoût ni impatience sur la pratique de mes devoirs. Si quelquefois mon cabinet m'est nécessaire, c'est quand quelque émotion m'agite, et que je serais moins bien partout ailleurs[141] : c'est là que, rentrant en moi-même, j'y retrouve le calme de la raison. Si quelque souci me trouble, si quelque peine m'afflige, c'est là que je les vais déposer. Toutes ces misères s'évanouissent

---

139. Voir cinquième partie, lettre v, question 2; **140.** Voir *Rêveries*, 5ᵉ Promenade (Pléiade, p. 1047) : « Il ne serait pas même bon dans la présente constitution des choses, qu'avides de ces douces extases [les hommes] s'y dégoûtassent de la vie active dont leurs besoins toujours renaissants leur prescrivent le devoir »; **141.** Voir cinquième partie, lettre vi.

QUESTIONS
---

7. Montrez que l'on retrouve dans une certaine mesure l'épicurisme de Julie dans sa conception de la dévotion; expliquez en particulier : *dès ce monde*. Comment nuance-t-elle la position prise par Saint-Preux sur la prière (lettre vii, question 8)?

devant un plus grand objet. En songeant à tous les bienfaits de la Providence, j'ai honte d'être sensible à de si faibles chagrins et d'oublier de si grandes grâces. Il ne me faut des séances ni fréquentes ni longues. Quand la tristesse m'y suit malgré moi, quelques pleurs versés devant celui qui console soulagent mon cœur à l'instant. Mes réflexions ne sont jamais amères ni douloureuses; mon repentir même est exempt d'alarmes. Mes fautes me donnent moins d'effroi que de honte; j'ai des regrets et non des remords. Le Dieu que je sers est un Dieu clément, un père : ce qui me touche est sa bonté; elle efface à mes yeux tous ses autres attributs; elle est le seul que je conçois. Sa puissance m'étonne[142], son immensité me confond, sa justice... Il a fait l'homme faible; puisqu'il est juste, il est clément. Le Dieu vengeur est le Dieu des méchants : je ne puis ni le craindre pour moi ni l'implorer contre un autre. O Dieu de paix, Dieu de bonté, c'est toi que j'adore! c'est de toi, je le sens, que je suis l'ouvrage; et j'espère te retrouver au dernier jugement tel que tu parles à mon cœur durant ma vie.

Je ne saurais vous dire combien ces idées jettent de douceur sur mes jours et de joie au fond de mon cœur. En sortant de mon cabinet ainsi disposée, je me sens plus légère et plus gaie; toute la peine s'évanouit, tous les embarras disparaissent; rien de rude, rien d'anguleux; tout devient facile et coulant, tout prend à mes yeux une face plus riante; la complaisance ne me coûte plus rien; j'en aime encore mieux ceux que j'aime, et leur en suis plus agréable. Mon mari même en est plus content de mon humeur. La dévotion, prétend-il, est un opium pour l'âme; elle égaye, anime et soutient quand on en prend peu; une trop forte dose endort, ou rend furieux, ou tue. J'espère ne pas aller jusque-là. [...] **(8)**

Je me sens pour tous ces abus une aversion qui doit naturellement m'en garantir : si j'y tombe, ce sera sûrement sans le vouloir, et j'espère de l'amitié de tous ceux qui m'environnent que ce ne sera pas sans être avertie. Je vous avoue que j'ai été longtemps sur le sort de mon mari d'une inquiétude

---

142. *M'étonne* : sens fort, « me frappe de stupeur ».

QUESTIONS

8. Étudiez les différents effets de la dévotion sur Julie (du point de vue psychologique, moral, social). En quoi les rapports qu'elle établit entre raison et dévotion l'opposent-ils effectivement aux mystiques? Comment s'effectue le passage de la prière à la profession de foi en un Dieu de bonté?

qui m'eût peut-être altéré l'humeur à la longue. Heureusement la sage lettre de milord Édouard à laquelle vous me renvoyez avec grande raison, ses entretiens consolants et sensés, les vôtres, ont tout à fait dissipé ma crainte et changé mes principes. Je vois qu'il est impossible que l'intolérance n'endurcisse l'âme. Comment chérir tendrement les gens qu'on réprouve? Quelle charité peut-on conserver parmi des damnés? Les aimer, ce serait haïr Dieu qui les punit. Voulons-nous donc être humains? Jugeons les actions et non pas les hommes; n'empiétons point sur l'horrible fonction des démons; n'ouvrons point si légèrement l'enfer à nos frères. Eh! s'il était destiné pour ceux qui se trompent, quel mortel pourrait l'éviter?

O mes amis, de quel poids vous avez soulagé mon cœur! En m'apprenant que l'erreur n'est point un crime, vous m'avez délivrée de mille inquiétants scrupules. Je laisse la subtile interprétation des dogmes que je n'entends pas. Je m'en tiens aux vérités lumineuses qui frappent mes yeux et convainquent ma raison, aux vérités de pratique qui m'instruisent de mes devoirs. [...] Est-on maître de croire ou de ne pas croire? Est-ce un crime de n'avoir pas su bien argumenter? Non : la conscience ne nous dit point la vérité des choses, mais la règle de nos devoirs; elle ne nous dicte point ce qu'il faut penser, mais ce qu'il faut faire; elle ne nous apprend point à bien raisonner, mais à bien agir. En quoi mon mari peut-il être coupable devant Dieu? Détourne-t-il les yeux de lui? Dieu lui-même a voilé sa face. Il ne fuit point la vérité, c'est la vérité qui le fuit. L'orgueil ne le guide point; il ne veut égarer personne, il est bien aise qu'on ne pense pas comme lui. Il aime nos sentiments, il voudrait les avoir, il ne peut; notre espoir, nos consolations, tout lui échappe. Il fait le bien sans attendre de récompense; il est plus vertueux, plus désintéressé que nous. Hélas! il est à plaindre; mais de quoi sera-t-il puni? Non, non : la bonté, la droiture, les mœurs, l'honnêteté, la vertu, voilà ce que le ciel exige et qu'il récompense, voilà le véritable culte que Dieu veut de nous, et qu'il reçoit de lui tous les jours de sa vie. Si Dieu juge la foi par les œuvres, c'est croire en lui que d'être homme de bien. Le vrai chrétien c'est l'homme juste; les vrais incrédules sont les méchants[143]. [...] **(9) (10)**

---

143. Voir cinquième partie, lettre v, question 1.

QUESTIONS

Questions 9 et 10, v. p. 123.

LETTRE IX DE FANCHON ANET
[Annonce de la mort.]

Ah! Monsieur, ah! mon bienfaiteur, que me charge-t-on de vous apprendre!... Madame... ma pauvre maîtresse... O Dieu! je vois déjà votre frayeur... mais vous ne voyez pas notre désolation... je n'ai pas un moment à perdre; il faut vous dire... il faut courir... je voudrais déjà vous avoir tout dit... Ah! que deviendrez-vous quand vous saurez notre malheur?

Toute la famille alla dîner à Chillon. M. le baron, qui allait en Savoie passer quelques jours au château de Blonay, partit après le dîner. On l'accompagna quelques pas; puis on se promena le long de la digue. Mme d'Orbe et Mme la baillive marchaient devant avec monsieur. Madame suivait, tenant d'une main Henriette et de l'autre Marcellin. J'étais derrière avec l'aîné. Monseigneur le bailli, qui s'était arrêté pour parler à quelqu'un, vint rejoindre la compagnie, et offrit le bras à Madame. Pour le prendre elle me renvoie Marcellin : il court à moi, j'accours à lui; en courant l'enfant fait un faux pas, le pied lui manque, il tombe dans l'eau. Je pousse un cri perçant; Madame se retourne, voit tomber son fils, part comme un trait, et s'élance après lui.

Ah! misérable, que n'en fis-je autant! que n'y suis-je restée!... Hélas! je retenais l'aîné qui voulait sauter après sa mère... elle se débattait en serrant l'autre entre ses bras... On n'avait là ni gens ni bateau, il fallut du temps pour les retirer... L'enfant est remis; mais la mère... le saisissement, la chute, l'état où elle était... Qui sait mieux que moi combien cette chute est dangereuse!... Elle resta très longtemps sans connaissance.

QUESTIONS
---

9. Montrez comment son application à M. de Wolmar rend très vivant et convaincant cet éloge de la tolérance; sur quelles idées religieuses se fonde-t-il? Étudiez en particulier le rôle de la conscience. Ce passage fut vivement critiqué par les censeurs du XVIIIe siècle. Pourquoi?

10. SUR L'ENSEMBLE DE LA LETTRE VIII. — Pourquoi cette lettre peut-elle apparaître, comme le dit Rousseau dans sa note, comme le « chant du cygne » de Julie?

— Montrez comment le roman tout entier, ainsi que la vie et l'œuvre de Rousseau peuvent être considérés comme une illustration de la phrase : « le pays des chimères est en ce monde le seul digne d'être habité ».

— Comment la forme épistolaire permet-elle à Rousseau, dans les lettres VII et VIII, d'exposer de façon vivante et nuancée ses idées religieuses? Comment se manifeste, dans ces deux lettres, sa volonté de réconcilier « dévots » et « philosophes »?

A peine l'eut-elle reprise qu'elle demanda son fils... Avec quels transports de joie elle l'embrassa ! Je la crus sauvée ; mais sa vivacité ne dura qu'un moment. Elle voulut être ramenée ici ; durant la route elle s'est trouvée mal plusieurs fois. Sur quelques ordres qu'elle m'a donnés, je vois qu'elle ne croit pas en revenir. Je suis trop malheureuse, elle n'en reviendra pas. Mme d'Orbe est plus changée qu'elle. Tout le monde est dans une agitation... Je suis la plus tranquille de toute la maison... De quoi m'inquiéterais-je ?... Ma bonne maîtresse ! ah ! si je vous perds, je n'aurai plus besoin de personne... O mon cher Monsieur, que le bon Dieu vous soutienne dans cette épreuve... Adieu... Le médecin sort de la chambre. Je cours au-devant de lui... S'il nous donne quelque bonne espérance, je vous le marquerai. Si je ne dis rien... **(1)**

LETTRE X

[Commencée par Mme d'Orbe, et achevée par M. de Wolmar.]

C'en est fait, homme imprudent, homme infortuné, malheureux visionnaire[144] ! Jamais vous ne la reverrez... le voile... Julie n'est...

Elle vous a écrit. Attendez sa lettre : honorez ses dernières volontés. Il vous reste de grands devoirs à remplir sur la terre. **(1)**

LETTRE XI DE M. DE WOLMAR

[La mort de Julie.]

J'ai laissé passer vos premières douleurs en silence ; ma lettre n'eût fait que les aigrir ; vous n'étiez pas plus en état de supporter ces détails que moi de les faire. Aujourd'hui peut-être nous seront-ils doux à tous deux. Il ne me reste d'elle que des souvenirs ; mon cœur se plaît à les recueillir. Vous n'avez

---

144. Voir cinquième partie, lettre IX.

— **QUESTIONS** —

1. Pourquoi ce récit est-il confié à Fanchon Anet ? Étudiez l'alternance du style haletant et du style simple ; par quels éléments cette lettre est-elle rendue pathétique ?

1. Dégagez l'intérêt de cette manière d'annoncer la mort de Julie.

LA MORT DE JULIE — 125

plus que des pleurs à lui donner; vous aurez la consolation d'en verser pour elle. Ce plaisir des infortunés m'est refusé dans ma misère, je suis plus malheureux que vous.

Ce n'est point de sa maladie, c'est d'elle que je veux vous parler. D'autres mères peuvent se jeter après leur enfant. L'accident, la fièvre, la mort, sont de la nature : c'est le sort commun des mortels; mais l'emploi de ses derniers moments, ses discours, ses sentiments, son âme, tout cela n'appartient qu'à Julie. Elle n'a point vécu comme une autre; personne, que je sache, n'est mort comme elle. Voilà ce que j'ai pu seul observer, et que vous n'apprendrez que de moi. [...] **(1)**

La nuit fut cruelle et décisive. Étouffement, oppression, syncope, la peau sèche et brûlante; une ardente fièvre, durant laquelle on l'entendait souvent appeler vivement Marcellin comme pour le retenir, et prononcer aussi quelquefois un autre nom, jadis si répété dans une occasion pareille[145]. Le lendemain, le médecin me déclara sans détour qu'il n'estimait pas qu'elle eût trois jours à vivre. Je fus seul dépositaire de cet affreux secret; et la plus terrible heure de ma vie fut celle où je le portai dans le fond de mon cœur sans savoir quel usage j'en devais faire. J'allai seul errer dans les bosquets, rêvant au parti que j'avais à prendre, non sans quelques tristes réflexions sur le sort qui me ramenait dans ma vieillesse à cet état solitaire dont je m'ennuyais même avant d'en connaître un plus doux. [...]

Je marchais à pas précipités avec une agitation que je n'avais jamais éprouvée. Cette longue et pénible anxiété me suivait partout; j'en traînais après moi l'insupportable poids. Une idée vint enfin me déterminer. Ne vous efforcez pas de la prévoir; il faut vous la dire.

Pour qui est-ce que je délibère? Est-ce pour elle ou pour moi? Sur quel principe est-ce que je raisonne? Est-ce sur son système ou sur le mien? Qu'est-ce qui m'est démontré sur l'un ou sur l'autre? Je n'ai pour croire ce que je crois que mon opinion armée de quelques probabilités. Nulle démonstration ne la renverse, il est vrai; mais quelle démonstration l'établit?

---

145. C'est le nom de Saint-Preux, souvent prononcé par Julie, quand elle était atteinte de la petite vérole.

──── **QUESTIONS** ────

1. Étudiez le ton de cette entrée en matière; quel caractère de la mort de Julie Wolmar annonce-t-il?

Elle a, pour croire ce qu'elle croit, son opinion de même, mais elle y voit l'évidence ; cette opinion à ses yeux est une démonstration. Quel droit ai-je de préférer, quand il s'agit d'elle, ma simple opinion que je reconnais douteuse à son opinion qu'elle tient pour démontrée? Comparons les conséquences des deux sentiments. Dans le sien, la disposition de sa dernière heure doit décider de son sort durant l'éternité. Dans le mien, les ménagements que je veux avoir pour elle lui seront indifférents dans trois jours. Dans trois jours, selon moi, elle ne sentira plus rien. Mais si peut-être elle avait raison, quelle différence! Des biens ou des maux éternels!... Peut-être! ce mot est terrible... Malheureux! risque ton âme et non la sienne.

Voilà le premier doute qui m'ait rendu suspecte l'incertitude que vous avez si souvent attaquée. Ce n'est pas la dernière fois qu'il est revenu depuis ce temps-là. Quoi qu'il en soit, ce doute me délivra de celui qui me tourmentait. Je pris sur-le-champ mon parti ; et, de peur d'en changer, je courus en hâte au lit de Julie. Je fis sortir tout le monde, et je m'assis ; vous pouvez juger avec quelle contenance. Je n'employai point auprès d'elle les précautions nécessaires pour les petites âmes. Je ne dis rien ; mais elle me vit et me comprit à l'instant. « Croyez-vous me l'apprendre? dit-elle en me tendant la main. Non, mon ami, je me sens bien : la mort me presse, il faut nous quitter. » [...] **(2)**

Je fus levé de bonne heure. Inquiet de ce qui s'était passé durant la nuit, au premier bruit que j'entendis j'entrai dans la chambre. Sur l'état où Mme d'Orbe était la veille, je jugeai du désespoir où j'allais la trouver, et des fureurs dont je serais le témoin. En entrant, je la vis assise dans un fauteuil, défaite et pâle, plutôt livide, les yeux plombés et presque éteints, mais douce, tranquille, parlant peu, faisant tout ce qu'on lui disait sans répondre. Pour Julie, elle paraissait moins faible que la veille ; sa voix était plus ferme, son geste plus animé ; elle semblait avoir pris la vivacité de sa cousine. Je connus aisément à son teint que ce mieux apparent était l'effet de la fièvre ; mais je vis aussi briller dans ses regards je ne sais quelle secrète

---
QUESTIONS

2. Pouvait-on s'attendre à l'anxiété du froid Wolmar? Étudiez l'enchaînement des idées qui amène la résolution du cas de conscience. Quelle est l'importance de cette péripétie sur l'évolution de Wolmar? Pourquoi n'a-t-il rien eu à dire à Julie?

joie qui pouvait y contribuer, et dont je ne démêlais pas la cause. Le médecin n'en confirma pas moins son jugement de la veille; la malade n'en continua pas moins de penser comme lui, et il ne me resta plus aucune espérance.

Ayant été forcé de m'absenter pour quelque temps, je remarquai en entrant que l'appartement avait été arrangé avec soin; il y régnait de l'ordre et de l'élégance; elle avait fait mettre des pots de fleurs sur sa cheminée, ses rideaux étaient entr'ouverts et rattachés; l'air avait été changé; on y sentait une odeur agréable; on n'eût jamais cru être dans la chambre d'un malade. Elle avait fait sa toilette avec le même soin : la grâce et le goût se montraient encore dans sa parure négligée. Tout cela lui donnait plutôt l'air d'une femme du monde qui attend compagnie, que d'une campagnarde qui attend sa dernière heure. Elle vit ma surprise, elle en sourit; et lisant dans ma pensée, elle allait me répondre, quand on amena les enfants. Alors il ne fut plus question que d'eux; et vous pouvez juger si, se sentant prête à les quitter, ses caresses furent tièdes et modérées. J'observai même qu'elle revenait plus souvent et avec des étreintes encore plus ardentes à celui qui lui coûtait la vie, comme s'il lui fût devenu plus cher à ce prix.

Tous ces embrassements, ces soupirs, ces transports, étaient des mystères pour ces pauvres enfants. Ils l'aimaient tendrement, mais c'était la tendresse de leur âge : ils ne comprenaient rien à son état, au redoublement de ses caresses, à ses regrets de ne les voir plus; ils nous voyaient tristes et ils pleuraient : ils n'en savaient pas davantage. [...] (3)

Après avoir épanché son cœur sur ses enfants, après les avoir pris chacun à part, surtout Henriette, qu'elle tint fort longtemps, et qu'on entendait plaindre[146] et sangloter en recevant ses baisers, elle les appela tous trois, leur donna sa bénédiction, et leur dit, en leur montrant Mme d'Orbe : « Allez, mes enfants, allez vous jeter aux pieds de votre mère : voilà

---

146. *Plaindre* : il s'agit soit d'une construction fréquente au XVIIe s. pour l'infinitif de certains verbes à sens réfléchi (sentir, voir...) sans le pronom *se*; soit d'un latinisme, traduction du verbe *plangere*, qui signifie « se plaindre ».

───────── QUESTIONS ─────────

3. Dans quel état se trouve Mme d'Orbe? Par quels détails Rousseau parvient-il à ménager l'intérêt dans cette partie du récit? Quel sens le lecteur peut-il donner aux arrangements de Julie? Par quels termes sont-ils définis?

celle que Dieu vous donne; il ne vous a rien ôté. » A l'instant ils courent à elle, se mettent à ses genoux, lui prennent les mains, l'appellent leur bonne maman, leur seconde mère. Claire se pencha sur eux; mais en les serrant dans ses bras elle s'efforça vainement de parler; elle ne trouva que des gémissements, elle ne put jamais prononcer un seul mot; elle étouffait. Jugez si Julie était émue! Cette scène commençait à devenir trop vive; je la fis cesser. **(4)**

Ce moment d'attendrissement passé, l'on se remit à causer autour du lit, et quoique la vivacité de Julie se fût un peu éteinte avec le redoublement[147], on voyait le même air de contentement sur son visage : elle parlait de tout avec une attention et un intérêt qui montraient un esprit très libre de soins; rien ne lui échappait; elle était à la conversation comme si elle n'avait eu autre chose à faire. Elle nous proposa de dîner dans sa chambre, pour nous quitter le moins qu'il se pourrait; vous pouvez croire que cela ne fut pas refusé. On servit sans bruit, sans confusion, sans désordre, d'un air aussi rangé que si l'on eût été dans le salon d'Apollon. La Fanchon, les enfants, dînèrent à table. Julie, voyant qu'on manquait d'appétit, trouva le secret de faire manger de tout, tantôt prétextant l'instruction de sa cuisinière, tantôt voulant savoir si elle oserait en goûter, tantôt nous intéressant par notre santé même dont nous avions besoin pour la servir, toujours montrant le plaisir qu'on pouvait lui faire, de manière à ôter tout moyen de s'y refuser, et mêlant à tout cela un enjouement propre à nous distraire du triste objet qui nous occupait. Enfin, une maîtresse de maison, attentive à faire ses honneurs, n'aurait pas, en pleine santé, pour des étrangers, des soins plus marqués, plus obligeants, plus aimables, que ceux que Julie mourante avait pour sa famille. Rien de tout ce que j'avais cru prévoir n'arrivait, rien de ce que je voyais ne s'arrangeait dans ma tête. Je ne savais qu'imaginer; je n'y étais plus. **(5)**

---

147. *Redoublement :* voir troisième partie, lettre XIII, question 1, note 126.

QUESTIONS

4. Étudiez le pathétique de cette scène; comment l'incompréhension des enfants l'accentue-t-elle? Montrez que Rousseau a agencé l'épisode comme une véritable scène de théâtre.

5. Quelle impression dominante se dégage de ce passage? Étudiez le contraste de cette scène avec la précédente; de l'état d'esprit de Julie et de celui de Wolmar.

Après le dîner on annonça monsieur le ministre[148]. Il venait comme ami de la maison, ce qui lui arrivait fort souvent. Quoique je ne l'eusse point fait appeler, parce que Julie ne l'avait pas demandé, je vous avoue que je fus charmé de son arrivée ; et je ne crois pas qu'en pareille circonstance le plus zélé croyant l'eût pu voir avec plus de plaisir. Sa présence allait éclaircir bien des doutes et me tirer d'une étrange perplexité.

Rappelez-vous le motif qui m'avait porté à lui annoncer sa fin prochaine. Sur l'effet qu'aurait dû selon moi produire cette affreuse nouvelle, comment concevoir celui qu'elle avait produit réellement ? Quoi ! cette femme dévote qui dans l'état de santé ne passe pas un jour sans se recueillir, qui fait un de ses plaisirs de la prière, n'a plus que deux jours à vivre ; elle se voit prête à paraître devant le juge redoutable ; et au lieu de se préparer à ce moment terrible, au lieu de mettre ordre à sa conscience, elle s'amuse à parer sa chambre, à faire sa toilette, à causer avec ses amis, à égayer leur repas ; et dans tous ses entretiens pas un seul mot de Dieu ni du salut ! Que devais-je penser d'elle et de ses vrais sentiments ? [...]

Ces réflexions m'amenèrent à un point où je ne me serais guère attendu d'arriver. Je commençai presque d'être inquiet que mes opinions indiscrètement soutenues n'eussent enfin trop gagné sur elle. Je n'avais pas adopté les siennes, et pourtant je n'aurais pas voulu qu'elle y eût renoncé. Si j'eusse été malade, je serais certainement mort dans mon sentiment ; mais je désirais qu'elle mourût dans le sien, et je trouvais pour ainsi dire qu'en elle je risquais plus qu'en moi. Ces contradictions vous paraîtront extravagantes ; je ne les trouve pas raisonnables, et cependant elles ont existé. Je ne me charge pas de les justifier, je vous les rapporte. **(6)**

Enfin le moment vint où mes doutes allaient être éclaircis. Car il était aisé de prévoir que tôt ou tard le pasteur amènerait la conversation sur ce qui fait l'objet de son ministère ; et quand Julie eût été capable de déguisement dans ses réponses,

---

148. *Le ministre :* le pasteur.

───── **QUESTIONS** ─────

6. Quelles conceptions religieuses, et particulièrement catholiques, peuvent justifier le désarroi de Wolmar devant l'apparente indifférence de Julie ? Dégagez l'intérêt, du point de vue romanesque et du point de vue philosophique, de ses contradictions.

il lui eût été bien difficile de se déguiser assez pour qu'attentif et prévenu je n'eusse pas démêlé ses vrais sentiments. [...]

Comme la réponse de Julie était décisive sur mes doutes, et n'était pas, à l'égard des lieux communs, dans le cas de l'exhortation, je vais vous la rapporter presque mot à mot; car je l'avais bien écoutée, et j'allai l'écrire dans le moment.

« Permettez-moi, Monsieur, de commencer par vous remercier de tous les soins que vous avez pris de me conduire dans la droite route de la morale et de la foi chrétienne, et de la douceur avec laquelle vous avez corrigé ou supporté mes erreurs quand je me suis égarée. Pénétrée de respect pour votre zèle et de reconnaissance pour vos bontés, je déclare avec plaisir que je vous dois toutes mes bonnes résolutions, et que vous m'avez toujours portée à faire ce qui était bien, et à croire ce qui était vrai.

« J'ai vécu et je meurs dans la communion protestante, qui tire son unique règle de l'Écriture sainte et de la raison; mon cœur a toujours confirmé ce que prononçait ma bouche; et quand je n'ai pas eu pour vos lumières toute la docilité qu'il eût fallu peut-être, c'était un effet de mon aversion pour toute espèce de déguisement : ce qu'il m'était impossible de croire, je n'ai pu dire que je le croyais; j'ai toujours cherché sincèrement ce qui était conforme à la gloire de Dieu et à la vérité. J'ai pu me tromper dans ma recherche; je n'ai pas l'orgueil de penser avoir eu toujours raison : j'ai peut-être eu toujours tort; mais mon intention a toujours été pure, et j'ai toujours cru ce que je disais croire. C'était sur ce point tout ce qui dépendait de moi. Si Dieu n'a pas éclairé ma raison au-delà, il est clément et juste; pourrait-il me demander compte d'un don qu'il ne m'a pas fait?

« Voilà, Monsieur, ce que j'avais d'essentiel à vous dire sur les sentiments que j'ai professés. Sur tout le reste mon état présent vous répond pour moi. Distraite par le mal, livrée au délire de la fièvre, est-il temps d'essayer de raisonner mieux que je n'ai fait, jouissant d'un entendement aussi sain que je l'ai reçu? Si je me suis trompée alors, me tromperais-je moins aujourd'hui, et dans l'abattement où je suis, dépend-il de moi de croire autre chose que ce que j'ai cru étant en santé? C'est la raison qui décide du sentiment qu'on préfère; et la mienne ayant perdu ses meilleures fonctions, quelle autorité peut donner ce qui m'en reste aux opinions que j'adopterais sans elle? Que me reste-t-il donc désormais à faire? C'est de m'en rapporter à ce que j'ai cru ci-devant[149] : car la droiture d'intention est la même, et j'ai le jugement de moins. Si je suis dans l'erreur, c'est sans l'aimer; cela suffit pour me tranquilliser sur ma croyance. (7)

« Quant à la préparation à la mort, Monsieur, elle est faite; mal, il est vrai, mais de mon mieux, et mieux du moins que je ne la pourrais faire à présent. J'ai tâché de ne pas attendre, pour remplir cet important devoir, que j'en fusse incapable. Je priais en santé, maintenant je me résigne. La prière du malade est la patience. La préparation à la mort est une bonne vie; je n'en connais point d'autre. Quand je conversais avec vous, quand je me recueillais seule, quand je m'efforçais de remplir les devoirs que Dieu m'impose, c'est alors que je me disposais à paraître devant lui, c'est alors que je l'adorais de toutes les forces qu'il m'a données : que ferais-je aujourd'hui que je les ai perdues? Mon âme aliénée est-elle en état de s'élever à lui? Ces restes d'une vie à demi éteinte, absorbés par la souffrance, sont-ils dignes de lui être offerts? Non, Monsieur, il me les laisse pour être donnés à ceux qu'il m'a fait aimer et qu'il veut que je quitte; je leur fais mes adieux pour aller à lui; c'est d'eux qu'il faut que je m'occupe : bientôt je m'occuperai de lui seul. Mes derniers plaisirs sur la terre sont aussi mes derniers devoirs : n'est-ce pas le servir encore et faire sa volonté, que de remplir les soins que l'humanité m'impose avant d'abandonner sa dépouille? Que faire pour apaiser des troubles que je n'ai pas? Ma conscience n'est point agitée; si quelquefois elle m'a donné des craintes, j'en avais plus en santé qu'aujourd'hui. Ma confiance les efface; elle me dit que Dieu est plus clément que je ne suis coupable, et ma sécurité redouble en me sentant approcher de lui. Je ne lui porte point un repentir imparfait, tardif et forcé, qui, dicté par la peur, ne saurait être sincère, et n'est qu'un piège pour le tromper. Je ne lui porte pas le reste et le rebut de mes jours,

---

149. Rousseau explique, dans *Rêveries*, 3ᵉ Promenade (Pléiade, tome Iᵉʳ, pp.1012-1019), comment lui-même, parvenu à la maturité, « las d'être ballotté par les sophismes des mieux-disants », avait voulu fixer une bonne fois ses opinions, ses principes.

QUESTIONS

7. Étudiez avec précision les rapports entre raison, croyance aux dogmes, croyance en Dieu; montrez que le rôle attribué à la raison apparaît comme un garant de la sincérité de Julie, et que sa sérénité est fondée sur une analyse rationnelle.

pleins de peine et d'ennuis, en proie à la maladie, aux douleurs, aux angoisses de la mort, et que je ne lui donnerais que quand je n'en pourrais plus rien faire. Je lui porte ma vie entière, pleine de péchés et de fautes, mais exempte des remords de l'impie et des crimes du méchant. **(8)**

« A quels tourments Dieu pourrait-il condamner mon âme? Les réprouvés, dit-on, le haïssent; il faudrait donc qu'il m'empêchât de l'aimer? Je ne crains pas d'augmenter leur nombre. O grand Être! Être éternel, suprême intelligence, source de vie et de félicité, créateur, conservateur, père de l'homme et roi de la nature, Dieu très puissant, très bon, dont je ne doutai jamais un moment, et sous les yeux duquel j'aimai toujours à vivre! je le sais, je m'en réjouis, je vais paraître devant ton trône. Dans peu de jours mon âme, libre de sa dépouille, commencera de t'offrir plus dignement cet immortel hommage qui doit faire mon bonheur durant l'éternité. Je compte pour rien tout ce que je serai jusqu'à ce moment. Mon corps vit encore, mais ma vie morale est finie. Je suis au bout de ma carrière, et déjà jugée sur le passé. Souffrir et mourir est tout ce qui me reste à faire; c'est l'affaire de la nature : mais moi, j'ai tâché de vivre de manière à n'avoir pas besoin de songer à la mort; et maintenant qu'elle approche, je la vois venir sans effroi. Qui s'endort dans le sein d'un père n'est pas en souci du réveil. » **(9)**

Ce discours, prononcé d'abord d'un ton grave et posé, puis avec plus d'accent et d'une voix plus élevée, fit sur tous les assistants, sans m'en excepter, une impression d'autant plus vive, que les yeux de celle qui le prononça brillaient d'un feu surnaturel; un nouvel éclat animait son teint, elle paraissait rayonnante; et s'il y a quelque chose au monde qui mérite le nom de céleste, c'était son visage tandis qu'elle parlait.

Le pasteur lui-même, saisi, transporté de ce qu'il venait d'entendre, s'écria en levant les mains et les yeux au ciel :

QUESTIONS

8. Étudiez la composition du discours de Julie; par quels procédés stylistiques sa foi est-elle mise en valeur? Comment Rousseau fait-il sentir qu'il s'agit d'une foi profondément vécue? En quoi peut-elle apparaître, comme l'ont souligné les censeurs, s'écarter de l'orthodoxie?

9. Comment la rhétorique du paragraphe précédent mène-t-elle au lyrisme? Comparez cette prière à la lettre VIII, question 8. Quel nouvel argument Julie apporte-t-elle ici à la réfutation de l'enfer? Quelle conception de Dieu est absente de cette prière? Que représente la mort pour Julie?

« Grand Dieu, voilà le culte qui t'honore; daigne t'y rendre propice; les humains t'en offrent peu de pareils.

Madame, dit-il en s'approchant du lit, je croyais vous instruire, et c'est vous qui m'instruisez. Je n'ai plus rien à vous dire. Vous avez la véritable foi, celle qui fait aimer Dieu. Emportez ce précieux repos d'une bonne conscience, il ne vous trompera pas; j'ai vu bien des chrétiens dans l'état où vous êtes, je ne l'ai trouvé qu'en vous seule. Quelle différence d'une fin si paisible à celle de ces pécheurs bourrelés qui n'accumulent tant de vaines et sèches prières que parce qu'ils sont indignes d'être exaucés! Madame, votre mort est aussi belle que votre vie : vous avez vécu pour la charité; vous mourez martyre[150] de l'amour maternel. Soit que Dieu vous rende à nous pour nous servir d'exemple, soit qu'il vous appelle à lui pour couronner vos vertus, puissions-nous tous tant que nous sommes vivre et mourir comme vous! Nous serons bien sûrs du bonheur de l'autre vie. »

Il voulut s'en aller; elle le retint. « Vous êtes de mes amis, lui dit-elle, et l'un de ceux que je vois avec le plus de plaisir; c'est pour eux que mes derniers moments me sont précieux. Nous allons nous quitter pour si longtemps qu'il ne faut pas nous quitter si vite. » Il fut charmé de rester, et je sortis là-dessus. [...] **(10)**

Dans la suite de cet entretien, qui fut moins serré et plus interrompu que je ne vous le rapporte, j'achevai de concevoir les maximes[151] de Julie et la conduite qui m'avait scandalisé. Tout cela tenait à ce que, sentant son état parfaitement désespéré, elle ne songeait plus qu'à en écarter l'inutile et funèbre appareil dont l'effroi des mourants les environne, soit pour donner le change à notre affliction, soit pour s'ôter à elle-même un spectacle attristant à pure perte. « La mort, disait-elle, est déjà si pénible! pourquoi la rendre encore hideuse? Les soins que les autres perdent à vouloir prolonger leur vie, je les emploie à jouir de la mienne jusqu'au bout : il ne s'agit que de savoir prendre son parti; tout le reste va de lui-même. Ferai-je de ma chambre un hôpital, un objet de dégoût et d'ennui, tandis

---

150. *Martyre* : à la fois au sens étymologique de « témoin » et de celui qui se sacrifie pour une cause qu'il estime supérieure à la vie; **151.** *Maximes* : règles.

——— **QUESTIONS** ———————————————

10. Comment Rousseau rend-il sensible la valeur exemplaire de la mort de Julie? L'« instruction » du pasteur vous paraît-elle plausible?

que mon dernier soin est d'y rassembler tout ce qui m'est cher? Si j'y laisse croupir le mauvais air, il faudra en écarter mes enfants, ou exposer leur santé. Si je reste dans un équipage à faire peur, personne ne me reconnaîtra plus; je ne serai plus la même; vous vous souviendrez tous de m'avoir aimée, et ne pourrez plus me souffrir; j'aurai, moi vivante, l'affreux spectacle de l'horreur que je ferai, même à mes amis, comme si j'étais déjà morte. Au lieu de cela, j'ai trouvé l'art d'étendre ma vie sans la prolonger. J'existe, j'aime, je suis aimée, je vis jusqu'à mon dernier soupir. L'instant de la mort n'est rien; le mal de la nature est peu de chose; j'ai banni tous ceux de l'opinion. » [...] **(11)**

Le reste de la journée, à quelques accidents près, se passa avec la même tranquillité, et presque de la même manière que quand tout le monde se portait bien. Julie était, comme en pleine santé, douce et caressante; elle parlait avec le même sens, avec la même liberté d'esprit, même d'un air serein qui allait quelquefois jusqu'à la gaieté. Enfin, je continuais de démêler dans ses yeux un certain mouvement de joie qui m'inquiétait de plus en plus, et sur lequel je résolus de m'éclaircir avec elle.

Je n'attendis pas plus tard que le même soir. Comme elle vit que je m'étais ménagé un tête-à-tête, elle me dit : « Vous m'avez prévenue[152], j'avais à vous parler. — Fort bien, lui dis-je; mais puisque j'ai pris les devants, laissez-moi m'expliquer le premier. »

Alors, m'étant assis auprès d'elle, et la regardant fixement, je lui dis : « Julie, ma chère Julie! vous avez navré[153] mon cœur : hélas! vous avez attendu bien tard! Oui, continuai-je, voyant qu'elle me regardait avec surprise, je vous ai pénétrée; vous vous réjouissez de mourir; vous êtes bien aise de me quitter. Rappelez-vous la conduite de votre époux depuis que nous vivons ensemble; ai-je mérité de votre part un sentiment si cruel? » A l'instant elle me prit les mains, et de ce ton qui savait aller chercher l'âme : « Qui? moi? je veux vous quitter? Est-ce

---

152. *Prévenue* : devancée; 153. *Navré*, sens fort : blessé.

───── **QUESTIONS** ─────

11. Montrez que la poursuite du bonheur, la fidélité à soi-même et l'amour de la beauté sont les raisons profondes de la conduite de Julie. Son attitude vous paraît-elle vraisemblable?

ainsi que vous lisez dans mon cœur? Avez-vous sitôt oublié notre entretien d'hier? — Cependant, repris-je, vous mourez contente... je l'ai vu... je le vois... — Arrêtez, dit-elle; il est vrai, je meurs contente; mais c'est de mourir comme j'ai vécu, digne d'être votre épouse. Ne m'en demandez pas davantage, je ne vous dirai rien de plus; mais voici, continua-t-elle en tirant un papier de dessous son chevet, où vous achèverez d'éclaircir ce mystère. » Ce papier était une lettre; et je vis qu'elle vous était adressée. « Je vous la remets ouverte, ajouta-t-elle en me la donnant, afin qu'après l'avoir lue vous vous déterminiez à l'envoyer ou à la supprimer, selon ce que vous trouverez le plus convenable à votre sagesse et à mon honneur. Je vous prie de ne la lire que quand je ne serai plus; et je suis si sûre de ce que vous ferez à ma prière, que je ne veux pas même que vous me le promettiez. » Cette lettre, cher Saint-Preux, est celle que vous trouverez ci-jointe. J'ai beau savoir que celle qui l'a écrite est morte, j'ai peine à croire qu'elle n'est plus rien. [...] **(12)**

En suivant le fil de ses idées sur ce qui pouvait rester d'elle avec nous, elle nous parlait de ses anciennes réflexions sur l'état des âmes séparées des corps[154]. Elle admirait la simplicité des gens qui promettaient à leurs amis de venir leur donner des nouvelles de l'autre monde. « Cela, disait-elle, est aussi raisonnable que les contes de revenants qui font mille désordres et tourmentent les bonnes femmes; comme si les esprits avaient des voix pour parler, et des mains pour battre[155]! Comment un pur esprit agirait-il sur une âme enfermée dans un corps, et qui, en vertu de cette union, ne peut rien apercevoir que par

---

154. D'après D. Mornet (*la Nouvelle Héloïse*, tome IV, p. 315), les débats au sujet des « esprits », des vampires, des feux follets, ... étaient très fréquents vers le milieu du XVIIIe siècle; **155.** *[Note de l'auteur]* : Platon dit qu'à la mort des âmes des justes qui n'ont point contracté de souillure sur la terre se dégagent seules de la matière dans toute leur pureté. Quant à ceux qui se sont ici-bas asservis à leurs passions, il ajoute que leurs âmes ne reprennent point sitôt leur pureté primitive, mais qu'elles entraînent avec elles des parties terrestres qui les tiennent comme enchaînées autour des débris de leurs corps. « Voilà, dit-il, ce qui produit ces simulacres sensibles qu'on voit quelquefois errants sur les cimetières, en attendant de nouvelles transmigrations. » C'est une manie commune aux philosophes de tous les âges de nier ce qui est et d'expliquer ce qui n'est pas. (Platon : *Phédon*, chap. XXIX-XXX; Rousseau omet de dire que, chez Platon, les âmes, après avoir subi des transformations successives, retournent à leur état de primitive pureté.)

QUESTIONS

12. Ne peut-on s'étonner de voir Wolmar s'inquiéter de la joie de Julie? Que révèle cette attitude sur ses sentiments à l'égard de Julie? Étudiez l'habileté du romancier dans la réponse de Julie.

l'entremise de ses organes? Il n'y a pas de sens à cela. Mais j'avoue que je ne vois point ce qu'il y a d'absurde à supposer qu'une âme libre d'un corps qui jadis habita la terre puisse y revenir encore, errer, demeurer peut-être autour de ce qui lui fut cher; non pas pour nous avertir de sa présence, elle n'a nul moyen pour cela; non pas pour agir sur nous et nous communiquer ses pensées, elle n'a point de prise pour ébranler les organes de notre cerveau; non pas pour apercevoir non plus ce que nous faisons, car il faudrait qu'elle eût des sens; mais pour connaître elle-même ce que nous pensons et ce que nous sentons, par une communication immédiate, semblable à celle par laquelle Dieu lit nos pensées dès cette vie, et par laquelle nous lirons réciproquement les siennes dans l'autre, puisque nous le verrons face à face[156]. Car enfin, ajouta-t-elle en regardant le ministre, à quoi serviraient des sens lorsqu'ils n'auront plus rien à faire? L'Être éternel ne se voit ni ne s'entend; il se fait sentir; il ne parle ni aux yeux ni aux oreilles, mais au cœur. »

Je compris, à la réponse du pasteur et à quelques signes d'intelligence, qu'un des points ci-devant contestés entre eux était la résurrection des corps. Je m'aperçus aussi que je commençais à donner un peu plus d'attention aux articles de la religion de Julie où la foi se rapprochait de la raison.

Elle se complaisait tellement à ces idées, que quand elle n'eût pas pris son parti sur ses anciennes opinions, c'eût été une cruauté d'en détruire une qui lui semblait si douce dans l'état où elle se trouvait. « Cent fois, disait-elle, j'ai pris plus de plaisir à faire quelque bonne œuvre en imaginant ma mère présente qui lisait dans le cœur de sa fille et l'applaudissait. Il y a quelque chose de si consolant à vivre encore sous les yeux de ce qui nous fut cher! Cela fait qu'il ne meurt qu'à moitié pour nous. » Vous pouvez juger si, durant ces discours, la main de Claire était souvent serrée.

Quoique le pasteur répondît à tout avec beaucoup de douceur et de modération, et qu'il affectât même de ne la contrarier en rien, de peur qu'on ne prît son silence sur d'autres points pour un aveu, il ne laissa pas d'être ecclésiastique un moment, et d'exposer sur l'autre vie une doctrine opposée. Il dit que l'immensité, la gloire, et les attributs de Dieu, serait

---

156. *[Note de l'auteur]* : Cela me paraît bien dit, car qu'est-ce que voir Dieu face à face, si ce n'est lire dans la suprême intelligence?

le seul objet dont l'âme des bienheureux serait occupée ; que cette contemplation sublime effacerait tout autre souvenir ; qu'on ne se verrait point, qu'on ne se reconnaîtrait point, même dans le ciel, et qu'à cet aspect ravissant on ne songerait plus à rien de terrestre.

« Cela peut être, reprit Julie : il y a si loin de la bassesse de nos pensées à l'essence divine, que nous ne pouvons juger des effets qu'elle produira sur nous quand nous serons en état de la contempler. Toutefois, ne pouvant maintenant raisonner que sur mes idées, j'avoue que je me sens des affections si chères, qu'il m'en coûterait de penser que je ne les aurai plus. Je me suis même fait une espèce d'argument qui flatte mon espoir. Je me dis qu'une partie de mon bonheur consistera dans le témoignage d'une bonne conscience. Je me souviendrai donc de ce que j'aurai fait sur la terre ; je me souviendrai donc aussi des gens qui m'y ont été chers ; ils me le seront donc encore : ne les voir[157] plus serait une peine, et le séjour des bienheureux n'en admet point. Au reste, ajouta-t-elle en regardant le ministre d'un air assez gai, si je me trompe, un jour ou deux d'erreur seront bientôt passés : dans peu j'en saurai là-dessus plus que vous-même. En attendant, ce qu'il y a pour moi de très sûr, c'est que tant que je me souviendrai d'avoir habité la terre, j'aimerai ceux que j'y ai aimés, et mon pasteur n'aura pas la dernière place. » [...] **(13)**

Le souper fut encore plus agréable que je ne m'y étais attendu. Julie, voyant qu'elle pouvait soutenir la lumière, fit approcher la table, et, ce qui semblait inconcevable dans l'état où elle était, elle eut appétit. Le médecin, qui ne voyait plus d'inconvénient à la satisfaire, lui offrit un blanc de poulet : « Non,

---

157. *[Note de l'auteur]* : Il est aisé de comprendre que par ce mot *voir* elle entend un pur acte de l'entendement semblable à celui par lequel Dieu nous voit, et par lequel nous verrons Dieu. Les sens ne peuvent imaginer l'immédiate communication des esprits ; mais la raison la conçoit très bien, et mieux, ce me semble, que la communication du mouvement dans les corps.

QUESTIONS

13. Comment ce long développement se justifie-t-il à ce moment du roman ? En quoi la position de Julie sur la résurrection des corps peut-elle intéresser le rationaliste Wolmar ? Étudiez avec précision l'exposé de la doctrine de Julie sur la survie des âmes, et montrez comment l'aspiration au bonheur vient chaque fois nuancer les affirmations théoriques. Expliquez : *une partie de mon bonheur consistera dans le témoignage d'une bonne conscience*. Étudiez le rôle de la mémoire.

dit-elle ; mais je mangerais bien de cette ferra[158]. » On lui en donna un petit morceau ; elle le mangea avec un peu de pain et le trouva bon. Pendant qu'elle mangeait, il fallait voir Mme d'Orbe la regarder ; il fallait le voir, car cela ne peut se dire. Loin que ce qu'elle avait mangé lui fît mal, elle en parut mieux le reste du souper. Elle se trouva même de si bonne humeur, qu'elle s'avisa de remarquer, par forme de reproche, qu'il y avait longtemps que je n'avais bu de vin étranger. « Donnez, dit-elle, une bouteille de vin d'Espagne à ces messieurs. » A la contenance du médecin, elle vit qu'il s'attendait à boire de vrai vin d'Espagne, et sourit encore en regardant sa cousine. J'aperçus aussi que, sans faire attention à tout cela, Claire, de son côté, commençait de temps à autre à lever les yeux, avec un peu d'agitation, tantôt sur Julie, et tantôt sur Fanchon, à qui ces yeux semblaient dire ou demander quelque chose.

[...] Le vin fut trouvé excellent. La malade en eut envie ; elle en demanda une cuillerée avec de l'eau ; le médecin le lui donna dans un verre, et voulut qu'elle le bût pur. Ici les coups d'œil devinrent plus fréquents entre Claire et la Fanchon, mais comme à la dérobée et craignant toujours d'en trop dire.

Le jeûne, la faiblesse, le régime ordinaire à Julie, donnèrent au vin une grande activité. « Ah ! dit-elle, vous m'avez enivrée ! après avoir attendu si tard, ce n'était pas la peine de commencer, car c'est un objet bien odieux qu'une femme ivre. » En effet, elle se mit à babiller, très sensément pourtant, à son ordinaire, mais avec plus de vivacité qu'auparavant. Ce qu'il y avait d'étonnant, c'est que son teint n'était point allumé ; ses yeux ne brillaient que d'un feu modéré par la langueur de la maladie ; à la pâleur près, on l'aurait crue en santé. Pour alors l'émotion de Claire devint tout à fait visible. Elle élevait un œil craintif alternativement sur Julie, sur moi, sur la Fanchon, mais principalement sur le médecin ; tous ces regards étaient autant d'interrogations qu'elle voulait et n'osait faire. On eût dit toujours qu'elle allait parler, mais que la peur d'une mauvaise réponse la retenait ; son inquiétude était si vive qu'elle en paraissait oppressée. **(14)**

---

158. *[Note de l'auteur]* : excellent poisson particulier au lac de Genève, et qu'on n'y trouve qu'en certain temps.

QUESTIONS

Question 14, v. p. 139.

Fanchon, enhardie par tous ces signes, hasarda de dire, mais en tremblant et à demi-voix, qu'il semblait que Madame avait un peu moins souffert aujourd'hui... que la dernière convulsion avait été moins forte... que la soirée... Elle resta interdite. Et Claire, qui pendant qu'elle avait parlé tremblait comme la feuille, leva des yeux craintifs sur le médecin, les regards attachés aux siens, l'oreille attentive, et n'osant respirer de peur de ne pas bien entendre ce qu'il allait dire.

Il eût fallu être stupide pour ne pas concevoir tout cela. Du Bosson se lève, va tâter le pouls de la malade, et dit : « Il n'y a point là d'ivresse ni de fièvre; le pouls est fort bon. » A l'instant Claire s'écrie en tendant à demi les deux bras : « Eh bien! Monsieur!... le pouls?... la fièvre?... » La voix lui manquait, mais ses mains écartées restaient toujours en avant; ses yeux pétillaient d'impatience; il n'y avait pas un muscle de son visage qui ne fût en action. Le médecin ne répond rien, reprend le poignet, examine les yeux, la langue, reste un moment pensif, et dit : « Madame, je vous entends bien; il m'est impossible de dire à présent rien de positif; mais si demain matin à pareille heure elle est encore dans le même état, je réponds de sa vie. » A ce moment Claire part comme un éclair, renverse deux chaises et presque la table, saute au cou du médecin, l'embrasse, le baise mille fois en sanglotant et pleurant à chaudes larmes, et, toujours avec la même impétuosité, s'ôte du doigt une bague de prix, la met au sien malgré lui, et lui dit hors d'haleine : « Ah! Monsieur, si vous nous la rendez, vous ne la sauverez pas seule! »

Julie vit tout cela. Ce spectacle la déchira. Elle regarde son amie, et lui dit d'un ton tendre et douloureux : « Ah! cruelle, que tu me fais regretter la vie! veux-tu me faire mourir désespérée? Faudra-t-il te préparer deux fois? » Ce peu de mots fut un coup de foudre; il amortit aussitôt les transports de joie; mais il ne put étouffer tout à fait l'espoir renaissant. **(15)**

——————— **QUESTIONS** ———————

14. Étudiez l'art de Rousseau pour recréer, à ce moment ultime, le bonheur de Clarens; dégagez l'importance des silences et des regards. Par quels procédés soutient-il l'intérêt du lecteur? Étudiez le crescendo dans la peinture de l'émotion de Claire.

15. Étudiez le réalisme de l'intervention de Fanchon; les manifestations de la sensibilité chez Claire : montrez qu'elles correspondent à la mode du temps, à ce que nous savons du personnage, et qu'elles permettent de mettre en valeur la sérénité de Julie.

Phot. Larousse.

Une interprétation romantique de l'œuvre de Rousseau.
Gravure de Blanchard, d'après Devéria.

En un instant la réponse du médecin fut sue par toute la maison. Ces bonnes gens crurent déjà leur maîtresse guérie. Ils résolurent tout d'une voix de faire au médecin, si elle en revenait, un présent en commun pour lequel, chacun donna trois mois de ses gages, et l'argent fut sur-le-champ consigné dans les mains de Fanchon, les uns prêtant aux autres ce qui leur manquait pour cela. Cet accord se fit avec tant d'empressement, que Julie entendait de son lit le bruit de leurs acclamations. Jugez de l'effet dans le cœur d'une femme qui se sent mourir! Elle me fit signe, et me dit à l'oreille : « On m'a fait boire jusqu'à la lie la coupe amère et douce de la sensibilité. » [...] (16)

J'entendis durant la nuit quelques allées et venues qui ne m'alarmèrent pas; mais sur le matin que tout était tranquille, un bruit sourd frappa mon oreille. J'écoute, je crois distinguer des gémissements. J'accours, j'entre, j'ouvre le rideau... Saint-Preux!... cher Saint-Preux!... je vois les deux amies sans mouvement et se tenant embrassées, l'une évanouie et l'autre expirante. Je m'écrie, je veux retarder ou recueillir son dernier soupir, je me précipite. Elle n'était plus.

Adorateur de Dieu, Julie n'était plus... Je ne vous dirai pas ce qui se fit durant quelques heures; j'ignore ce que je devins moi-même. Revenu du premier saisissement, je m'informai de Mme d'Orbe. J'appris qu'il avait fallu la porter dans sa chambre, et même l'y renfermer; car elle rentrait à chaque instant dans celle de Julie, se jetait sur son corps, le réchauffait du sien, s'efforçait de le ranimer, le pressait, s'y collait avec une espèce de rage, l'appelait à grands cris de mille noms passionnés, et nourrissait son désespoir de tous ces efforts inutiles. (17)

[...] Le lendemain je fis toute la diligence possible pour être de retour de bonne heure[159] et rendre les derniers honneurs à la plus digne des femmes. Mais tout n'était pas dit encore. Il fallait qu'elle ressuscitât pour me donner l'horreur de la perdre une seconde fois.

---

159. Wolmar est allé prévenir le baron d'Étange de la mort de sa fille.

───────── QUESTIONS ─────────

16. Rapprochez ce texte de la lettre x de la quatrième partie; dégagez le souci de Rousseau de maintenir l'unité de son roman. Comment la phrase prononcée par Julie donne-t-elle la tonalité générale de sa mort?

17. Étudiez le mélange de l'émotion et de la maîtrise de soi dans le récit de Wolmar. Quel est le sens de l'apostrophe : *Adorateur de Dieu?*

En approchant du logis, je vois un de mes gens accourir à perte d'haleine, et s'écrier d'aussi loin que je pus l'entendre : « Monsieur, Monsieur, hâtez-vous, Madame n'est pas morte. » Je ne compris rien à ce propos insensé : j'accours toutefois. Je vois la cour pleine de gens qui versaient des larmes de joie en donnant à grands cris des bénédictions à Mme de Wolmar. Je demande ce que c'est; tout le monde est dans le transport, personne ne peut me répondre : la tête avait tourné à mes propres gens. Je monte à pas précipités dans l'appartement de Julie. Je trouve plus de vingt personnes à genoux autour de son lit et les yeux fixés sur elle. Je m'approche; je la vois sur ce lit habillée et parée; le cœur me bat; je l'examine... Hélas! elle était morte! Ce moment de fausse joie sitôt et si cruellement éteinte fut le plus amer de ma vie. Je ne suis pas colère : je me sentis vivement irrité. Je voulus savoir le fond de cette extravagante scène. Tout était déguisé, altéré, changé : j'eus toute la peine du monde à démêler la vérité. Enfin j'en vins à bout; et voici l'histoire du prodige. **(18)**

Mon beau-père, alarmé de l'accident qu'il avait appris, et croyant pouvoir se passer de son valet de chambre, l'avait envoyé, un peu avant mon arrivée auprès de lui, savoir des nouvelles de sa fille. Le vieux domestique, fatigué du cheval, avait pris un bateau; et, traversant le lac pendant la nuit, était arrivé à Clarens le matin même de mon retour. En arrivant, il voit la consternation, il apprend le sujet, il monte en gémissant à la chambre de Julie; il se met à genoux au pied de son lit, il la regarde, il pleure, il la contemple. « Ah! ma bonne maîtresse! ah! que Dieu ne m'a-t-il pris au lieu de vous! Moi qui suis vieux, qui ne tiens à rien, qui ne suis bon à rien, que fais-je sur la terre? Et vous qui étiez jeune, qui faisiez la gloire de votre famille, le bonheur de votre maison, l'espoir des malheureux... hélas! quand je vous vis naître, était-ce pour vous voir mourir?... »

Au milieu des exclamations que lui arrachaient son zèle et son bon cœur, les yeux toujours collés sur ce visage, il crut apercevoir un mouvement : son imagination se frappe; il voit Julie tourner les yeux, le regarder, lui faire un signe de tête. Il se lève avec transport, et court par toute la maison en criant

---
QUESTIONS

18. Étudiez la complexité des sentiments de Wolmar devant les révélations de ses gens; quel en est l'intérêt?

que Madame n'est pas morte, qu'elle l'a reconnu, qu'il en est sûr, qu'elle en reviendra. Il n'en fallut pas davantage; tout le monde accourt, les voisins, les pauvres, qui faisaient retentir l'air de leurs lamentations, tous s'écrient : « Elle n'est pas morte! » Le bruit s'en répand et s'augmente : le peuple, ami du merveilleux, se prête avidement à la nouvelle; on la croit comme on la désire; chacun cherche à se faire fête en appuyant la crédulité commune. Bientôt la défunte n'avait pas seulement fait signe, elle avait agi, elle avait parlé, et il y avait vingt témoins oculaires de faits circonstanciés qui n'arrivèrent jamais.

Sitôt qu'on crut qu'elle vivait encore, on fit mille efforts pour la ranimer; on s'empressait autour d'elle, on lui parlait, on l'inondait d'eaux spiritueuses, on touchait si le pouls ne revenait point. Ses femmes, indignées que le corps de leur maîtresse restât environné d'hommes dans un état si négligé, firent sortir le monde, et ne tardèrent pas à connaître combien on s'abusait. Toutefois, ne pouvant se résoudre à détruire une erreur si chère, peut-être espérant encore elles-mêmes quelque événement miraculeux, elles vêtirent le corps avec soin, et, quoique sa garde-robe leur eût été laissée, elles lui prodiguèrent la parure; ensuite l'exposant sur un lit, et laissant les rideaux ouverts, elles se remirent à la pleurer au milieu de la joie publique. (19)

C'était au plus fort de cette fermentation que j'étais arrivé. Je reconnus bientôt qu'il était impossible de faire entendre raison à la multitude; que, si je faisais fermer la porte et porter le corps à la sépulture, il pourrait arriver du tumulte; que je passerais au moins pour un mari parricide qui faisait enterrer sa femme en vie, et que je serais en horreur dans tout le pays. Je résolus d'attendre. Cependant, après plus de trente-six heures, par l'extrême chaleur qu'il faisait, les chairs commençaient à se corrompre; et quoique le visage eût gardé ses traits et sa douceur, on y voyait déjà quelques signes d'altération. Je le dis à Mme d'Orbe, qui restait demi-morte au chevet du lit. Elle n'avait pas le bonheur d'être la dupe d'une illusion

---

QUESTIONS

19. Quel autre sens que celui d'une critique de la superstition populaire Rousseau a-t-il pu vouloir donner à cet épisode? Relevez des termes qui dénoncent cette superstition? Étudiez l'art de Rousseau dans la peinture de l'hallucination collective; quelles nuances subtiles y apporte-t-il dans le dernier paragraphe?

144 — *LA NOUVELLE HÉLOÏSE*

si grossière; mais elle feignait de s'y prêter pour avoir un prétexte d'être incessamment dans la chambre, d'y navrer[160] son cœur à plaisir, de l'y repaître de ce mortel spectacle, de s'y rassasier de douleur.

Elle m'entendit et, prenant son parti sans rien dire, elle sortit de la chambre. Je la vis rentrer un moment après, tenant un voile d'or brodé de perles que vous lui aviez apporté des Indes[161]. Puis, s'approchant du lit, elle baisa le voile, en couvrit en pleurant la face de son amie, et s'écria d'une voix éclatante : « Maudite soit l'indigne main qui jamais lèvera ce voile! maudit soit l'œil impie qui verra ce visage défiguré! » Cette action, ces mots frappèrent tellement les spectateurs, qu'aussitôt, comme par une inspiration soudaine, la même imprécation fut répétée par mille cris. Elle a fait tant d'impression sur tous nos gens et sur tout le peuple, que la défunte ayant été mise au cercueil dans ses habits et avec les plus grandes précautions, elle a été portée et inhumée dans cet état, sans qu'il se soit trouvé personne assez hardi pour toucher au voile[162]. **(20)**

Le sort du plus à plaindre est d'avoir encore à consoler les autres. C'est ce qui me reste à faire auprès de mon beau-père, de Mme d'Orbe, des amis, des parents, des voisins, et de mes propres gens. Le reste n'est rien; mais mon vieux ami! mais Mme d'Orbe! il faut voir l'affliction de celle-ci pour juger de ce qu'elle ajoute à la mienne. Loin de me savoir gré de mes soins, elle me les reproche; mes attentions l'irritent, ma froide tristesse l'aigrit, il lui faut des regrets amers semblables aux siens, et sa douleur barbare voudrait voir tout le monde au désespoir. Ce qu'il y a de plus désolant est qu'on ne peut compter sur rien avec elle, et ce qui la soulage un moment la dépite un moment après. Tout ce qu'elle fait, tout ce qu'elle

---

160. Voir ci-dessus, note 153; 161. *[Note de l'auteur]* : On voit assez que c'est le songe de Saint-Preux, dont Mme d'Orbe avait l'imagination toujours pleine, qui lui suggère l'expédient de ce voile. Je crois que, si l'on y regardait de bien près, on trouverait ce même rapport dans l'accomplissement de beaucoup de prédictions. L'événement n'est pas prédit parce qu'il arrivera; mais il arrive parce qu'il a été prédit. (Ce voile est bien le symbole de la séparation des amants, par l'exil ou par la mort); 162. *[Note de l'auteur]* : Le peuple du pays de Vaud, quoique protestant, ne laisse pas d'être extrêmement superstitieux.

QUESTIONS
---

20. Étudiez le réalisme du premier paragraphe. Comment le dénouement de l'épisode renforce-t-il l'unité du roman? Quel est le double sens de l'imprécation de Claire? Dégagez la présence du sacré, ainsi que le caractère théâtral de l'ensemble de l'épisode.

dit, approche de la folie, et serait risible pour des gens de sang-froid. J'ai beaucoup à souffrir; je ne me rebuterai jamais. En servant ce qu'aima Julie, je crois l'honorer mieux que par des pleurs. [...]

Voilà, mon cher, à peu près où nous en sommes. Depuis le retour du baron, Claire monte chez lui tous les matins, soit tandis que j'y suis, soit quand j'en sors : ils passent une heure ou deux ensemble, et les soins qu'elle lui rend facilitent un peu ceux qu'on prend d'elle. D'ailleurs elle commence à se rendre plus assidue auprès des enfants. Un des trois a été malade, précisément celui qu'elle aime le moins[163]. Cet accident lui a fait sentir qu'il lui reste des pertes à faire, et lui a rendu le zèle de ses devoirs. Avec tout cela, elle n'est pas encore au point de la tristesse; les larmes ne coulent pas encore : on vous attend pour en répandre; c'est à vous de les essuyer. Vous devez m'entendre. Pensez au dernier conseil de Julie[164] : il est venu de moi le premier, et je le crois plus que jamais utile et sage. Venez vous réunir à tout ce qui reste d'elle. Son père, son amie, son mari, ses enfants, tout vous attend, tout vous désire, vous êtes nécessaire à tous. Enfin, sans m'expliquer davantage, venez partager et guérir mes ennuis : je vous devrai peut-être plus que personne[165]. **(21) (22)**

---

163. Il s'agit de Marcellin, l'enfant dont le sauvetage a causé la mort de Julie; 164. Elle demandait à Saint-Preux de venir à Clarens pour être précepteur de ses enfants; 165. Allusion à la conversion désormais possible de Wolmar, à laquelle Saint-Preux doit contribuer.

QUESTIONS

21. Étudiez le réalisme psychologique de la description de la douleur de Claire. Quel est le ton de la conclusion? Dégagez la dignité de Wolmar. Montrez que Julie morte est plus que jamais le centre de toutes les préoccupations.

22. Sur l'ensemble de la lettre XI. — Étudiez la variété des formes du récit : discours, dialogues, tableaux... Par quels divers procédés Rousseau a-t-il su maintenir l'intérêt du lecteur au cours de cette longue lettre?

— Les idées religieuses : montrez que cette lettre vient compléter les lettres VII et VIII. Dégagez la valeur dramatique des discours théologiques de Julie.

— Quels sont les éléments qui font de la mort de Julie une mort exemplaire? Montrez qu'elle représente le sommet moral et religieux de l'ascension de Julie, en même temps que le couronnement de la longue quête du bonheur.

— La mort de l'héroïne, thème littéraire : comparez la mort de Julie avec celle d'autres héroïnes célèbres : Phèdre, Manon Lescaut, Ellénore (B. Constant, *Adolphe*), Mme de Mortsauf (Balzac, *le Lys dans la vallée*)...

LETTRE XII DE JULIE

Lettre posthume.
[Cette lettre était incluse dans la précédente.]

Il faut renoncer à nos projets. Tout est changé, mon bon ami : souffrons ce changement sans murmure; il vient d'une main plus sage que nous. Nous songions à nous réunir : cette réunion n'était pas bonne. C'est un bienfait du ciel de l'avoir prévenue; sans doute il prévient des malheurs. **(1)**

Je me suis longtemps fait illusion. Cette illusion me fut salutaire; elle se détruit au moment que je n'en ai plus besoin. Vous m'avez crue guérie, et j'ai cru l'être. Rendons grâces à celui qui fit durer cette erreur autant qu'elle était utile : qui sait si, me voyant si près de l'abîme, la tête ne m'eût point tourné? Oui, j'eus beau vouloir étouffer le premier sentiment qui m'a fait vivre, il s'est concentré dans mon cœur. Il s'y réveille au moment qu'il n'est plus à craindre; il me soutient quand mes forces m'abandonnent; il me ranime quand je me meurs. Mon ami, je fais cet aveu sans honte; ce sentiment resté malgré moi fut involontaire; il n'a rien coûté à mon innocence; tout ce qui dépend de ma volonté fut pour mon devoir : si le cœur qui n'en dépend pas fut pour vous, ce fut mon tourment et non pas mon crime. J'ai fait ce que j'ai dû faire; la vertu me reste sans tache, et l'amour m'est resté sans remords. **(2)**

J'ose m'honorer du passé; mais qui m'eût pu répondre de l'avenir? Un jour de plus peut-être, et j'étais coupable! Qu'était-ce de la vie entière passée avec vous? Quels dangers j'ai courus sans le savoir! A quels dangers plus grands j'allais être exposée! Sans doute je sentais pour moi les craintes que je croyais sentir pour vous. Toutes les épreuves ont été faites; mais elles pouvaient trop revenir. N'ai-je pas assez vécu pour le bonheur et pour la vertu? Que me restait-il d'utile à tirer

--- **QUESTIONS** ---

1. Quelle impression se dégage de cette ouverture? Quel est l'effet produit par la reprise des mêmes termes?

2. Comment la révélation de l'*illusion* vient-elle rectifier le stoïcisme apparent du premier paragraphe? De quel jour nouveau éclaire-t-elle tout le roman? Expliquez l'expression : *il s'est concentré dans mon cœur*. Comment le rythme même de chaque phrase révèle-t-il la force vitale du sentiment exprimé?

de la vie? En me l'ôtant, le ciel ne m'ôte plus rien de regrettable, et met mon honneur à couvert. Mon ami, je pars au moment favorable, contente de vous et de moi; je pars avec joie, et ce départ n'a rien de cruel. Après tant de sacrifices, je compte pour peu celui qui me reste à faire : ce n'est que mourir une fois de plus. **(3)**

Je prévois vos douleurs, je les sens; vous restez à plaindre, je le sais trop; et le sentiment de votre affliction est la plus grande peine que j'emporte avec moi. Mais voyez aussi que de consolations je vous laisse! Que de soins à remplir envers celle qui vous fut chère vous font un devoir de vous conserver pour elle! Il vous reste à la servir dans la meilleure partie d'elle-même. Vous ne perdez de Julie que ce vous en avez perdu depuis longtemps. Tout ce qu'elle eut de meilleur vous reste. Venez vous réunir à sa famille. Que son cœur demeure au milieu de vous. Que tout ce qu'elle aima se rassemble pour lui donner un nouvel être. Vos soins, vos plaisirs, votre amitié, tout sera son ouvrage. Le nœud de votre union formé par elle la fera revivre; elle ne mourra qu'avec le dernier de tous. **(4)**

Songez qu'il vous reste une autre Julie, et n'oubliez pas ce que vous lui devez. Chacun de vous va perdre la moitié de sa vie, unissez-vous pour conserver l'autre; c'est le seul moyen qui vous reste à tous deux de me survivre, en servant ma famille et mes enfants. Que ne puis-je inventer des nœuds plus étroits encore pour unir tout ce qui m'est cher! Combien vous devez l'être l'un à l'autre! Combien cette idée doit renforcer votre attachement mutuel! Vos objections contre cet engagement vont être de nouvelles raisons pour le former. Comment pourrez-vous jamais vous parler de moi sans vous attendrir ensemble! Non, Claire et Julie seront si bien confondues, qu'il ne sera plus possible à votre cœur de les séparer. Le sien vous rendra tout ce que vous aurez senti pour son ami; elle en sera la confidente et l'objet : vous serez heureux par celle qui vous restera, sans cesser d'être fidèle à celle que

---

— QUESTIONS —

3. Quel sentiment Julie éprouve-t-elle, rétrospectivement, à l'égard de l'avenir? Montrez que la certitude de la mort lui apporte la lucidité. Comment considère-t-elle cette mort? Quelles sont les différentes morts auxquelles elle fait ici allusion?

4. Étudiez le contraste entre la joie de Julie et la peine de Saint-Preux; que pensez-vous des *consolations* que Julie lui laisse? Commentez l'emploi, par Julie, de la troisième personne.

148 — *LA NOUVELLE HÉLOÏSE*

vous aurez perdue, et après tant de regrets et de peines, avant que l'âge de vivre et d'aimer se passe, vous aurez brûlé d'un feu légitime et joui d'un bonheur innocent. (5)

C'est dans ce chaste lien que vous pourrez sans distractions et sans craintes vous occuper des soins que je vous laisse, et après lesquels vous ne serez plus en peine de dire quel bien vous aurez fait ici-bas. Vous le savez, il existe un homme digne du bonheur auquel il ne sait pas aspirer. Cet homme est votre libérateur, le mari de l'amie qu'il vous a rendue. Seul, sans intérêt à la vie, sans attente de celle qui la suit, sans plaisir, sans consolation, sans espoir, il sera bientôt le plus infortuné des mortels. Vous lui devez les soins qu'il a pris de vous et vous savez ce qui peut les rendre utiles. Souvenez-vous de ma lettre précédente. Passez vos jours avec lui. Que rien de ce qui m'aima ne le quitte. Il vous a rendu le goût de la vertu, montrez-lui-en l'objet et le prix. Soyez chrétien pour l'engager à l'être. Le succès est plus près que vous ne pensez : il a fait son devoir, je ferai le mien, faites le vôtre. Dieu est juste : ma confiance ne me trompera pas. (6)

Je n'ai qu'un mot à vous dire sur mes enfants. Je sais quels soins va vous coûter leur éducation; mais je sais bien aussi que ces soins ne vous seront pas pénibles. Dans les moments de dégoût inséparables de cet emploi, dites-vous : ils sont les enfants de Julie; il ne vous coûtera plus rien. M. de Wolmar vous remettra les observations que j'ai faites sur votre mémoire et sur le caractère de mes deux fils. Cet écrit n'est que commencé : je ne vous le donne pas pour règle, et je le soumets à vos lumières. N'en faites point des savants, faites-en des hommes bienfaisants et justes. Parlez-leur quelquefois de leur mère... vous savez s'ils lui étaient chers... Dites à Marcellin qu'il ne m'en coûta pas de mourir pour lui. Dites à son frère que c'était pour lui que j'aimais la vie. Dites-leur... Je me sens fatiguée. Il faut finir cette lettre. En vous laissant mes enfants, je m'en sépare avec moins de peine; je crois rester avec eux. (7)

―――― QUESTIONS ――――

5. Étudiez la subtilité de l'analyse de Julie pour persuader Saint-Preux; quel est l'essentiel de son argumentation nouvelle? Vous paraît-elle sincère? Soulignez les mots, les expressions qui rendent particulièrement sensible la complexité des rapports des deux personnages.

6. Montrez que Julie considère Saint-Preux comme l'obligé de Wolmar. Expliquez le sens du mot *libérateur*. Comment Rousseau a-t-il évité de faire de la conversion une « capucinade »?

Question 7, v. p. 149.

Adieu, adieu, mon doux ami... Hélas! j'achève de vivre comme j'ai commencé. J'en dis trop peut-être en ce moment où le cœur ne déguise plus rien... Eh! pourquoi craindrais-je d'exprimer tout ce que je sens? Ce n'est plus moi qui te parle; je suis déjà dans les bras de la mort. Quand tu verras cette lettre, les vers rongeront le visage de ton amante, et son cœur où tu ne seras plus. Mais mon âme existerait-elle sans toi? sans toi quelle félicité goûterais-je? Non, je ne te quitte pas, je vais t'attendre. La vertu qui nous sépara sur la terre nous unira dans le séjour éternel. Je meurs dans cette douce attente : trop heureuse d'acheter au prix de ma vie le droit de t'aimer toujours sans crime, et de te le dire encore une fois! **(8) (9)**

LETTRE XIII DE Mme D'ORBE
[Appel à Saint-Preux.]

J'apprends que vous commencez à vous remettre assez pour qu'on puisse espérer de vous voir bientôt ici. Il faut, mon ami, faire effort sur votre faiblesse; il faut tâcher de passer les monts avant que l'hiver achève de vous les fermer. Vous trouverez en ce pays l'air qui vous convient; vous n'y verrez que douleur et tristesse, et peut-être l'affliction commune sera-t-elle un soulagement pour la vôtre. La mienne pour s'exhaler a besoin de vous. Moi seule je ne puis ni pleurer, ni parler, ni me faire entendre. Wolmar m'entend, et ne me répond pas. La douleur d'un père infortuné se concentre en lui-même; il n'en imagine pas une plus cruelle; il ne la sait ni voir ni sentir : il n'y a plus d'épanchement pour les vieillards. Mes enfants m'attendrissent et ne savent pas s'attendrir. Je suis seule au milieu de tout le monde. Un morne silence règne autour de moi. Dans mon

---
QUESTIONS

7. Étudiez le changement de ton, quand Julie recommande ses enfants à Saint-Preux; dégagez le retour au pathétique, et l'émotion de la dernière phrase.

8. Quel est le sens du retour au tutoiement? Étudiez le contraste entre l'évocation réaliste de la mort, et l'interprétation spiritualiste qu'en donne Julie. Étudiez les sonorités et le rythme de cet adieu.

9. SUR L'ENSEMBLE DE LA LETTRE XII. — En quoi la composition de cette lettre rappelle-t-elle le style testamentaire? — L'aveu posthume : comparez avec l'aveu de la lettre IV de la première partie, et dégagez l'unité profonde du roman. — Montrez que la mort apparaît à Julie comme une victoire sur le temps. En quoi sa conception de la mort est-elle inspirée à la fois du platonisme, du christianisme, du romantisme?

stupide[166] abattement je n'ai plus de commerce avec personne; je n'ai qu'assez de force et de vie pour sentir les horreurs de la mort. Oh! venez, vous qui partagez ma perte, venez partager mes douleurs; venez nourrir mon cœur de vos regrets, venez l'abreuver de vos larmes, c'est la seule consolation que l'on puisse attendre, c'est le seul plaisir qui me reste à goûter. **(1)**

Mais avant que vous arriviez et que j'apprenne votre avis sur un projet dont je sais qu'on vous a parlé, il est bon que vous sachiez le mien d'avance. Je suis ingénue[167] et franche, je ne veux rien vous dissimuler. J'ai eu de l'amour pour vous, je l'avoue; peut-être en ai-je encore, peut-être en aurai-je toujours; je ne le sais ni ne le veux savoir. On s'en doute, je ne l'ignore pas; je ne m'en fâche ni ne m'en soucie. Mais voici ce que j'ai à vous dire et que vous devez bien retenir : c'est qu'un homme qui fut aimé de Julie d'Étange, et pourrait se résoudre à en épouser une autre, n'est à mes yeux qu'un indigne et un lâche que je tiendrais à déshonneur d'avoir pour ami; et, quant à moi, je vous déclare que tout homme, quel qu'il puisse être, qui désormais m'osera parler d'amour, ne m'en reparlera de sa vie. **(2)**

Songez aux soins qui vous attendent, aux devoirs qui vous sont imposés, à celle à qui vous les avez promis. Ses enfants se forment et grandissent, son père se consume insensiblement, son mari s'inquiète et s'agite. Il a beau faire, il ne peut la croire anéantie; son cœur, malgré qu'il en ait, se révolte contre sa vaine raison. Il parle d'elle, il lui parle, il soupire. Je crois déjà voir s'accomplir les vœux qu'elle a faits tant de fois; et c'est à vous d'achever ce grand ouvrage. Quels motifs pour vous attirer ici l'un et l'autre! Il est bien digne du généreux Édouard que nos malheurs ne lui aient pas fait changer de résolution. **(3)**

---

166. *Stupide* : frappé de stupeur; 167. *Ingénue* : « qui laisse voir avec naïveté ses sentiments » (Littré).

— QUESTIONS —

1. Pourquoi Claire se sent-elle seule? Pourquoi Saint-Preux est-il le seul qui puisse l'aider? Par quelles images Claire indique-t-elle l'effet qu'elle attend de la venue de Saint-Preux?

2. Quel est l'intérêt de l'analyse que fait Claire de ses propres sentiments à l'égard de Saint-Preux? Sa décision était-elle attendue? Quelles en sont les raisons? Quelle conception de l'amour révèle l'emploi des mots *indigne* et *lâche*?

Question 3, v. p. 151.

APPEL À SAINT-PREUX — 151

Venez donc, chers et respectables amis, venez vous réunir à tout ce qui reste d'elle. Rassemblons tout ce qui lui fut cher. Que son esprit nous anime, que son cœur joigne tous les nôtres; vivons toujours sous ses yeux. J'aime à croire que du lieu qu'elle habite, du séjour de l'éternelle paix, cette âme encore aimante et sensible se plaît à revenir parmi nous, à retrouver ses amis pleins de sa mémoire, à les voir imiter ses vertus, à s'entendre honorer par eux, à les sentir embrasser sa tombe et gémir en prononçant son nom. Non, elle n'a point quitté ces lieux qu'elle nous rendit si charmants; ils sont encore tout remplis d'elle. Je la vois sur chaque objet, je la sens à chaque pas, à chaque instant du jour j'entends les accents de sa voix. C'est ici qu'elle a vécu; c'est ici que repose sa cendre... la moitié de sa cendre. Deux fois la semaine, en allant au temple... j'aperçois... j'aperçois le lieu triste et respectable... Beauté, c'est donc là ton dernier asile!... Confiance, amitié, vertus, plaisirs, folâtres jeux, la terre a tout englouti... Je me sens entraînée... j'approche en frissonnant... je crains de fouler cette terre sacrée... je crois la sentir palpiter et frémir sous mes pieds... j'entends murmurer une voix plaintive!... Claire! ô ma Claire! où es-tu? que fais-tu loin de ton amie?... Son cercueil ne la contient pas tout entière... il attend le reste de sa proie... il ne l'attendra pas longtemps. **(4) (5) (6)**

QUESTIONS

3. Montrez, en comparant ces lignes aux recommandations de Julie (lettre XII, questions 6 et 7), que Claire joue bien le rôle que Julie lui avait assigné.

4. Comment ce paragraphe justifie-t-il que l'on parle de la « divinisation » de Julie? Étudiez l'expression stylistique de l'idéal de communion des cœurs (notamment le rôle des pronoms personnels). Étudiez le changement de ton ; sur quelle impression (d'espoir ou de désespoir) la dernière phrase laisse-t-elle le lecteur?

5. SUR L'ENSEMBLE DE LA LETTRE XIII. — Quel est l'intérêt d'avoir clos le roman sur une lettre de Claire? Quel changement s'est opéré en elle depuis le récit de Wolmar? — Montrez que certains des thèmes essentiels du roman (fidélité, triomphe de l'amour, communion des cœurs) sont évoqués ici.

6. SUR L'ENSEMBLE DE LA SIXIÈME PARTIE :
— Par quels éléments Rousseau a-t-il renouvelé l'intérêt dramatique de cette dernière partie? Le dénouement vous paraît-il satisfaisant?
— Dégagez l'importance de la religion dans cette partie; montrez que c'est par elle que sont résolus les problèmes psychologiques et moraux posés par le roman.
— Comment cette dernière partie (notamment les lettres XI et XII) sert-elle de révélateur au double sens profond du roman?

DOCUMENTATION THÉMATIQUE
réunie par la Rédaction des Nouveaux Classiques Larousse

1. Genèse de *la Nouvelle Héloïse*.
2. Le succès de *la Nouvelle Héloïse* :
    - **2.1.** Diderot, *Éloge de Richardson;*
    - **2.2.** Rousseau, juge de son propre succès.
3. Sur les illustrations de *la Nouvelle Héloïse*.
    - **3.1.** Des indications sur les figures des personnages;
    - **3.2.** Des commentaires d'estampes.
4. Sur l'art des jardins.

1. GENÈSE DE *LA NOUVELLE HÉLOÏSE*

◆ Ce fragment de lettre, adressée à Mme d'Houdetot, datée du 15 octobre 1757 (environ), apparaît comme une variante, pour la réalité, de la lettre écrite pour le roman (2ᵉ partie, lettre I), et permet de se faire une idée des interférences entre le rêve et la réalité.

[A Sophie]

Viens, Sophie, que j'afflige ton cœur injuste ; que je sois à mon tour, sans pitié, comme toi. Pourquoi t'épargnerais-je tandis que tu m'ôtes la raison, l'honneur et la vie ? Pourquoi te laisserais-je couler de paisibles jours, à toi qui me rends les miens insupportables ? Ah ! combien tu m'aurais été moins cruelle si tu m'avais plongé dans le cœur un poignard au lieu du trait fatal qui me tue ! Vois ce que j'étais et ce que je suis devenu : vois à quel point tu m'avais élevé et jusqu'où tu m'as avili. Quand tu daignais m'écouter, j'étais plus qu'un homme ; depuis que tu me rebutes, je suis le dernier des mortels : j'ai perdu le sens, l'esprit et le courage ; d'un mot, tu m'as tout ôté. Comment peux-tu te résoudre à détruire ainsi ton propre ouvrage ? Comment oses-tu rendre indigne de ton estime celui qui fut honoré de tes bontés ? Ah ! Sophie, je t'en conjure, ne te fais point rougir de l'ami que tu as cherché. C'est pour ta propre gloire que je te demande compte de moi. Ne suis-je pas ton bien ? N'en as-tu pas pris possession ? Tu ne peux plus t'en dédire, et, puisque je t'appartiens, malgré moi-même et malgré toi, laisse-moi du moins mériter de t'appartenir. Rappelle-toi ces temps de félicité qui, pour mon tourment, ne sortiront jamais de ma mémoire. Cette flamme invisible, dont je reçus une seconde vie plus précieuse que la première, rendait à mon âme, ainsi qu'à mes sens, toute la vigueur de la jeunesse. L'ardeur de mes sentiments m'élevait jusqu'à toi. Combien de fois ton cœur, plein d'un autre amour, fut-il ému des transports du mien ! Combien de fois m'as-tu dit dans le bosquet de la cascade : « Vous êtes l'amant le plus tendre dont j'eusse l'idée : non, jamais homme n'aima comme vous ! » Quel triomphe pour moi que cet aveu dans ta bouche ! Assurément il n'était pas suspect ; il était digne des feux dont je brûlais de t'y rendre sensible en dépit des tiens, et de t'arracher une pitié que tu te reprochais si vivement... (*Correspondance générale* [III, p. 89 sqq.].)

◆ L'analyse de Rousseau dans les *Confessions*, IX.

Toutes ces distractions m'auraient dû guérir radicalement de mes fantasques amours, et c'était peut-être un moyen que le Ciel m'offrait d'en prévenir les suites funestes : mais ma mauvaise étoile fut la plus forte, et à peine recommençai-je à sortir, que mon cœur, ma tête et mes pieds reprirent les mêmes routes. Je dis les mêmes, à certains égards ; car mes idées, un peu moins exaltées, restèrent cette fois sur la terre, mais avec un choix si exquis de tout ce qui pouvait s'y trouver d'aimable en tout genre, que cette élite n'était guère moins chimérique que le monde imaginaire que j'avais abandonné.

Je me figurai l'amour, l'amitié, les deux idoles de mon cœur, sous les plus ravissantes images. Je me plus à les orner de tous les charmes du sexe que j'avais toujours adoré. J'imaginai deux amies plutôt que deux amis, parce que si l'exemple est plus rare, il est aussi plus aimable. Je les douai de deux caractères analogues, mais différents ; de deux figures non pas parfaites, mais de mon goût, qu'animaient la bienveillance et la sensibilité. Je fis l'une brune[1] et l'autre blonde[2], l'une vive et l'autre douce, l'une sage et l'autre faible ; mais d'une si touchante faiblesse, que la vertu semblait y gagner. Je donnai à l'une des deux un amant[3] dont l'autre fut la tendre amie, et même quelque chose de plus ; mais je n'admis ni rivalité ni querelle, ni jalousie, parce que tout sentiment pénible me coûte à imaginer, et que je ne voulais ternir ce riant tableau par rien qui dégradât la nature. Epris de mes deux charmants modèles, je m'identifiais avec l'amant et l'ami le plus qu'il m'était possible ; mais je le fis aimable et jeune, lui donnant au surplus les vertus et les défauts que je me sentais.

Pour placer mes personnages dans un séjour qui leur convînt, je passai successivement en revue les plus beaux lieux que j'eusse vus dans mes voyages, mais je ne trouvai point de bocage assez frais, point de paysage assez touchant à mon gré. Les vallées de la Thessalie[4] m'auraient pu contenter, si je les avais vues ; mais mon imagination fatiguée à inventer voulait quelque lieu réel qui pût lui servir de point d'appui, et me faire illusion sur la réalité des habitants que j'y voulais mettre. Je songeai longtemps aux îles Borromées[5], dont l'aspect délicieux m'avait trans-

---

1. Ce sera Julie d'Etange ; 2. Ce sera Claire d'Orbe ; 3. Saint-Preux ; 4. Allusion à la vallée de Tempé, entre l'Olympe et l'Ossa, célébrée par les poètes gréco-latins, notamment Virgile, pour sa fraîcheur et son charme ; 5. *Iles Borromées* : groupe de quatre îles situées dans le lac Majeur. Rousseau les a vues à son retour de Venise en 1744.

porté ; mais j'y trouvai trop d'ornement et d'art pour mes personnages. Il me fallait cependant un lac, et je finis par choisir celui autour duquel mon cœur n'a jamais cessé d'errer. Je me fixai sur la partie des bords de ce lac à laquelle depuis longtemps mes vœux ont placé ma résidence dans le bonheur imaginaire auquel le sort m'a borné. Le lieu natal de ma pauvre Maman[6] avait encore pour moi un attrait de prédilection. Le contraste des positions, la richesse et la variété des sites, la magnificence, la majesté de l'ensemble qui ravit les sens, émeut le cœur, élève l'âme, achevèrent de me déterminer, et j'établis à Vevey mes jeunes pupilles. Voilà tout ce que j'imaginai du premier bond ; le reste n'y fut ajouté que dans la suite. Je me bornai longtemps à un plan si vague, parce qu'il suffisait pour remplir mon imagination d'objets agréables, et mon cœur de sentiments dont il aime à se nourrir.

Ces fictions, à force de revenir, prirent enfin plus de consistance, et se fixèrent dans mon cerveau sous une forme déterminée. Ce fut alors que la fantaisie me prit d'exprimer sur le papier quelques-unes des situations qu'elles m'offraient, et rappelant tout ce que j'avais senti dans ma jeunesse, de donner ainsi l'essor en quelque sorte au désir d'aimer que je n'avais pu satisfaire et dont je me sentais dévoré.

Je jetai d'abord sur le papier quelques lettres éparses sans suite et sans liaison, et lorsque je m'avisai de les vouloir coudre, j'y fus souvent fort embarrassé. Ce qu'il y a de peu croyable et de très vrai est que les deux premières parties ont été écrites presque en entier de cette manière, sans que j'eusse aucun plan bien formé, et même sans prévoir qu'un jour je serais tenté d'en faire un ouvrage en règle. Aussi voit-on que ces deux parties, formées après coup de matériaux qui n'ont pas été taillés pour la place qu'ils occupent, sont pleines d'un remplissage verbeux, qu'on ne trouve pas dans les autres.

Au plus fort de mes douces rêveries, j'eus une visite de Mme d'Houdetot, la première qu'elle m'eût faite en sa vie, mais qui malheureusement ne fut pas la dernière, comme on verra ci-après. La comtesse d'Houdetot était fille de feu M. de Bellegarde, fermier général, sœur de M. d'Epinay et de MM. de Lalive et de La Briche, qui depuis ont été tous deux introducteurs des ambassadeurs. J'ai parlé de la connaissance que je fis avec elle étant fille. Depuis son mariage, je ne la vis qu'aux fêtes de la Chevrette,

---

6. Mme de Warens, née à Vevey, sur le lac Léman.

chez Mme d'Epinay, sa belle-sœur. Ayant souvent passé plusieurs jours avec elle, tant à la Chevrette qu'à Epinay, non seulement je la trouvai toujours très aimable, mais je crus lui voir aussi pour moi de la bienveillance. Elle aimait assez à se promener avec moi ; nous étions marcheurs l'un et l'autre, et l'entretien ne tarissait pas entre nous. Cependant je n'allai jamais la voir à Paris, quoiqu'elle m'en eût prié et même sollicité plusieurs fois. Ses liaisons avec M. de Saint-Lambert[7], avec qui je commençais d'en avoir, me la rendirent encore plus intéressante, et c'était pour m'apporter des nouvelles de cet ami, qui pour lors était, je crois, à Mahon[8], qu'elle vint me voir à l'Ermitage.

Cette visite eut un peu l'air d'un début de roman. Elle s'égara dans la route. Son cocher, quittant le chemin qui tournait, voulut traverser en droiture[9], du moulin de Clairvaux à l'Ermitage : son carrosse s'embourba dans le fond du vallon ; elle voulut descendre et faire le reste du trajet à pied. Sa mignonne chaussure fut bientôt percée ; elle enfonçait dans la crotte ; ses gens eurent toutes les peines du monde à la dégager, et enfin elle arriva à l'Ermitage en bottes, et perçant l'air d'éclats de rire, auxquels je mêlai les miens en la voyant arriver. Il fallut changer de tout ; Thérèse y pourvut, et je l'engageai d'oublier la dignité pour faire une collation rustique dont elle se trouva fort bien. Il était tard, elle resta peu ; mais l'entrevue fut si gaie qu'elle y prit goût et parut disposée à revenir. Elle n'exécuta pourtant ce projet que l'année suivante ; mais, hélas ! ce retard ne me garantit de rien. [...]

Quand la mauvaise saison commença de me renfermer au logis, je voulus reprendre mes occupations casanières ; il ne me fut pas possible. Je ne voyais partout que les deux charmantes amies[10], que leur ami, leurs entours[11], le pays qu'elles habitaient, qu'objets créés ou embellis pour elles par mon imagination. Je n'étais plus un moment à moi-même, le délire ne me quittait plus. Après beaucoup d'efforts inutiles pour écarter de moi toutes ces fictions, je fus enfin tout à fait séduit par elles, et je ne m'occupai plus qu'à tâcher d'y mettre quelque ordre et quelque suite, pour en faire une espèce de roman.

---

7. *Jean-François de Saint-Lambert*, écrivain français (1716-1803), amant de Mme d'Houdetot depuis 1756. Leur liaison fut remarquable par sa constance ; **8.** *Mahon* : capitale de Minorque (Baléares) ; son siège en 1756 par le maréchal de Richelieu fut un des premiers événements de la guerre de Sept Ans ; **9.** En ligne droite ; **10.** Julie et Claire, héroïnes de *la Nouvelle Héloïse ;* **11.** *Entours :* ceux qui vivent dans la familiarité de quelqu'un.

Mon grand embarras était la honte de me démentir ainsi moi-même si nettement et si hautement. Après les principes sévères que je venais d'établir avec tant de fracas, après les maximes austères que j'avais si fortement prêchées, après tant d'invectives mordantes contre les livres efféminés qui respiraient l'amour et la mollesse, pouvait-on rien imaginer de plus inattendu, de plus choquant, que de me voir tout d'un coup m'inscrire de ma propre main parmi les auteurs de ces livres que j'avais si durement censurés[12] ? Je sentais cette inconséquence dans toute sa force, je me la reprochais, j'en rougissais, je m'en dépitais : mais tout cela ne put suffire pour me ramener à la raison. Subjugué complètement, il fallut me soumettre à tout risque, et me résoudre à braver le qu'en-dira-t-on ; sauf à délibérer dans la suite si je me résoudrais à montrer mon ouvrage ou non : car je ne supposais pas encore que j'en vinsse à le publier.

Ce parti pris, je me jette à plein collier dans mes rêveries, et à force de les tourner et retourner dans ma tête, j'en forme enfin l'espèce de plan dont on a vu l'exécution.

C'était assurément le meilleur parti qui se pût tirer de mes folies : l'amour du bien, qui n'est jamais sorti de mon cœur, les tourna vers des objets utiles, et dont la morale eût pu faire son profit. Mes tableaux voluptueux auraient perdu toutes leurs grâces, si le doux coloris de l'innocence y eût manqué. Une fille faible est un objet de pitié, que l'amour peut rendre intéressant, et qui souvent n'est pas moins aimable : mais qui peut supporter sans indignation le spectacle des mœurs à la mode ? et qu'y a-t-il de plus révoltant que l'orgueil d'une femme infidèle, qui, foulant ouvertement aux pieds tous ses devoirs, prétend que son mari soit pénétré de reconnaissance de la grâce qu'elle lui accorde de vouloir bien ne pas se laisser prendre sur le fait ? Les êtres parfaits ne sont pas dans la nature, et leurs leçons ne sont pas assez près de nous. Mais qu'une jeune personne, née avec un cœur aussi tendre qu'honnête, se laisse vaincre à l'amour étant fille, et retrouve, étant femme, des forces pour le vaincre à son tour, et redevenir vertueuse, quiconque vous dira que ce tableau dans sa totalité est scandaleux et n'est pas utile est un menteur et un hypocrite ; ne l'écoutez pas.

Outre cet objet de mœurs et d'honnêteté conjugale[13], qui tient radicalement à tout l'ordre social, je m'en fis un plus

---

12. Dans les deux *Discours;* **13.** Outre ce projet de défendre la morale et la fidélité conjugale.

secret de concorde et de paix publique ; objet plus grand, plus important peut-être en lui-même, et du moins pour le moment où l'on se trouvait. L'orage excité par l'*Encyclopédie,* loin de se calmer, était alors dans sa plus grande force. Les deux partis, déchaînés l'un contre l'autre avec la dernière fureur, ressemblaient plutôt à des loups enragés, acharnés à s'entre-déchirer, qu'à des chrétiens et des philosophes qui veulent réciproquement s'éclairer, se convaincre, et se ramener dans la voie de la vérité. Il ne manquait peut-être à l'un et l'autre que des chefs remuants qui eussent du crédit, pour dégénérer en guerre civile, et Dieu sait ce qu'eût produit une guerre civile de religion, où l'intolérance la plus cruelle était au fond la même des deux côtés. Ennemi né de tout esprit de parti, j'avais dit franchement aux uns et aux autres des vérités dures qu'ils n'avaient pas écoutées. Je m'avisai d'un autre expédient, qui, dans ma simplicité, me parut admirable : c'était d'adoucir leur haine réciproque en détruisant leurs préjugés, et de montrer à chaque parti le mérite et la vertu dans l'autre, dignes de l'estime publique et du respect de tous les mortels. Ce projet peu sensé, qui supposait de la bonne foi dans les hommes, et par lequel je tombai dans le défaut que je reprochais à l'abbé de Saint-Pierre, eut le succès qu'il devait avoir ; il ne rapprocha point les partis, et ne les réunit que pour m'accabler. En attendant que l'expérience m'eût fait sentir ma folie, je m'y livrai, j'ose le dire, avec un zèle digne du motif qui me l'inspirait, et je dessinai les deux caractères de Wolmar[14] et de Julie, dans un ravissement qui me faisait espérer de parvenir à les rendre aimables tous les deux, et, qui plus est, l'un par l'autre.

2. LE SUCCÈS DE *LA NOUVELLE HÉLOÏSE*

2.1. DIDEROT, *ÉLOGE DE RICHARDSON*
Rousseau a pris le ton de cet éloge pour une critique indirecte à lui adressée.

Par un roman, on a entendu jusqu'à ce jour un tissu d'événements chimériques et frivoles, dont la lecture était dangereuse pour le goût et pour les mœurs. Je voudrais bien qu'on trouvât un autre nom pour les ouvrages de

---

14. *Wolmar* est l'époux de Julie ; il est athée, sa femme est croyante. Tous deux, en rivalisant de générosité, illustrent le rapprochement voulu par Rousseau entre les deux partis philosophiques qui s'affrontent et montrent que les deux positions aboutissent à la même grandeur morale.

Richardson, qui élèvent l'esprit, qui touchent l'âme, qui respirent partout l'amour du bien, et qu'on appelle aussi des romans.

Tout ce que Montaigne, Charron, La Rochefoucauld et Nicole ont mis en maximes, Richardson l'a mis en action.

Mais un homme d'esprit, qui lit avec réflexion les ouvrages de Richardson, refait la plupart des sentences des moralistes ; et avec toutes ces sentences il ne referait pas une page de Richardson.

Une maxime est une règle abstraite et générale de conduite dont on nous laisse l'application à faire. Elle n'imprime par elle-même aucune image sensible dans notre esprit : mais celui qui agit, on le voit, on se met à sa place ou à ses côtés, on se passionne pour ou contre lui ; on s'unit à son rôle, s'il est vertueux ; on s'en écarte avec indignation, s'il est injuste et vicieux. Qui est-ce que le caractère d'un Lovelace, d'un Tomlinson, n'a pas fait frémir ? Qui est-ce qui n'a pas été frappé d'horreur du ton pathétique et vrai, de l'air de candeur et de dignité, de l'art profond avec lequel celui-ci joue toutes les vertus ? Qui est-ce qui ne s'est pas dit au fond de son cœur qu'il faudrait fuir de la société ou se réfugier au fond des forêts, s'il y avait un certain nombre d'hommes d'une pareille dissimulation ?

O Richardson ! on prend, malgré qu'on en ait, un rôle dans tes ouvrages, on se mêle à la conversation, on approuve, on blâme, on admire, on s'irrite, on s'indigne.

Combien de fois ne me suis-je pas surpris, comme il est arrivé à des enfants qu'on avait menés au spectacle pour la première fois, criant : *Ne le croyez pas, il vous trompe... Si vous allez là, vous êtes perdu*. Mon âme était tenue dans une agitation perpétuelle. Combien j'étais bon ! combien j'étais juste ! que j'étais satisfait de moi ! J'étais, au sortir de ta lecture, ce qu'est un homme à la fin d'une journée qu'il a employée à faire le bien.

J'avais parcouru dans l'intervalle de quelques heures un grand nombre de situations, que la vie la plus longue offre à peine dans toute sa durée. J'avais entendu les vrais discours des passions ; j'avais vu les ressorts de l'intérêt et de l'amour-propre jouer en cent façons diverses ; j'étais devenu spectateur d'une multitude d'incidents, je sentais que j'avais acquis de l'expérience.

Cet auteur ne fait point couler le sang le long des lambris ; il ne vous transporte point dans des contrées éloignées ; il ne vous expose point à être dévoré par des sauvages ; il ne se renferme point dans des lieux clandestins de débauche; il ne se perd jamais dans les régions de la féerie. Le monde où nous vivons est le lieu de la scène; le fond de son drame est vrai; ses personnages ont toute la réalité possible; ses caractères sont pris du milieu de la société; ses incidents sont dans les mœurs de toutes les nations policées; les passions qu'il peint sont telles que je les éprouve en moi; ce sont les mêmes objets qui les émeuvent, elles ont l'énergie que je leur connais; les traverses et les afflictions de ses personnages sont de la nature de celles qui me menacent sans cesse; il me montre le cours général des choses qui m'environnent. Sans cet art, mon âme se pliant avec peine à des biais chimériques, l'illusion ne serait que momentanée et l'impression faible et passagère.

Qu'est-ce que la vertu? C'est, sous quelque face qu'on la considère, un sacrifice de soi-même. Le sacrifice que l'on fait de soi-même en idée est une disposition préconçue à s'immoler en réalité.

Richardson sème dans les cœurs des germes de vertus qui y restent d'abord oisifs et tranquilles : ils y sont secrètement, jusqu'à ce qu'il se présente une occasion qui les remue et les fasse éclore. Alors ils se développent; on se sent porter au bien avec une impétuosité qu'on ne se connaissait pas. On éprouve, à l'aspect de l'injustice, une révolte qu'on ne saurait s'expliquer à soi-même. C'est qu'on a fréquenté Richardson; c'est qu'on a conversé avec l'homme de bien, dans des moments où l'âme désintéressée était ouverte à la vérité.

Je me souviens encore de la première fois que les ouvrages de Richardson tombèrent entre mes mains : j'étais à la campagne. Combien cette lecture m'affecta délicieusement! A chaque instant, je voyais mon bonheur s'abréger d'une page. Bientôt j'éprouvai la même sensation qu'éprouveraient des hommes d'un commerce excellent qui auraient vécu ensemble pendant longtemps et qui seraient sur le point de se séparer. A la fin, il me sembla tout à coup que j'étais resté seul.

Cet auteur vous ramène sans cesse aux objets importants de la vie. Plus on le lit, plus on se plaît à le lire.

C'est lui qui porte le flambeau au fond de la caverne; c'est lui qui apprend à discerner les motifs subtils et déshonnêtes qui se cachent et se dérobent sous d'autres motifs qui sont honnêtes et qui se hâtent de se montrer les premiers. Il souffle sur le fantôme sublime qui se présente à l'entrée de la caverne; et le More hideux qu'il masquait s'aperçoit.

C'est lui qui sait faire parler les passions, tantôt avec cette violence qu'elles ont lorsqu'elles ne peuvent plus se contraindre ; tantôt avec ce ton artificieux et modéré qu'elles affectent en d'autres occasions.

C'est lui qui fait tenir aux hommes de tous les états, de toutes les conditions, dans toute la variété des circonstances de la vie, des discours qu'on reconnaît. S'il est au fond de l'âme du personnage qu'il introduit un sentiment secret, écoutez bien, et vous entendrez un ton dissonant qui le décèlera. C'est que Richardson a reconnu que le mensonge ne pouvait jamais ressembler parfaitement à la vérité, parce qu'elle est la vérité, et qu'il est le mensonge.

S'il importe aux hommes d'être persuadés qu'indépendamment de toute considération ultérieure à cette vie, nous n'avons rien de mieux à faire pour être heureux que d'être vertueux, quel service Richardson n'a-t-il pas rendu à l'espèce humaine ? Il n'a point démontré cette vérité ; mais il l'a fait sentir : à chaque ligne il fait préférer le sort de la vertu opprimée au sort du vice triomphant.

Qui est-ce qui voudrait être Lovelace avec tous ses avantages ? Qui est-ce qui ne voudrait pas être Clarisse, malgré toutes ses infortunes ?

Souvent j'ai dit en le lisant : Je donnerais volontiers ma vie pour ressembler à celle-ci ; j'aimerais mieux être mort que d'être celui-là.

Si je sais, malgré les intérêts qui peuvent troubler mon jugement, distribuer mon mépris ou mon estime selon la juste mesure de l'impartialité, c'est à Richardson que je le dois. Mes amis, relisez-le, et vous n'exagérerez plus de petites qualités qui vous sont utiles ; vous ne déprimerez plus de grands talents qui vous croisent ou qui vous humilient.

Hommes, venez apprendre de lui à vous réconcilier avec les maux de la vie ; venez, nous pleurerons ensemble sur les personnages malheureux de ses fictions, et nous dirons : « Si le sort nous accable, du moins, les honnêtes gens pleureront aussi sur nous. » Si Richardson s'est proposé d'intéresser, c'est pour les malheureux. Dans son ouvrage, comme dans ce monde, les hommes sont partagés en deux classes : ceux qui jouissent et ceux qui souffrent. C'est toujours à ceux-ci qu'il m'associe ; et, sans que je m'en aperçoive, le sentiment de la commisération s'exerce et se fortifie.

Il m'a laissé une mélancolie qui me plaît et qui dure ; quelquefois on s'en aperçoit, et l'on me demande :

« Qu'avez-vous ? vous n'êtes pas dans votre état naturel ; que vous est-il arrivé ? » On m'interroge sur ma santé, sur ma fortune, sur mes parents, sur mes amis. O mes amis ! *Paméla, Clarisse* et *Grandisson* sont trois grands drames ! Arraché à cette lecture par des occupations sérieuses, j'éprouvais un dégoût invincible ; je laissais là le devoir, et je reprenais le livre de Richardson. Gardez-vous bien d'ouvrir ces ouvrages enchanteurs, lorsque vous aurez quelques devoirs à remplir.

Qui est-ce qui a lu les ouvrages de Richardson sans désirer de connaître cet homme, de l'avoir pour frère ou pour ami ? Qui est-ce qui ne lui a pas souhaité toutes sortes de bénédictions ?

O Richardson, Richardson, homme unique à mes yeux, tu seras ma lecture dans tous les temps ! Forcé par des besoins pressants, si mon ami tombe dans l'indigence, si la médiocrité de ma fortune ne suffit pas pour donner à mes enfants les soins nécessaires à leur éducation, je vendrai mes livres ; mais tu me resteras, tu me resteras sur le même rayon avec Moïse, Homère, Euripide et Sophocle ; et je vous lirai tour à tour.

Plus on a l'âme belle, plus on a le goût exquis et pur, plus on connaît la nature, plus on aime la vérité, plus on estime les ouvrages de Richardson.

J'ai entendu reprocher à mon auteur ses détails qu'on appelait des longueurs : combien ces reproches m'ont impatienté !

Malheur à l'homme de génie qui franchit les barrières que l'usage et le temps ont prescrites aux productions des arts, et qui foule aux pieds le protocole et ses formules ! il s'écoulera de longues années après sa mort, avant que la justice qu'il mérite lui soit rendue.

Cependant, soyons équitables. Chez un peuple entraîné par mille distractions, où le jour n'a pas assez de ses vingt-quatre heures pour les amusements dont il s'est accoutumé de les remplir, les livres de Richardson doivent paraître longs. C'est par la même raison que ce peuple n'a déjà plus d'opéra, et qu'incessamment on ne jouera sur ses autres théâtres que des scènes détachées de comédie et de tragédie.

Mes chers concitoyens, si les romans de Richardson vous paraissent longs, que ne les abrégez-vous ? Soyez conséquents. Vous n'allez guère à une tragédie que pour en voir le dernier acte. Sautez tout de suite aux vingt dernières pages de *Clarisse*.

Les détails de Richardson déplaisent et doivent déplaire à un homme frivole et dissipé; mais ce n'est pas pour cet homme-là qu'il écrivait; c'est pour l'homme tranquille et solitaire, qui a connu la vanité du bruit et des amusements du monde, et qui aime à habiter l'ombre d'une retraite, et à s'attendrir utilement dans le silence.

Vous accusez Richardson de longueurs! Vous avez donc oublié combien il en coûte de peines, de soins, de mouvements, pour faire réussir la moindre entreprise, terminer un procès, conclure un mariage, amener une réconciliation. Pensez de ces détails ce qu'il vous plaira; mais ils seront intéressants pour moi, s'ils sont vrais, s'ils font sortir les passions, s'ils montrent les caractères.

Ils sont communs, dites-vous; c'est ce qu'on voit tous les jours! Vous vous trompez; c'est ce qui se passe tous les jours sous vos yeux, et que vous ne voyez jamais. Prenez-y garde; vous faites le procès aux plus grands poètes, sous le nom de Richardson. Vous avez vu cent fois le coucher du soleil et le lever des étoiles; vous avez entendu la campagne retentir du chant éclatant des oiseaux; mais qui de vous a senti que c'était le bruit du jour qui rendait le silence de la nuit plus touchant? Eh bien! il en est pour vous des phénomènes moraux ainsi que des phénomènes physiques: les éclats des passions ont souvent frappé vos oreilles; mais vous êtes bien loin de connaître tout ce qu'il y a de secret dans leurs accents et dans leurs expressions. Il n'y en a aucune qui n'ait sa physionomie; toutes ces physionomies se succèdent sur un visage, sans qu'il cesse d'être le même; et l'art du grand poète et du grand peintre est de vous montrer une circonstance fugitive qui vous avait échappé.

Peintres, poètes, gens de goût, gens de bien, lisez Richardson; lisez-le sans cesse.

Sachez que c'est à cette multitude de petites choses que tient l'illusion: il y a bien de la difficulté à les imaginer; il y en a bien encore à les rendre. Le geste est quelquefois aussi sublime que le mot; et puis ce sont toutes ces vérités de détail qui préparent l'âme aux impressions fortes des grands événements. Lorsque votre impatience aura été suspendue par ces délais momentanés qui lui servaient de digues, avec quelle impétuosité ne se répandra-t-elle pas au moment où il plaira au poète de les rompre! C'est alors qu'affaissé de douleur ou transporté de joie, vous n'aurez plus la force de retenir vos larmes prêtes à couler, et de vous dire à vous-même: *Mais peut-être que cela n'est pas vrai*. Cette pensée a été éloignée de vous peu à peu; et elle est si loin qu'elle ne se présentera pas.

Une idée qui m'est venue quelquefois en rêvant aux ouvrages de Richardson, c'est que j'avais acheté un vieux château; qu'en visitant un jour ses appartements, j'avais aperçu dans un angle une armoire qu'on n'avait pas ouverte depuis longtemps, et que, l'ayant enfoncée, j'y avais trouvé pêle-mêle les lettres de Clarisse et de Paméla.

Après en avoir lu quelques-unes, avec quel empressement ne les aurais-je pas rangées par ordre de dates! Quel chagrin n'aurais-je pas ressenti, s'il y avait eu quelque lacune entre elles! Croit-on que j'eusse souffert qu'une main téméraire (j'ai presque dit sacrilège) en eût supprimé une ligne?

Vous qui n'avez lu les ouvrages de Richardson que dans votre élégante traduction française, et qui croyez les connaître, vous vous trompez.

Vous ne connaissez pas Lovelace; vous ne connaissez pas Clémentine; vous ne connaissez pas l'infortunée Clarisse; vous ne connaissez pas miss Howe, sa chère et tendre miss Howe, puisque vous ne l'avez point vue échevelée et étendue sur le cercueil de son amie, se tordant les bras, levant ses yeux noyés de larmes vers le ciel, remplissant la demeure des Harlove de ses cris aigus, et chargeant d'imprécations toute cette famille cruelle; vous ignorez l'effet de ces circonstances que votre petit goût supprimerait, puisque vous n'avez pas entendu le son lugubre des cloches de la paroisse, porté par le vent sur la demeure des Harlove, et réveillant dans ces âmes de pierre le remords assoupi; puisque vous n'avez pas vu le tressaillement qu'ils éprouvèrent au bruit des roues du char qui portait le cadavre de leur victime. Ce fut alors que le silence morne, qui régnait au milieu d'eux, fut rompu par les sanglots du père et de la mère; ce fut alors que le vrai supplice de ces méchantes âmes commença, et que les serpents se remuèrent au fond de leur cœur, et le déchirèrent. Heureux ceux qui purent pleurer!

J'ai remarqué que, dans une société où la lecture de Richardson se faisait en commun ou séparément, la conversation en devenait plus intéressante et plus vive.

J'ai entendu disputer sur la conduite de ses personnages, comme sur des événements réels; louer, blâmer Paméla, Clarisse, Grandisson, comme des personnages vivants qu'on aurait connus, et auxquels on aurait pris le plus grand intérêt.

Quelqu'un d'étranger à la lecture qui avait précédé et qui avait amené la conversation, se serait imaginé, à la vérité et à la chaleur de l'entretien, qu'il s'agissait d'un voisin, d'un parent, d'un ami, d'un frère, d'une sœur.

Le dirai-je ?... J'ai vu, de la diversité des jugements, naître des haines secrètes, des mépris cachés, en un mot, les mêmes divisions entre des personnes unies, que s'il eût été question de l'affaire la plus sérieuse. Alors, je comparais l'ouvrage de Richardson à un livre plus sacré encore, à un évangile apporté sur la terre pour séparer l'époux de l'épouse, le père du fils, la fille de la mère, le frère de la sœur ; et son travail rentrait ainsi dans la condition des êtres les plus parfaits de la nature. Tous sortis d'une main toute-puissante et d'une intelligence infiniment sage, il n'y en a aucun qui ne pèche par quelque endroit. Un bien présent peut être dans l'avenir la source d'un grand mal ; un mal, la source d'un grand bien.

Mais qu'importe, si, grâce à cet auteur, j'ai plus aimé mes semblables, plus aimé mes devoirs ; si je n'ai eu pour les méchants que de la pitié ; si j'ai conçu plus de commisération pour les malheureux, plus de vénération pour les bons, plus de circonspection dans l'usage des choses présentes, plus d'indifférence sur les choses futures, plus de mépris pour la vie, et plus d'amour pour la vertu ; le seul bien que nous puissions demander au ciel, et le seul qu'il puisse nous accorder, sans nous châtier de nos demandes indiscrètes !

Je connais la maison des Harlove comme la mienne ; la demeure de mon père ne m'est pas plus familière que celle de Grandisson. Je me suis fait une image des personnages que l'auteur a mis en scène ; leurs physionomies sont là : je les reconnais dans les rues, dans les places publiques, dans les maisons ; elles m'inspirent du penchant ou de l'aversion. Un des avantages de son travail, c'est qu'ayant embrassé un champ immense, il subsiste sans cesse sous mes yeux quelque portion de son tableau.

Il est rare que j'aie trouvé six personnes rassemblées, sans leur attacher quelques-uns de ses noms. Il m'adresse aux honnêtes gens, il m'écarte des méchants ; il m'a appris à les reconnaître à des signes prompts et délicats. Il me guide quelquefois, sans que je m'en aperçoive.

Les ouvrages de Richardson plairont plus ou moins à tout homme, dans tous les temps et dans tous les lieux ; mais le nombre des lecteurs qui en sentiront tout le prix ne sera jamais grand : il faut un goût trop sévère ; et puis, la variété des événements y est telle, les rapports y sont si multipliés, la conduite en est si compliquée, il y a tant de choses préparées, tant d'autres sauvées, tant de personnages, tant de caractères ! A peine ai-je parcouru quelques pages de *Clarisse,* que je compte déjà quinze ou seize personnages ; bientôt le nombre se double. Il y en a jusqu'à quarante dans *Grandisson ;* mais ce qui confond d'étonnement, c'est que chacun a ses idées, ses expressions, son ton ; et que ces idées, ces expressions, ce ton varient selon les circonstances, les intérêts, les passions, comme on voit sur un même visage les physionomies diverses des passions se succéder. Un homme qui a du goût ne prendra point une lettre de Mme Norton pour la lettre d'une des tantes de Clarisse, la lettre d'une tante pour celle d'une autre tante ou de Mme Howe, ni un billet de Mme Howe pour un billet de Mme Harlove, quoiqu'il arrive que ces personnages soient dans la même position, dans les mêmes sentiments, relativement au même objet. Dans ce livre immortel, comme dans la nature au printemps, on ne trouve point deux feuilles qui soient d'un même vert. Quelle immense variété de nuances ! S'il est difficile à celui qui lit de les saisir, combien n'a-t-il pas été difficile à l'auteur de les trouver et de les peindre !

O Richardson ! j'oserai dire que l'histoire la plus vraie est pleine de mensonges, et que ton roman est plein de vérités.

L'histoire peint quelques individus ; tu peins l'espèce humaine : l'histoire attribue à quelques individus ce qu'ils n'ont ni dit, ni fait ; tout ce que tu attribues à l'homme, il l'a dit et fait : l'histoire n'embrasse qu'une portion de la durée, qu'un point de la surface du globe ; tu as embrassé tous les lieux et tous les temps. Le cœur humain, qui a été, est et sera toujours le même, est le modèle d'après lequel tu copies. Si l'on appliquait au meilleur historien une critique sévère, y en a-t-il aucun qui la soutînt comme toi ? Sous ce point de vue, j'oserai dire que souvent l'histoire est un mauvais roman ; et que le roman, comme tu l'as fait, est une bonne histoire. O peintre de la nature ! c'est toi qui ne mens jamais.

Je ne me lasserai point d'admirer la prodigieuse étendue de tête qu'il t'a fallu, pour conduire des drames de trente à quarante personnages, qui tous conservent si rigoureusement les caractères que tu leur as donnés ; l'étonnante connaissance des lois, des coutumes, des usages, des mœurs, du cœur humain, de la vie ; l'inépuisable fonds de morale, d'expériences, d'observations qu'ils te supposent.

L'intérêt et le charme de l'ouvrage dérobent l'art de Richardson à ceux qui sont le plus faits pour l'apercevoir. Plusieurs fois j'ai commencé la lecture de *Clarisse* pour me former ; autant de fois j'ai oublié mon projet à la vingtième page ; j'ai seulement été frappé, comme tous les lecteurs ordinaires, du génie qu'il y a à avoir imaginé une jeune fille remplie de sagesse et de prudence, qui ne fait pas une seule démarche qui ne soit fausse, sans qu'on puisse l'accuser, parce qu'elle a des parents inhumains et un homme abominable pour amant ; à avoir donné à cette jeune prude l'amie la plus vive et la plus folle, qui ne dit et ne fait rien que de raisonnable, sans que la vraisemblance en soit blessée ; à celle-ci un honnête homme pour amant, mais un honnête homme empesé et ridicule que sa maîtresse désole, malgré l'agrément et la protection d'une mère qui l'appuie ; à avoir combiné dans ce Lovelace les qualités les plus rares, et les vices les plus odieux, la bassesse avec la générosité, la profondeur et la frivolité, la violence et le sang-froid, le bon sens et la folie ; à en avoir fait un scélérat qu'on hait, qu'on aime, qu'on admire, qu'on méprise, qui vous étonne sous quelque forme qu'il se présente, et qui ne garde pas un instant la même. Et cette foule de personnages subalternes, comme ils sont caractérisés ! combien il y en a ! Et ce Belford avec ses compagnons, et Mme Howe et son Hickman, et Mme Norton, et les Harlove père, mère, frère, sœurs, oncles et tantes, et toutes les créatures qui peuplent le lieu de débauche ! Quels contrastes d'intérêts et d'humeurs ! comme tous agissent et parlent ! Comment une jeune fille, seule contre tant d'ennemis réunis, n'aurait-elle pas succombé ! Et encore quelle est sa chute !
Ne reconnaît-on pas sur un fond tout divers la même variété de caractères, la même force d'événements et de conduite dans *Grandisson* ?
Paméla est un ouvrage plus simple, moins étendu, moins intrigué ; mais y a-t-il moins de génie ? Or, ces trois ouvrages, dont un seul suffirait pour immortaliser, un seul homme les a faits.
Depuis qu'ils me sont connus, ils ont été ma pierre de touche ; ceux à qui ils déplaisent sont jugés pour moi. Je n'en ai jamais parlé à un homme que j'estimasse, sans trembler que son jugement ne se rapportât pas au mien. Je n'ai jamais rencontré personne qui partageât mon enthousiasme, que je n'aie été tenté de le serrer entre mes bras et de l'embrasser.
Richardson n'est plus. Quelle perte pour les lettres et pour l'humanité ! Cette perte m'a touché comme s'il eût

été mon frère. Je le portais en mon cœur sans l'avoir vu, sans le connaître que par ses ouvrages.

Je n'ai jamais rencontré un de ses compatriotes, un des miens qui eût voyagé en Angleterre, sans lui demander : « Avez-vous vu le poète Richardson ? » Ensuite : « Avez-vous vu le philosophe Hume ? »

Un jour, une femme d'un goût et d'une sensibilité peu communs, fortement préoccupée de l'histoire de Grandisson qu'elle venait de lire, dit à un de ses amis qui partait pour Londres : « Je vous prie de voir de ma part miss Emilie, M. Belford, et surtout miss Howe, si elle vit encore. »

Une autre fois, une femme de ma connaissance qui s'était engagée dans un commerce de lettres qu'elle croyait innocent, effrayée du sort de Clarisse, rompit ce commerce tout au commencement de la lecture de cet ouvrage.

Est-ce que deux amies ne se sont pas brouillées, sans qu'aucun des moyens que j'ai employés pour les rapprocher m'ait réussi, parce que l'une méprisait l'histoire de Clarisse, devant laquelle l'autre était prosternée !

J'écrivis à celle-ci, et voici quelques endroits de sa réponse :

« *La piété de Clarisse l'impatiente !* Eh quoi ! veut-elle donc qu'une jeune fille de dix-huit ans, élevée par des parents vertueux et chrétiens, timide, malheureuse sur la terre, n'ayant guère d'espérance de voir améliorer son sort que dans une autre vie, soit sans religion et sans foi ? Ce sentiment est si grand, si doux, si touchant en elle ; ses idées de religion sont si saines et si pures ; ce sentiment donne à son caractère une nuance si pathétique ! Non, non, vous ne me persuaderez jamais que cette façon de penser soit d'une âme bien née.

« *Elle rit, quand elle voit cette enfant désespérée de la malédiction de son père !* Elle rit, et c'est une mère. Je vous dis que cette femme ne peut jamais être mon amie : je rougis qu'elle l'ait été. Vous verrez que la malédiction d'un père respecté, une malédiction qui semble s'être déjà accomplie en plusieurs points importants, ne doit pas être une chose terrible pour un enfant de ce caractère ! Et qui sait si Dieu ne ratifiera pas dans l'éternité la sentence prononcée par son père ?

« *Elle trouve extraordinaire que cette lecture m'arrache des larmes !* Et ce qui m'étonne toujours, moi, quand je suis aux derniers instants de cette innocente, c'est que les pierres, les murs, les carreaux insensibles et froids sur lesquels je marche ne s'émeuvent pas et ne joignent pas leur plainte à la mienne. Alors tout s'obscurcit autour de moi ; mon âme se remplit de ténèbres ; et il me semble que la nature se voile d'un crêpe épais.

« *A son avis, l'esprit de Clarisse consiste à faire des phrases, et lorsqu'elle en a pu faire quelques-unes, la voilà consolée.* C'est, je vous l'avoue, une grande malédiction que de sentir et penser ainsi ; mais si grande, que j'aimerais mieux tout à l'heure que ma fille mourût entre mes bras que de l'en savoir frappée. Ma fille !... Oui, j'y ai pensé, et je ne m'en dédis pas.

« Travaillez à présent, homme merveilleux, travaillez, consumez-vous : voyez la fin de votre carrière à l'âge où les autres commencent la leur, afin qu'on porte de vos chefs-d'œuvre des jugements pareils ! Nature, prépare pendant des siècles un homme tel que Richardson ; pour le douer, épuise-toi ; sois ingrate envers tes autres enfants, ce ne sera que pour un petit nombre d'âmes comme la mienne que tu l'auras fait naître ; et la larme qui tombera de mes yeux sera l'unique récompense de ses veilles. »

Et par postscript, elle ajoute : « Vous me demandez l'enterrement et le testament de Clarisse, et je vous les envoie ; mais je ne vous pardonnerais de ma vie en avoir fait part à cette femme. Je me rétracte : lisez-lui vous-même ces deux morceaux, et ne manquez pas de m'apprendre que ses ris ont accompagné Clarisse jusque dans sa dernière demeure, afin que mon aversion pour elle soit parfaite. »

Il y a, comme on voit, dans les choses de goût, ainsi que dans les choses religieuses, une espèce d'intolérance que je blâme, mais dont je ne me garantirais que par un effort de raison.

J'étais avec un ami, lorsqu'on me remit l'enterrement et le testament de Clarisse, deux morceaux que le traducteur français a supprimés, sans qu'on sache trop pourquoi. Cet ami est un des hommes les plus sensibles que je connaisse, et un des plus ardents fanatiques de Richardson : peu s'en faut qu'il ne le soit autant que moi.

Le voilà qui s'empare des cahiers, qui se retire dans un coin et qui lit. Je l'examinais : d'abord je vois couler des pleurs, il s'interrompt, il sanglote, tout à coup il se lève, il marche sans savoir où il va, il pousse des cris comme un homme désolé, et il adresse les reproches les plus amers à toute la famille des Harlove.

Je m'étais proposé de noter les beaux endroits des trois poèmes de Richardson ; mais le moyen ? Il y en a tant !

Je me rappelle seulement que la cent vingt-huitième lettre qui est de Mme Harvey à sa nièce, est un chef-d'œuvre ; sans apprêt, sans art apparent, avec une vérité qui ne se conçoit pas, elle ôte à Clarisse toute espérance de réconciliation avec ses parents, seconde les vues de son ravisseur, la livre à sa méchanceté, la détermine au voyage de Londres, à entendre des propositions de mariage, etc.

Je ne sais ce qu'elle ne produit pas : elle accuse la famille en l'excusant ; elle démontre la nécessité de la fuite de Clarisse, en la blâmant. C'est un des endroits entre beaucoup d'autres, où je me suis écrié : *Divin Richardson!*

Mais pour éprouver ce transport il faut commencer l'ouvrage et lire jusqu'à cet endroit.

J'ai crayonné dans mon exemplaire la cent vingt-quatrième lettre, qui est de Lovelace à son complice Léman, comme un morceau charmant : c'est là qu'on voit toute la folie, toute la gaieté, toute la ruse, tout l'esprit de ce personnage. On ne sait si l'on doit aimer ou détester ce démon. Comme il séduit ce pauvre domestique ! C'est *le bon*, c'est *l'honnête Léman*. Comme il lui peint la récompense qui l'attend ! *Tu seras monsieur l'hôte de l'Ours blanc ; on appellera ta femme madame l'hôtesse*, et puis en finissant : *Je suis votre ami Lovelace*. Lovelace ne s'arrête point à de petites formalités, quand il s'agit de réussir : tous ceux qui concourent à ses vues sont ses amis.

Il n'y avait qu'un grand maître qui pût songer à associer à Lovelace cette troupe d'hommes perdus d'honneur et de débauche, ces viles créatures qui l'irritent par des railleries, et l'enhardissent au crime. Si Belford s'élève seul contre son scélérat ami, combien il lui est inférieur ! Qu'il fallait de génie pour introduire et pour garder quelque équilibre entre tant d'intérêts opposés !

Et croit-on que ce soit sans dessein que l'auteur a supposé à son héros cette chaleur d'imagination, cette frayeur du mariage, ce goût effréné de l'intrigue et de la liberté, cette vanité démesurée, tant de qualités et de vices !

Poètes, apprenez de Richardson à donner des confidents aux méchants, afin de diminuer l'horreur de leurs forfaits, en les divisant ; et, par la raison opposée, à n'en point donner aux honnêtes gens, afin de leur laisser tout le mérite de leur bonté.

Avec quel art ce Lovelace se dégrade et se relève ! Voyez la lettre cent soixante-quinzième. Ce sont les sentiments d'un cannibale ; c'est le cri d'une bête féroce. Quatre lignes de postscript le transforment tout à coup en un homme de bien ou peu s'en faut.

Grandisson et *Paméla* sont aussi deux beaux ouvrages, mais je leur préfère *Clarisse*. Ici l'auteur ne fait pas un pas qui ne soit de génie.

Cependant on ne voit point arriver à la porte du lord le vieux père de Paméla, qui a marché toute la nuit; on ne l'entend point s'adresser aux valets de la maison, sans éprouver les plus violentes secousses.

Tout l'épisode de Clémentine dans *Grandisson* est de la plus grande beauté.

Et quel est le moment où Clémentine et Clarisse deviennent deux créatures sublimes ? Le moment où l'une a perdu l'honneur et l'autre la raison.

Je ne me rappelle point, sans frissonner, l'entrée de Clémentine dans la chambre de sa mère, pâle, les yeux égarés, le bras ceint d'une bande, le sang coulant le long de son bras et dégouttant du bout de ses doigts, et son discours : *Maman, voyez; c'est le vôtre.* Cela déchire l'âme.

Mais pourquoi cette Clémentine est-elle si intéressante dans sa folie ? C'est que n'étant plus maîtresse des pensées de son esprit, ni des mouvements de son cœur, s'il se passait en elle quelque chose honteuse, elle lui échapperait. Mais elle ne dit pas un mot qui ne montre de la candeur et de l'innocence; et son état ne permet pas de douter de ce qu'elle dit.

On m'a rapporté que Richardson avait passé plusieurs années dans la société, presque sans parler.

Il n'a pas eu toute la réputation qu'il méritait. Quelle passion que l'envie ! C'est la plus cruelle des Euménides : elle suit l'homme de mérite jusqu'au bord de sa tombe; là, elle disparaît; et la justice des siècles s'assied à sa place.

O Richardson ! si tu n'as pas joui de ton vivant de toute la réputation que tu méritais, combien tu seras grand chez nos neveux, lorsqu'ils te verront à la distance d'où nous voyons Homère ! Alors qui est-ce qui osera arracher une ligne de ton sublime ouvrage ? Tu as eu plus d'admirateurs encore parmi nous que dans ta patrie; et je m'en réjouis. Siècles, hâtez-vous de couler et d'amener avec vous les honneurs qui sont dus à Richardson ! J'en atteste tous ceux qui m'écoutent : je n'ai point attendu l'exemple des autres pour te rendre hommage; dès aujourd'hui j'étais incliné au pied de ta statue; je t'adorais, cherchant au fond

> de mon âme des expressions qui répondissent à l'étendue de l'admiration que je te portais, et je n'en trouvais point.
>
> Vous qui parcourez ces lignes que j'ai tracées sans liaison, sans dessein et sans ordre, à mesure qu'elles m'étaient inspirées dans le tumulte de mon cœur, si vous avez reçu du ciel une âme plus sensible que la mienne, effacez-les.
>
> Le génie de Richardson a étouffé ce que j'en avais. Ses fantômes errent sans cesse dans mon imagination ; si je veux écrire, j'entends la plainte de Clémentine ; l'ombre de Clarisse m'apparaît ; je vois marcher devant moi Grandisson ; Lovelace me trouble, et la plume s'échappe de mes doigts. Et vous, spectres plus doux, Emilie, Charlotte, Paméla, chère miss Howe, tandis que je converse avec vous, les années du travail et de la moisson des lauriers se passent ; et je m'avance vers le dernier terme, sans rien tenter qui puisse me recommander aussi aux temps à venir.

2.2. ROUSSEAU, JUGE DE SON PROPRE SUCCÈS

Dans le livre XI des *Confessions*, Rousseau s'est plu à rapporter avec quel enthousiasme l'œuvre avait été accueillie — affirmant en même temps sa supériorité sur Richardson.

> Quoique la *Julie*, qui depuis longtemps était sous presse, ne parût point encore à la fin de 1760, elle commençait à faire grand bruit. Mme de Luxembourg en avait parlé à la cour, Mme d'Houdetot à Paris. Cette dernière avait même obtenu de moi, pour Saint-Lambert, la permission de la faire lire en manuscrit au Roi de Pologne[15], qui en avait été enchanté. Duclos[16], à qui je l'avais aussi fait lire, en avait parlé à l'Académie. Tout Paris était dans l'impatience de voir ce roman : les libraires de la rue Saint-Jacques et celui du Palais-Royal[17] étaient assiégés de gens qui en demandaient des nouvelles. Il parut enfin, et son succès, contre l'ordinaire, répondit à l'empressement avec lequel il avait été attendu. Mme la Dauphine, qui l'avait lu des premières, en parla à M. de Luxembourg comme d'un ouvrage ravissant. Les sentiments furent partagés chez les gens de lettres : mais, dans le monde, il n'y eut qu'un avis, et les femmes surtout s'enivrèrent et du livre et de l'auteur, au point qu'il y en avait peu, même dans les hauts rangs, dont je n'eusse fait la conquête, si je l'avais entrepris. J'ai de cela des preuves que je ne veux pas

---

15. Stanislas Leszczynski, qui résidait à Nancy ; **16.** *Duclos* : ami de Rousseau, secrétaire perpétuel de l'Académie française (voir page 68, note 2) ; **17.** Ce sont les deux quartiers intellectuels de Paris.

écrire, et qui, sans avoir eu besoin de l'expérience, autorisent mon opinion. Il est singulier que ce livre ait mieux réussi en France que dans le reste de l'Europe, quoique les Français, hommes et femmes, n'y soient pas fort bien traités. Tout au contraire de mon attente, son moindre succès fut en Suisse, et son plus grand à Paris. L'amitié, l'amour, la vertu règnent-ils donc à Paris plus qu'ailleurs ?

Non, sans doute ; mais il y règne encore ce sens exquis qui transporte le cœur à leur image, et qui nous fait chérir dans les autres les sentiments purs, tendres, honnêtes, que nous n'avons plus. La corruption désormais est partout la même : il n'existe plus ni mœurs, ni vertus en Europe, mais s'il existe encore quelque amour pour elles, c'est à Paris qu'on doit le chercher[18].

Il faut, à travers tant de préjugés et de passions factices, savoir bien analyser le cœur humain pour y démêler les vrais sentiments de la nature. Il faut une délicatesse de tact, qui ne s'acquiert que dans l'éducation du grand monde, pour sentir, si j'ose ainsi dire, les finesses de cœur dont cet ouvrage est rempli. Je mets sans crainte sa quatrième partie à côté de *la Princesse de Clèves,* et je dis que si ces deux morceaux n'eussent été lus qu'en province, on n'aurait jamais senti tout leur prix. Il ne faut donc pas s'étonner si le plus grand succès de ce livre fut à la cour. Il abonde en traits vifs, mais voilés, qui doivent y plaire, parce qu'on est plus exercé à les pénétrer. Il faut pourtant ici distinguer encore. Cette lecture n'est assurément pas propre à cette sorte de gens d'esprit qui n'ont que de la ruse, qui ne sont fins que pour pénétrer le mal, et qui ne voient rien du tout où il n'y a que du bien à voir.

Si, par exemple, la *Julie* eût été publiée en certain pays que je pense, je suis sûr que personne n'en eût achevé la lecture, et qu'elle serait morte en naissant.

J'ai rassemblé la plupart des lettres qui me furent écrites sur cet ouvrage dans une liasse qui est entre les mains de Mme de Nadaillac[19]. Si jamais ce recueil paraît, on y verra des choses bien singulières, et une opposition de jugement qui montre ce que c'est que d'avoir à faire au public. La chose qu'on y a le moins vue, et qui en fera toujours un ouvrage unique, est la simplicité du sujet et la chaîne de l'intérêt qui, concentré entre trois personnes, se soutient durant six volumes, sans épisode, sans aventure romanesque, sans méchanceté d'aucune espèce, ni

---

18. J'écrivais ceci en 1769 (Note de Rousseau) ; 19. Mme de Nadaillac, abbesse de Gomerfontaine dans l'Oise, était dépositaire de papiers de Rousseau.

dans les personnages, ni dans les actions. Diderot a fait de grands compliments à Richardson sur la prodigieuse variété de ses tableaux et sur la multitude de ses personnages. Richardson a, en effet, le mérite de les avoir tous bien caractérisés : mais, quant à leur nombre, il a cela de commun avec les plus insipides romanciers, qui suppléent à la stérilité de leurs idées à force de personnages et d'aventures. Il est aisé de réveiller l'attention, en présentant incessamment et des événements inouïs et de nouveaux visages, qui passent comme les figures de la lanterne magique : mais de soutenir toujours cette attention sur les mêmes objets, et sans aventures merveilleuses, cela certainement est plus difficile ; et si, toute chose égale, la simplicité du sujet ajoute à la beauté de l'ouvrage, les romans de Richardson, supérieurs en tant d'autres choses, ne sauraient, sur cet article, entrer en parallèle avec le mien. Il est mort, cependant, je le sais, et j'en sais la cause ; mais il ressuscitera.

Toute ma crainte était qu'à force de simplicité ma marche ne fût ennuyeuse, et que je n'eusse pu nourrir assez l'intérêt pour le soutenir jusqu'au bout. Je fus rassuré par un fait qui seul m'a plus flatté que tous les compliments qu'a pu m'attirer cet ouvrage.

Il parut au commencement du carnaval. Le colporteur[20] le porta à Mme la princesse de Talmont[21], un jour de bal de l'Opéra. Après souper, elle se fit habiller pour y aller, et, en attendant l'heure, elle se mit à lire le nouveau roman. A minuit, elle ordonna qu'on mît ses chevaux, et continua de lire. On vint lui dire que ses chevaux étaient mis ; elle ne répondit rien. Ses gens, voyant qu'elle s'oubliait[22], vinrent avertir qu'il était deux heures. Rien ne presse encore, dit-elle, en lisant toujours. Quelque temps après, sa montre étant arrêtée, elle sonna pour savoir quelle heure il était. On lui dit qu'il était quatre heures.

Cela étant, dit-elle, il est trop tard pour aller au bal ; qu'on m'ôte mes chevaux. Elle se fit déshabiller, et passa le reste de la nuit à lire.

Depuis qu'on me raconta ce trait, j'ai toujours désiré de voir Mme de Talmont, non seulement pour savoir d'elle-même s'il est exactement vrai, mais aussi parce que j'ai toujours cru qu'on ne pouvait prendre un intérêt si vif à l'*Héloïse* sans avoir ce sixième sens, ce sens moral, dont

---

20. *Colporteur* : marchand ambulant ; 21. Ce n'est pas elle, c'est une autre dame dont j'ignore le nom, mais le fait m'a été assuré (Note de Rousseau) ; 22. *S'oublier* : oublier l'heure.

si peu de cœurs sont doués, et sans lequel nul ne saurait entendre[23] le mien.

Ce qui me rendit les femmes si favorables fut la persuasion où elles furent que j'avais écrit ma propre histoire, et que j'étais moi-même le héros de ce roman. Cette croyance était si bien établie, que Mme de Polignac écrivit à Mme de Verdelin[24] pour la prier de m'engager à lui laisser voir le portrait de Julie. Tout le monde était persuadé qu'on ne pouvait exprimer si vivement des sentiments qu'on n'aurait point éprouvés, ni peindre ainsi les transports de l'amour que d'après son propre cœur. En cela l'on avait raison, et il est certain que j'écrivis ce roman dans les plus brûlantes extases : mais on se trompait en pensant qu'il avait fallu des objets réels pour les produire ; on était loin de concevoir à quel point je puis m'enflammer pour des êtres imaginaires. Sans quelques réminiscences de jeunesse et Mme d'Houdetot, les amours que j'ai sentis et décrits n'auraient été qu'avec des sylphides[25]. Je ne voulus ni confirmer ni détruire une erreur qui m'était avantageuse. On peut voir dans la préface en dialogue que je fis imprimer à part comment je laissai là-dessus le public en suspens. Les rigoristes disent que j'aurais dû déclarer la vérité tout rondement. Pour moi, je ne vois pas ce qui m'y pouvait obliger, et je crois qu'il y aurait eu plus de bêtise que de franchise à cette déclaration faite sans nécessité.

3. SUR LES ILLUSTRATIONS DE LA NOUVELLE HÉLOÏSE

Pour l'illustration de son roman, confiée à Gravelot, Rousseau donna des indications très précises, dont nous citons quelques passages, éclairant particulièrement les textes.

3.1. Des indications sur les figures des personnages.

> Quatre ou cinq personnages reviennent dans toutes les planches, et en composent à peu près toutes les figures.
>
> Il faudrait tâcher de les distinguer par leur air et par le goût de leur vêtement, en sorte qu'on les reconnût toujours.

---

23. *Entendre* : comprendre ; **24.** *Mme de Verdelin* : amie de Rousseau, qu'il a connue à l'Ermitage ; **25.** *Sylphide* : être fantastique, génie de l'air.

1. Julie est la figure principale. Blonde, une physionomie douce, tendre, modeste, enchanteresse. Des grâces naturelles sans la moindre affectation : une élégante simplicité, même un peu de négligence dans son vêtement, mais qui lui sied mieux qu'un air plus arrangé ; peu d'ornements, toujours du goût ; la gorge couverte en fille modeste, et non pas en dévote.

2. Claire ou la cousine. Une brune piquante ; l'air plus fin, plus éveillé, plus gai ; d'une parure un peu plus ornée, et visant presque à la coquetterie ; mais toujours pourtant de la modestie et de la bienséance. Jamais de panier ni à l'une ni à l'autre.

3. Saint-Preux ou l'ami. Un jeune homme d'une figure ordinaire ; rien de distingué ; seulement une physionomie sensible et intéressante. L'habillement très simple ; une contenance assez timide, même un peu embarrassé de sa personne quand il est de sang-froid ; mais bouillant et emporté dans la passion.

4. Le baron d'Etange ou le père : il ne paraît qu'une fois, et l'on dira comment il doit être.

5. Milord Edouard ou l'Anglais. Un air de grandeur qui vient de l'âme plus que du rang ; l'empreinte du courage et de la vertu, mais un peu de rudesse et d'âpreté dans les traits. Un maintien grave et stoïque sous lequel il cache avec peine une extrême sensibilité. La parure à l'anglaise est d'un grand seigneur sans faste. S'il était possible d'ajouter à tout cela le port un peu spadassin, il n'y aurait pas de mal.

6. M. de Wolmar, le mari de Julie. Un air froid et posé. Rien de faux ni de contraint ; peu de geste, beaucoup d'esprit, l'œil assez fin ; étudiant les gens sans affectation. Tels doivent être à peu près les caractères des figures. Je passe aux sujets des planches.

3.2. Des commentaires d'estampes.

PREMIÈRE ESTAMPE

Tome I. Lettre XIV.

Le lieu de la scène est un bosquet. Julie vient de donner à son ami un baiser *cosi saporito,* qu'elle en tombe dans une espèce de défaillance. On la voit dans un état de langueur se pencher, se laisser couler sur les bras de sa cousine, et celle-ci la recevoir avec un empressement qui ne l'empêche pas de sourire en regardant du coin de l'œil son ami. Le jeune homme a les deux bras étendus vers Julie ; de l'un, il vient de l'embrasser, et l'autre s'avance pour la soutenir. Son chapeau est à terre. Un ravissement, un transport très vif de plaisir et d'alarmes doit régner dans son geste et sur son visage. Julie doit se pâmer et non s'évanouir. Tout le tableau doit respirer une ivresse de volupté qu'une certaine modestie rende encore plus touchante.

Inscription de la première planche : « Le premier baiser de l'amour. »

CINQUIÈME ESTAMPE
Tome III. Lettre XIV.

La scène se passe de nuit, et représente la chambre de Julie, dans le désordre où est ordinairement celle d'une personne malade. Julie est dans son lit avec la petite vérole ; elle a le transport. Ses rideaux fermés étaient entrouverts pour le passage de son bras, qui est en dehors ; mais sentant baiser sa main, de l'autre elle ouvre brusquement le rideau, et, reconnaissant son ami, elle paraît surprise, agitée, transportée de joie, et prête à s'élancer vers lui. L'amant, à genoux près du lit, tient la main de Julie, qu'il vient de saisir, et la baise avec un emportement de douleur et d'amour dans lequel on voit, non seulement qu'il ne craint pas la communication du venin, mais qu'il la désire. A l'instant Claire, un bougeoir à la main, remarquant le mouvement de Julie, prend le jeune homme par le bras et, l'arrachant du lieu où il est, l'entraîne hors de la chambre. Une femme de chambre un peu âgée s'avance en même temps au chevet de Julie pour la retenir. Il faut qu'on remarque dans tous les personnages une action très vive, et bien prise dans l'unité du moment.

Inscription de la cinquième planche : « L'inoculation de l'amour. »

SEPTIÈME ESTAMPE
Tome IV. Lettre VI.

La scène se passe dans l'avenue d'une maison de campagne, quelques pas au-delà de la grille, devant laquelle on voit en dehors une chaise arrêtée, une malle derrière et un postillon. Comme l'ordonnance de cette estampe est très simple, et demande pourtant une grande expression, il la faut expliquer.

L'ami de Julie revient d'un voyage de long cours ; et, quoique le mari sache qu'avant son mariage cet ami a été amant favorisé, il prend une telle confiance dans la vertu de tous deux qu'il invite lui-même le jeune homme à venir dans sa maison. Le moment de son arrivée est le sujet de l'estampe. Julie vient de l'embrasser et, le prenant par la main, le présente à son mari, qui s'avance pour l'embrasser à son tour. M. de Wolmar, naturellement froid et posé, doit avoir l'air ouvert presque riant, un regard serein qui invite à la confiance.

Le jeune homme, en habit de voyage, s'approche avec un air de respect dans lequel on démêle, à la vérité, un peu de contrainte et de confusion, mais non pas une gêne pénible ni un embarras suspect. Pour Julie, on voit sur son visage et dans son maintien un caractère d'innocence et de candeur qui montre en cet instant toute la pureté de son âme. Elle doit regarder son mari avec une assurance modeste où se peignent l'attendrissement et la reconnaissance que lui donne un si grand témoignage d'estime, et le sentiment qu'elle en est digne.

Inscription de la septième planche : « La confiance des belles âmes. »

HUITIÈME ESTAMPE

Tome IV. Lettre XVII.

Le paysage est ici ce qui demande le plus d'exactitude. Je ne puis mieux le représenter qu'en transcrivant le passage où il est décrit : [voir 4ᵉ partie, lettre XVII].

Il faut ajouter à cette description que deux quartiers de rocher, tombés du haut et pouvant servir de table et de siège, doivent être presque au bord de l'esplanade ; que dans la perspective des côtes du pays de Vaud qu'on voit dans l'éloignement, on distingue sur le rivage des villes de distance en distance, et qu'il est nécessaire au moins qu'on en aperçoive une vis-à-vis de l'esplanade ci-dessus décrite.

C'est sur cette esplanade que sont Julie et son ami, les deux seuls personnages de l'estampe. L'ami posant une main sur l'un des deux quartiers lui montre de l'autre main et d'un peu loin des caractères gravés sur les rochers des environs. Il lui parle en même temps avec feu ; on lit dans les yeux de Julie l'attendrissement que lui causent ses discours et les objets qu'il lui rappelle ; mais on y lit aussi que la vertu préside, et ne craint rien de ces dangereux souvenirs.

Il y a un intervalle de dix ans entre la première estampe et celle-ci, et dans cet intervalle Julie est devenue femme et mère ; mais il est dit qu'étant fille elle laissait dans son ajustement un peu de négligence qui la rendait plus touchante, et qu'étant femme elle se parait avec plus de soin.

C'est ainsi qu'elle doit être dans la planche septième ; mais dans celle-ci, elle est sans parure et en robe du matin.

Inscription de la huitième planche : « Les monuments des anciennes amours. »

NEUVIÈME ESTAMPE
Tome V. Lettre III.

Un salon : sept figures. Au fond, vers la gauche, une table à thé couverte de trois tasses, la théière, le pot à sucre, etc.

Autour de la table sont, dans le fond et en face, M. de Wolmar, à sa droite en tournant, l'ami tenant la gazette, en sorte que l'un et l'autre voient tout ce qui se passe dans la chambre.

A droite aussi dans le fond, Mme de Wolmar assise tenant de la broderie ; sa femme de chambre assise à côté d'elle et faisant de la dentelle ; son oreiller est appuyé sur une chaise plus petite. Cette femme de chambre, la même dont il est parlé ci-après, planche onzième, est plus jeune que celle de la planche sixième. Sur le devant, à sept ou huit pas des uns et des autres, est une petite table couverte d'un livre d'estampes que parcourent deux petits garçons. L'aîné, tout occupé des figures, les montre au cadet ; mais celui-ci compte furtivement des onchets qu'il tient sous la table cachés par un des côtés du livre. Une petite fille de huit ans, leur aînée, s'est levée de la chaise qui est devant la femme de chambre, et s'avance lestement sur la pointe des pieds vers les deux garçons. Elle parle d'un petit ton d'autorité, en montrant de loin la figure du livre, et tenant un ouvrage à l'aiguille de l'autre main.

Mme de Wolmar doit paraître avoir suspendu son travail pour contempler le manège des enfants ; les hommes ont de même suspendu leur lecture pour contempler à la fois Mme de Wolmar et les trois enfants. La femme de chambre est à son ouvrage.

Un air fort occupé dans les enfants ; un air de contemplation rêveuse et douce dans les trois spectateurs. La mère surtout doit paraître dans une extase délicieuse.

Inscription de la neuvième planche : « La matinée à l'anglaise. »

DOUZIÈME ESTAMPE
Tome VI. Lettre XI.

Une chambre à coucher dans laquelle on remarque de l'élégance, mais simple et sans luxe ; des pots de fleurs sur la cheminée. Les rideaux du lit sont à moitié ouverts et rattachés. Julie, morte, y paraît habillée et même parée.

Il y a du peuple dans la chambre, hommes et femmes les plus proches du lit sont à genoux, les autres debout, quelques-uns joignant les mains. Tous regardent le corps d'un air touché mais attentif, comme cherchant encore quelque signe de vie.

Claire est debout auprès du lit, le visage élevé vers le ciel, et les yeux en pleurs. Elle est dans l'attitude de quelqu'un qui parle avec véhémence. Elle tient des deux mains un riche voile en broderie, qu'elle vient de baiser et dont elle va couvrir la face de son amie.

On distingue au pied du lit M. de Wolmar, debout dans l'attitude d'un homme triste et même inquiet, mais toujours grave et modéré.

Dans cette dernière estampe la figure de Claire tenant le voile est importante et difficile à rendre. L'habillement français ne laisse pas assez de décence à la négligence et au dérangement. Je me représente une robe à peigner très simple, arrêtée avec une épingle sur la poitrine, et, pour éviter l'air mesquin, flottant et traînant un peu plus qu'une robe ordinaire. Un fichu tout uni noué sur la gorge avec peu de soin ; une boucle ou touffe de cheveux échappée de la coiffure et pendante sur l'épaule. Enfin un désordre dans toute la personne qui peigne la profonde affliction sans malpropreté, et qui soit touchant, non risible.

Dans tout autre temps, Claire n'est que jolie ; mais il faut que ses larmes la rendent belle, et surtout que la véhémence de la douleur soit relevée par une noblesse d'attitude qui ajoute au pathétique.

Cette planche est sans inscription.

4. SUR L'ART DES JARDINS

Le marquis de Girardin, dans son traité *De la composition des paysages sur le terrain,* achevé dès 1775, livre, à propos de l'art des jardins, des remarques qui font écho aux réflexions de Rousseau concernant l'Elysée de Julie et témoignent d'une tendance générale de l'époque à « retrouver » la nature :

> [...] Le fameux Le Nostre, qui fleurissait au dernier siècle, acheva de massacrer la nature en assujettissant tout à la

règle et à l'équerre du maçon. D'après ce système de clôture rectiligne, de platitude et de monotonie que des gens, dont les opinions ne sont que des échos de ouï-dire, ont niaisement qualifié du beau nom d'art, il ne fallait pourtant pas d'autre esprit que celui de tirer des lignes et d'étendre le long d'une règle celles des croisées du bâtiment. Aussitôt la plantation suivit le cordeau de la froide symétrie ; le terrain fut aplati à grands frais par le niveau de la monotone planimétrie ; les arbres furent mutilés de toute manière ; les eaux furent enfermées entre quatre murailles ; la vue fut emprisonnée par de tristes massifs ; et l'aspect de la maison fut circonscrit dans un plat parterre, découpé comme un échiquier, d'où le bariolage des sables de toutes couleurs ne faisait qu'éblouir et fatiguer les yeux : aussi la porte la plus voisine, pour sortir de ce triste lieu, fut-elle bientôt le chemin le plus fréquenté.

[...] Parmi tous les arts libéraux qui ont fleuri avec tant d'éclat à différentes époques, tandis que les poètes de tous les âges, que les peintres de tous les siècles représentaient les beautés et la simplicité de la nature dans les peintures les plus intéressantes, il est bien surprenant que quelqu'homme de bon sens (car c'est du bon sens que le goût dépend) n'ait pas cherché à réaliser ces descriptions et ces tableaux enchanteurs, dont tout le monde avait sans cesse le modèle sous les yeux, et le sentiment dans le cœur.

Il est bien étonnant qu'on n'ait pas vu se former l'art d'embellir le pays autour de son habitation, en un mot de développer, de conserver ou d'imiter la belle nature.

Cet art peut néanmoins devenir un des plus intéressants ; il est à la poésie et à la peinture ce que la réalité est à la description, et l'original à la copie.

Un tel art ne doit-il donc pas être un amusement recommandable ? Ses compositions occupent l'esprit ; son effet doit, en charmant l'œil, répandre la sérénité dans l'âme ; et partout où ce genre sera introduit, la nature doit sourire avec toutes les grâces de son élégante simplicité, paraître toujours piquante par ses variétés infinies, et déployer partout des charmes, dont un être sensible ne se rassasiera jamais ; car le principal agrément de ce genre de compositions, c'est de pouvoir successivement les perfectionner de plus en plus, soit en imagination, soit en réalité ; c'est pour ainsi dire une idée sensible de la création et de l'infini, qui peut faire sentir à l'homme qui *pense* la dignité de son origine, de son être et de ses facultés... » *Introduction*, Paris, Debray (1805).

Au chapitre XV du même traité, le marquis de Girardin définit, en le qualifiant de « romantique », le genre de paysage que Rousseau décrit dans *la Nouvelle Héloïse* :

> [...] Mais si la situation *pittoresque* enchante les yeux, si la situation poétique intéresse l'esprit et la mémoire en nous retraçant les scènes arcadiennes ; si l'une et l'autre compositions peuvent être formées par le peintre et le poète, il est une situation que la nature peut seule offrir : c'est la situation *romantique*[26]. Au milieu des plus merveilleux objets de la nature, une telle situation rassemble tous les plus beaux effets de la perspective pittoresque, et toutes les douceurs de la scène poétique ; sans être farouche ni sauvage, la situation *romantique* doit être tranquille et solitaire, afin que l'âme n'y éprouve aucune distraction et puisse s'y livrer tout entière à la douceur d'un sentiment profond.
>
> A travers les ombres noirâtres des sapins et les amphithéâtres de rochers, la rivière limpide descend en cascades, jusque dans la vallée tranquille ; c'est là qu'elle semble s'étendre avec plaisir, pour former un lac entre la chaîne des rochers majestueux, dont les intervalles laissent apercevoir dans le lointain ces respectables montagnes, dont les cimes couvertes de glaces et de neiges éternelles ressemblent, à cette distance, à d'énormes masses d'agate et d'albâtre, qui réfléchissent, comme autant de prismes, toutes les couleurs de la lumière. Les eaux du lac sont d'une couleur bleu céleste, tel que l'azur du plus beau jour, et transparent comme le cristal le plus pur ; l'œil y peut suivre jusqu'au fond les jeux de la truite sur des marbres de toutes les couleurs...

---

26. J'ai préféré le mot anglais, romantique, à notre mot français romanesque, parce que celui-ci désigne plus spécialement la fable du roman, et que l'autre désigne particulièrement le site de la scène, et l'impression touchante que nous en recevons.

JUGEMENTS

XVIIIe SIÈCLE

La haine personnelle de certains des contemporains de Rousseau s'est traduite, entre autres, par une attaque véhémente contre son roman, celle de Voltaire notamment.

En parcourant le roman de Jean-Jacques nous avons bien vu qu'il n'avait nulle intention de faire un roman. Ce genre d'ouvrage, quelque frivole qu'il soit, demande du génie, et surtout l'art de préparer les événements, de les enchaîner les uns aux autres, de nouer une intrigue, et de la dénouer. Jean-Jacques a voulu seulement, sous le titre de *la Nouvelle Héloïse*, instruire notre nation, et la célébrer pour le prix des bontés qu'il a toujours reçues d'elle.

Lettres sur « la Nouvelle Héloïse »,
parues sous la signature du marquis de Ximénès
(février 1761 ; troisième lettre).

Grimm ne se montre pas moins sévère, dans sa Correspondance, lettre du 1er février 1761 :

J'ai déjà eu l'occasion de remarquer que le vrai talent de M. Rousseau est celui d'un sophiste, non dans le sens étroit que nous attachons aujourd'hui à ce terme, mais dans toute l'étendue qu'il avait autrefois à Athènes... En quittant son genre, on ne dépose pas son naturel : aussi trouvez-vous dans *la Nouvelle Héloïse* l'amour du paradoxe avec le fiel et le chagrin dont son auteur est obsédé. Tout le monde peut s'apercevoir de l'absurdité de la fable, du défaut du plan, et de la pauvreté de l'exécution, qui rendent ce roman, malgré l'emphase de son style, un ouvrage très plat.

Si Voltaire et Grimm insistent surtout sur le défaut de plan, Diderot, sollicité de donner son avis sur les deux premières parties, en condamne le style; Rousseau rapporte son jugement dans les Confessions : « Il trouva cela feuillu, c'est-à-dire chargé de paroles et redondant. »

Mme du Deffand, séduite en particulier par certaines remarques psychologiques, nuance son jugement :

Ne sachant que lire, j'ai repris à votre exemple l'*Héloïse* de Rousseau; il y a des endroits fort bons; mais ils sont noyés dans un océan d'éloquence verbiageuse. Je crayonne les endroits qui me plaisent : ils sont en petit nombre, en voici un : « Les âmes mâles ont un idiome dont les âmes faibles n'ont pas la grammaire. »

Correspondance complète de Mme du Deffand
avec ses amis, Paris (1865),
lettre à M. Horace Walpole.

184 — *JUGEMENTS*

D'Alembert s'efforce d'être juste et considère que le roman est la meilleure œuvre de l'auteur :

S'il est vrai que le meilleur livre est celui dont il y a le plus à retenir, cet ouvrage peut, avec justice, être placé au nombre des bons ; il m'a paru bien supérieur à tout ce que je connaissais jusqu'ici de l'auteur. J'avais trouvé dans quelques-unes de ses productions une métaphysique souvent fausse et toujours inutile, je n'avais été bien frappé que du mérite du style, et j'avoue que la vérité est ce dont je fais le plus de cas, dans les ouvrages comme dans les hommes ; dans celui-ci ce n'est plus, comme dans les autres livres de J.-J. Rousseau, une nature gigantesque et imaginaire ; c'est la nature telle qu'elle est, à la vérité, dans des âmes à la fois tendres et élevées, fortes et sensibles ; en un mot, d'une trempe peu commune...

Œuvres de d'Alembert,
Pensées, Paris, Didier.

Quand, en 1781, Laclos écrit les Liaisons dangereuses, *il rend hommage à l'auteur des lettres de la* Nouvelle Héloïse, *par la plume de la marquise de Merteuil, dans la lettre XXXIII.*

Il n'y a rien de si difficile en amour que d'écrire ce qu'on ne sent pas. Je dis écrire d'une façon vraisemblable... C'est le défaut des romans ; l'auteur se bat les flancs pour s'échauffer, et le lecteur reste froid. *Héloïse* est le seul qu'on en puisse excepter ; et malgré le talent de l'auteur, cette observation m'a toujours fait croire que le fonds en était vrai.

XIXᵉ SIÈCLE

Mᵐᵉ de Staël souligne l'évolution de la sensibilité marquée par la Nouvelle Héloïse :

Un nouveau genre de poésie existe dans les ouvrages en prose de J.-J. Rousseau et de Bernardin de Saint-Pierre ; c'est l'observation de la nature dans ses rapports avec les sentiments qu'elle fait éprouver à l'homme. Les Anciens, en personnifiant chaque fleur, chaque rivière, chaque arbre, avaient écarté les sensations simples et directes, pour y substituer des chimères brillantes ; mais la Providence a mis une telle relation entre les objets physiques et l'être moral de l'homme qu'on ne peut rien ajouter à l'étude des uns qui ne serve en même temps à la connaissance de l'autre.

On ne sépare pas dans son souvenir le bruit des vagues, l'obscurité des nuages, les oiseaux épouvantés, et le récit des sentiments qui remplissaient l'âme de Saint-Preux et de Julie, lorsque, sur le lac qu'ils traversaient ensemble, leurs cœurs s'entendirent pour la dernière fois.

De la littérature considérée dans ses rapports
avec les institutions sociales,
Chap. V, « Des ouvrages de l'imagination » (1800).

Stendhal considère que l'œuvre a vieilli et ne peut plus plaire qu'aux adolescents :

Je [la] lus couché sur mon lit à Grenoble, après avoir eu soin de m'enfermer à clef, et dans des transports de bonheur et de volupté impossibles à décrire; aujourd'hui, cet ouvrage me semble pédantesque, et, même en 1819, dans les transports de l'amour le plus fou, je ne puis en lire vingt pages de suite.

Vie de Henry Brulard.

L'avis de Lamartine se rapproche du précédent :

Ce fut une ivresse qui dura un demi-siècle mais qui ne laisse, maintenant qu'elle est dissipée, que des pages froides dans des esprits vides.

Cours familier de littérature, entretien LXV (1856-1869).

Sainte-Beuve souligne la supériorité de la Nouvelle Héloïse par rapport aux romans contemporains, grâce, en particulier, à la seconde partie de l'œuvre :

Après avoir lu *les Confessions du comte de...* et les autres romans de Duclos, qui sont bien les contemporains de Crébillon fils et du *Temple de Gnide* de Montesquieu, on comprend mieux le mérite de J.-J. Rousseau et l'originalité relative de *la Nouvelle Héloïse.* Celle-ci a bien des défauts sans doute; elle a aussi ses grossièretés, ses restes de détails matériels, ses affectations de sentiments; on y voit l'échafaudage; mais l'élévation y est; mais on entre décidément dans un ordre supérieur et habituel de pensées attachantes et de nobles désirs : laissez-en la première partie, ne prenez que la seconde : un souffle d'immortalité y a passé.

Causeries du lundi.

Taine dégage quelques-uns des thèmes qui font la richesse de l'œuvre :

Tous les mécontentements accumulés, la fatigue du présent, l'ennui, le dégoût vague, une multitude de désirs enfouis, jaillissent, pareils à des eaux souterraines, sous le coup de sonde qui pour la première fois les appelle au jour. Ce coup de sonde, Rousseau l'a donné juste et à fond, par rencontre et par génie. Dans une société tout artificielle où les gens sont des pantins de salon, et où la vie consiste à parader avec grâce d'après un modèle convenu, il prêche le retour à la nature, l'indépendance, le sérieux, la passion, les effusions, la vie mâle, active, ardente, heureuse et libre, en plein soleil et au grand air.

Origines de la France contemporaine, t. 1er, *l'Ancien Régime* (1875).

XXe SIÈCLE

La Nouvelle Héloïse est un des plus beaux romans. Lisez-le, si vous voulez vous reconnaître dans cette polémique autour de Jean-Jacques. Sans quoi l'on vous dirait, en quelques mots, que c'est la peinture trop séduisante des amours d'une fille séduite; mais les résumés sont perfides. Ce livre fait bien mieux l'éloge de la vertu; il la fait voir survivante parmi les plaisirs et les peines; non pas raison abstraite, au contraire raison attachée à la terre. Quelque chose de viril, en Julie comme en Saint-Preux; de la force d'esprit malgré tout. Ce sont de vraies lettres d'amour, où l'amour éveille mille pensées...

Alain,
Propos de littérature (1934).

Le caractère unique de *la Nouvelle Héloïse* naît de l'empreinte d'un génie qui, en perpétuelle effervescence intellectuelle, cherche à se mouvoir sur tous les plans, de la romance et de la morale, de l'imagination et de l'existence.

J.-L. Bellenot,
les Formes de l'amour dans « la Nouvelle Héloïse »,
« Annales de la Société Jean-Jacques Rousseau »,
tome XXXIII (1953-1955).

La vie a apporté illusions et souffrances, mais l'œuvre, en offrant une expérience parallèle à celle de la vie, a permis, a suscité l'orientation des tendances profondes de l'âme. C'est en écrivant *la Nouvelle Héloïse* que Rousseau a découvert le mystère du temps et de la destinée. C'est en donnant l'être à Saint-Preux et à Julie qu'il a reconnu les dispositions d'âme qui seront désormais alternativement les siennes : céder à l'illusion d'intemporalité dans l'oubli du passé ou le rassemblement des instants privilégiés, ou bien assumer la destinée personnelle, accepter le temps, ses décombres et ses souffrances, acquiescer librement à une finalité supérieure, vivre dans l'attente d'une autre vie.

R. Osmont,
*Remarques sur la genèse et la composition
de « la Nouvelle Héloïse »,*
« Annales de la Société Jean-Jacques Rousseau »,
tome XXXIII (1953-1955).

La Nouvelle Héloïse, dans son ensemble, nous apparaît comme un rêve éveillé, où Rousseau se donne cette fascination de la limpidité qu'il ne trouve plus dans le monde réel et dans la société des hommes : un ciel pur, des cœurs plus ouverts, un univers à la fois plus intense et plus diaphane.

J. Starobinski,
Jean-Jacques Rousseau. La transparence et l'obstacle,
chap. V, « la Nouvelle Héloïse » (1957).

Un homme qui parle à d'autres hommes, leur livre les secrets de son cœur, leur propose un message de bonheur. Il le fait avec une voix dont l'accent est singulier, inoubliable, et, comme il est un artiste hypersensible, il ne néglige aucune des ressources que lui offre sa connaissance approfondie de l'art du roman et des pouvoirs du langage. Philosophe et poète, analyste et musicien, il soumet d'un bout à l'autre sa création à la double autorité de l'intelligence et du chant.

B. Guyon,
Introduction à « la Nouvelle Héloïse »,
« Bibliothèque de la Pléiade », tome II (1961).

A une époque où il est de bon ton d'ironiser lorsqu'il s'agit de passion, d'afficher un scepticisme désabusé devant ce sentiment qu'il convient d'appeler goût et non amour, de sourire avec condescendance devant les héroïnes de roman qui ont la faiblesse d'aimer leur mari, voici que l'extravagant barbare helvète exalte la passion, la fidélité, l'amour conjugal.

G. May,
Rousseau par lui-même (1961).

Les lecteurs de Rousseau apprécièrent effectivement le fait qu'ils ne lisaient pas un roman comme les autres, et qu'ils ne se livraient pas à un pur divertissement ; et si *la Nouvelle Héloïse* est devenue un modèle du genre romanesque, c'est sans doute parce que délibérément elle en faisait craquer les limites, et parce qu'on n'y trouvait pas seulement un auteur avec ses fantaisies, mais un homme avec ses inquiétudes, avec les problèmes de son temps. *La Nouvelle Héloïse* a été à la hauteur de son siècle, elle a répondu à l'attente sérieuse et aux aspirations d'un public : c'est le propre d'un grand roman.

M. Launay,
Introduction à « la Nouvelle Héloïse »,
Garnier-Flammarion (1967).

SUJETS DE DEVOIRS ET D'EXPOSÉS

● A son interlocuteur fictif qui lui demande s'il fera placer sa devise « Vitam impendere vero » (Soumettre ma vie à la vérité) au frontispice de *la Nouvelle Héloïse*, Rousseau répond : « Celui qui préfère la vérité à sa gloire peut espérer de la préférer à sa vie. Vous voulez qu'on soit toujours conséquent; je doute que cela soit possible à l'homme; mais ce qui lui est possible est d'être toujours vrai. Voilà ce que je veux tâcher d'être. » Comment Rousseau vous semble-t-il avoir résolu, dans *la Nouvelle Héloïse*, la contradiction qui consiste à vouloir être toujours vrai en écrivant un roman?

● Le romanesque dans *la Nouvelle Héloïse*.

● Vous apprécierez ce jugement de Rousseau sur son roman : « La chose qu'on y a le moins vue, et qui en fera toujours un ouvrage unique, est la simplicité du sujet et la chaîne de l'intérêt qui, concentré entre trois personnages, se soutient durant six volumes sans épisode, sans aventure romanesque, sans méchanceté d'aucune espèce, ni dans les personnages, ni dans les actions. »

● Étude de la composition du roman.

● Comment l'ensemble du roman illustre-t-il la phrase de Julie : « Le pays des chimères est en ce monde le seul digne d'être habité... »

● « Rousseau a pu penser : Saint-Preux, c'est moi; mais l'auteur d'un roman s'enferme-t-il en un seul de ses personnages? Le mythe romanesque propose une série de facettes où la vérité protéique révèle ses divers visages mieux que dans la rigidité de l'exposé dogmatique. » Commentez ce jugement de P. Burgelin (*la Philosophie de l'existence de Jean-Jacques Rousseau*).

● Commentez, en l'appliquant à *la Nouvelle Héloïse*, cette phrase de Proust : « Une œuvre est à la fois le souvenir de nos amours passées et la prophétie de nos amours nouvelles... car une œuvre, même de confession directe, est pour le moins intercalée entre plusieurs épisodes de la vie de l'auteur, ceux antérieurs qui l'ont inspirée, ceux postérieurs qui ne lui ressemblent pas moins, les amours suivantes étant calquées sur les précédentes... » (*A la recherche du temps perdu.*)

● Que pensez-vous de ce jugement de M. René Pomeau : « Avec *la Nouvelle Héloïse* s'établit l'empire moderne du roman. A ses romanciers désormais chaque génération demandera de changer la vie, par l'invention d'un style neuf de l'amour, par la suggestion d'une ambiance nouvelle du sentiment. »

SUJETS DE DEVOIRS ET D'EXPOSÉS — 189

● Vous apprécierez le jugement que porte Saint-Preux sur Julie : « L'amour vainqueur fit le malheur de sa vie ; l'amour vaincu ne la rendra que plus à plaindre. Elle passera ses jours dans la douleur, tourmentée à la fois de vains regrets et de vains désirs, sans pouvoir jamais contenter ni l'amour ni la vertu. »

● Commentez ce jugement de J. Starobinski sur *la Nouvelle Héloïse* : « Rousseau achève son roman d'une façon qui équivaut à un choix. Entre l'absolu de la communauté et l'absolu du salut personnel, il a opté pour le second. La mort de Julie signifie cette option. »

● Bonheur et vertu dans *la Nouvelle Héloïse*.

● L'amour et l'amitié dans *la Nouvelle Héloïse*.

● Les idées sociales de Rousseau d'après *la Nouvelle Héloïse*.

● Les idées religieuses de Rousseau d'après *la Nouvelle Héloïse*. Comparez avec la *Profession de foi du vicaire savoyard*.

● Expliquez, en l'appliquant à l'ensemble du roman, cette phrase de Julie : « On m'a fait boire jusqu'à la lie la coupe amère et douce de la sensibilité. »

● La « morale sensitive » dans *la Nouvelle Héloïse*.

● Le sentiment de la nature dans *la Nouvelle Héloïse*.

● Avez-vous aussi l'impression, comme M. Raymond, qu'« il faut lire *la Nouvelle Héloïse* comme une symphonie pour instruments à cordes, ou une rhapsodie » ?

● Illustrez par des exemples cette opinion de G. Lanson : « Aucune image ne l'effraie ; il reçoit celles du peuple ; il en fait de toutes sortes, avec des mots populaires et des mots techniques, sans inquiétude académique. Il y a une catégorie de métaphores sur lesquelles l'attention doit se poser : ce sont celles qui naissent d'une association personnelle et qui mêlent intimement les deux mondes moral et physique, qui les font comme pénétrer l'un dans l'autre. »

● Rousseau poète dans *la Nouvelle Héloïse*.

TABLE DES MATIÈRES

	Pages
Sommaires	2
Quatrième partie	
Lettre première : La solitude de Julie	7
Lettre II : Le charme de Julie	8
Lettre VI : Retour de Saint-Preux	9
Lettre VII : Impressions de Julie	19
Lettre X : Économie domestique	21
Lettre XI : L'Élysée de Julie	35
Lettre XII : Profanation du bosquet	45
Lettre XIV : Thérapeutique de Wolmar	50
Lettre XVII : La promenade sur le lac	53
Cinquième partie	
Lettre II : L'épicurisme à Clarens	63
Lettre III : La matinée à l'anglaise	75
Lettre V : La piété de Julie	78
Lettre VI : Retrouvailles de Julie et de Claire	85
Lettre VII : Les vendanges	86
Lettre IX : Le songe de Saint-Preux	97
Lettre X : L'analyse de Claire	102
Lettre XI : L'analyse de Wolmar	103
Lettre XIII : Sur les amours de Claire et de Saint-Preux	104
Lettre XIV : Lettre d'enfant	107
Sixième partie	
Lettre VII : Le refus de Saint-Preux; ses idées sur la religion	108
Lettre VIII : Dévotion de Julie	114
Lettre IX : Annonce de la mort	123
Lettre XI : La mort de Julie	124
Lettre XII : Lettre posthume	146
Lettre XIII : Appel à Saint-Preux	149
Documentation thématique	152
Jugements	183
Sujets de devoirs et d'exposés	188

un dictionnaire de la langue française pour chaque niveau :

NOUVEAU DICTIONNAIRE DU FRANÇAIS CONTEMPORAIN ILLUSTRÉ
sous la direction de Jean Dubois

- 33 000 mots : enrichi et actualisé, tout le vocabulaire qui entre dans l'usage écrit et parlé de la langue courante et que les élèves doivent savoir utiliser à l'issue de la scolarité obligatoire.
- 1 062 illustrations : un apport descriptif complémentaire des définitions et qui permet l'introduction de termes plus spécialisés n'appartenant pas au vocabulaire courant ou ne nécessitant pas d'explication autre que celle de l'image.
- Un dictionnaire de phrases autant qu'un dictionnaire de mots, comme dans l'édition précédente, selon les mêmes principes de description du lexique et du fonctionnement de la langue.
- Le dictionnaire de la classe de français (90 tableaux de grammaire, 89 tableaux de conjugaison).

Un volume cartonné (14 × 19 cm), 1 296 pages.

LAROUSSE DE LA LANGUE FRANÇAISE lexis
sous la direction de Jean Dubois

Avec plus de 76 000 mots des vocabulaires courant, classique et littéraire, technique ou scientifique, c'est le plus riche des dictionnaires de la langue en un seul volume.
Par la diversité de ses informations sur les mots, par la construction raisonnée de ses articles et par son dictionnaire grammatical, c'est un instrument de pédagogie active : il s'adresse aussi à tous ceux qui veulent comprendre le fonctionnement de la langue et acquérir la maîtrise des moyens d'expression.

Nouvelle édition illustrée : un volume relié (15,5 × 23 cm), 2 126 pages dont 90 planches d'illustrations par thèmes.

GRAND LAROUSSE DE LA LANGUE FRANÇAISE
7 volumes sous la direction de L. Guilbert, R. Lagane et G. Niobey; avec le concours de H. Bonnard, L. Casati, J.-P. Colin et A. Lerond

Un dictionnaire unique parce qu'il réunit :
- la description la plus complète du vocabulaire général, scientifique et technique, classique et littéraire, avec prononciation, syntaxe et remarques grammaticales, étymologie et datations, définitions avec exemples et citations, synonymes, contraires, etc.;
- la documentation la plus riche sur la grammaire et la linguistique : près de 200 articles (à leur ordre alphabétique) donnant une analyse détaillée des diverses théories, passées ou actuelles, sur les principaux concepts grammaticaux et linguistiques;
- un traité de lexicologie exposant les principes de la formation des mots et la construction des unités lexicales.

7 volumes reliés (21 × 27 cm).

dictionnaires pour l'étude du langage

une collection d'ouvrages reliés (13,5 × 20 cm) indispensables pour une connaissance approfondie de la langue française :

NOUVEAU DICTIONNAIRE ANALOGIQUE*
Par G. Niobey. Les différents termes capables d'exprimer une idée.
DICTIONNAIRE DE L'ANCIEN FRANÇAIS jusqu'au milieu du XIVe siècle*
Par A. J. Greimas. Indispensable aux étudiants et professeurs médiévistes, ainsi qu'aux lettrés.
DICTIONNAIRE DES DIFFICULTÉS DE LA LANGUE FRANÇAISE*
(couronné par l'Académie française), par Adolphe V. Thomas.
NOUVEAU DICTIONNAIRE ÉTYMOLOGIQUE*
Par A. Dauzat, J. Dubois et H. Mitterand. Près de 50 000 mots étudiés.
DICTIONNAIRE DU FRANÇAIS CLASSIQUE
Par J. Dubois, R. Lagane, A. Lerond.
Le vocabulaire des grands « classiques » du XVIIe siècle.
DICTIONNAIRE DE LINGUISTIQUE
Par J. Dubois, M. Giacomo, L. Guespin, Ch. et J.-B. Marcellesi et J.-P. Mével.
Le vocabulaire qu'il faut connaître pour aborder l'étude de la linguistique.
DICTIONNAIRE DES LOCUTIONS FRANÇAISES
Par M. Rat. Un inventaire des gallicismes et des mots d'auteur entrés dans la langue.
NOUVEAU DICTIONNAIRE DES MOTS CROISÉS*
DICTIONNAIRE DES NOMS DE FAMILLE et prénoms de France*
Par A. Dauzat. 30 000 noms : leur source étymologique, historique et géographique.
DICTIONNAIRE DE LA PRONONCIATION
Par A. Lerond. La prononciation réelle du français d'aujourd'hui.
DICTIONNAIRE DES PROVERBES, SENTENCES ET MAXIMES*
Par M. Maloux. Pittoresque, instructive, toute la « sagesse des nations ».
DICTIONNAIRE DES RIMES orales et écrites
Par L. Warnant. Par ordre d'entrée phonétique de la dernière syllabe tonique.
LAROUSSE DU SCRABBLE®* dictionnaire des jeux de lettres
Par M. Pialat.
NOUVEAU DICTIONNAIRE DES SYNONYMES*
Par E. Genouvrier, C. Désirat et T. Hordé. Le choix du mot le plus juste.
DICTIONNAIRE DES VERBES FRANÇAIS
Par J.-P. et J. Caput. Tous les renseignements nécessaires à leur utilisation totale et précise.

(*) Existe également en format de poche dans la collection « Dictionnaires de poche de la langue française ». Ainsi que : LAROUSSE DES CITATIONS FRANÇAISES.